# Ligados.com História 4

**Alexandre Alves**
Doutor em História pela Universidade de São Paulo (USP)
Autor-colaborador de coleções didáticas do Ensino Fundamental e do Ensino Médio

**Letícia Fagundes de Oliveira**
Mestre em História Social pela Universidade de São Paulo (USP)
Autora-colaboradora de coleções didáticas do Ensino Fundamental e do Ensino Médio

**Regina Nogueira Borella**
Bacharel em Psicologia pela Pontifícia Universidade Católica de São Paulo (PUC-SP)
Coordenadora educacional e pedagógica de Educação Infantil e Ensino Fundamental

Editora Saraiva

Ligados.com História – 4º ano (Ensino Fundamental – Anos iniciais)


Direitos desta edição:
Saraiva Educação S.A., São Paulo, 2015


**Dados Internacionais de Catalogação na Publicação (CIP)**
**(Câmara Brasileira do Livro, SP, Brasil)**

Alves, Alexandre
Ligados.com : história, 4º ano / Alexandre Alves, Letícia Fagundes de Oliveira, Regina Nogueira Borella. – 1. ed. – São Paulo : Saraiva, 2015.

Suplementado pelo manual do professor.
Bibliografia
ISBN 978-85-02-63017-8 (aluno)
ISBN 978-85-02-63021-5 (professor)

1. História (Ensino fundamental) I. Oliveira, Letícia Fagundes de. II. Borella, Regina Nogueira. III. Título.

15-02504 CDD-372.89

Índices para catálogo sistemático:
1. História: Ensino fundamental 372.89

| | |
|---|---|
| **Gerente editorial** | M. Esther Nejm |
| **Editor responsável** | Luciana Leopoldino |
| **Editor** | Edgar Costa Silva |
| **Coordenador de revisão** | Camila Christi Gazzani |
| **Revisores** | Albertina Piva, Márcia Pessoa, Tássia de Carvalho |
| **Coordenador de iconografia** | Cristina Akisino |
| **Pesquisa iconográfica** | César Atti |
| **Gerente de artes** | Ricardo Borges |
| **Coordenador de artes** | Aderson Oliveira |
| **Design e capa** | Homem de Melo & Troia Design |
| **Capa** | Luis Vassalo com imagem de Roger Simó/Advocate Art |
| **Diagramação** | Benedito Reis, Edilson Pauliuk, Elis Regina, Josiane Batista de Oliveira, Lisandro Paim Cardoso, Simone Zupardo |
| **Ilustrações** | Petra Elster, Biry Sarks, Cecilia Andrade, Studio Caparroz, Luis Matuto |
| **Cartografia** | Sonia Vaz |
| **Produtor Gráfico** | Robson Cacau Alves |
| 568966.001.004 **Impressão e acabamento** | Bercrom Gráfica e Editora |



**Editora Saraiva**

SAC 0800-0117875
De 2ª a 6ª, das 8h30 às 19h30
www.editorasaraiva.com.br/contato

Avenida das Nações Unidas, 7221 – 1º Andar – Setor C – Pinheiros – CEP 05425-902

# CONHEÇA O SEU LIVRO

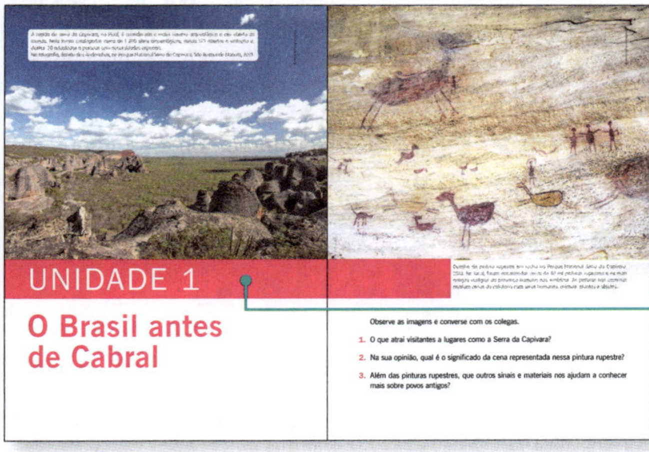


## Unidade

Seu livro tem oito unidades. As páginas de abertura introduzem o trabalho que será desenvolvido em cada unidade. Nelas, você é convidado a observar os elementos da imagem e relacioná-los com seus conhecimentos sobre o tema ou com seu dia a dia.

## Glossário

Algumas expressões ou termos considerados mais complexos são explicados próximo do texto correspondente.

## Capítulo

Cada unidade apresenta dois capítulos, compostos de seções que exploram e desenvolvem os conteúdos e conceitos estudados. As seções apresentam atividades variadas, escritas e orais, individuais, em duplas ou em grupo.

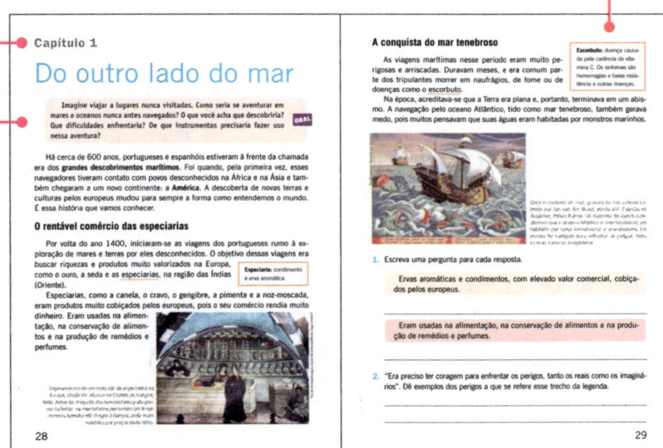


Muitos temas começam com questões para que você tenha oportunidade de pensar sobre o assunto que será tratado e trocar ideias com seus colegas a respeito dele.

## Gente que faz!

Nesta seção, os textos, as imagens e as atividades foram planejados para que você conheça alguns procedimentos que caracterizam o trabalho do historiador.

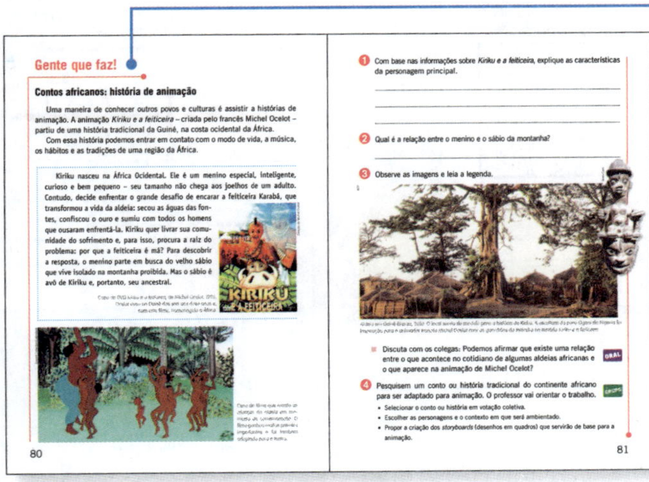

## Rede do conhecimento

Em alguns momentos do livro, você vai entrar em contato com um tipo de rede do conhecimento que traz imagens e textos que relacionam de forma esquemática e em rede os temas estudados.

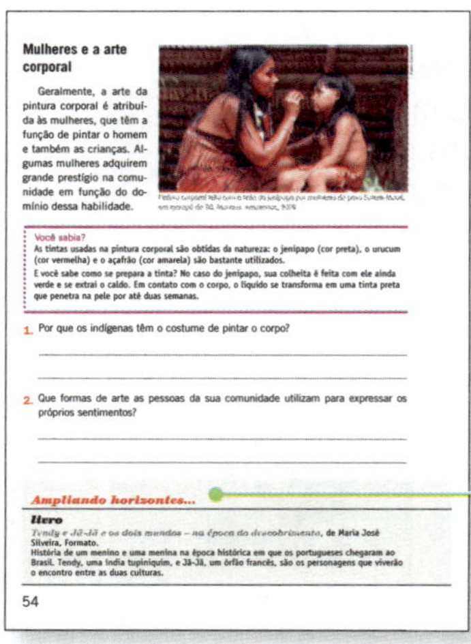


## Você sabia?

Neste boxe você encontra curiosidades sobre conteúdos tratados no livro.

## Ampliando horizontes...

Cada unidade apresenta sugestões de livros, revistas, músicas, filmes ou *sites* que permitem enriquecer ou ampliar os assuntos abordados.

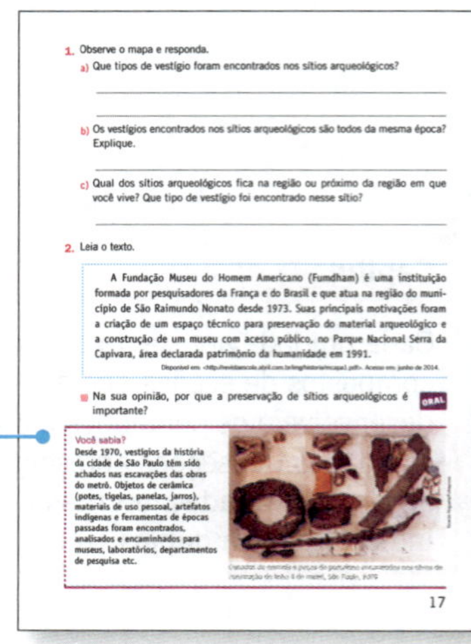


## Fontes e testemunhos históricos

Ao longo do livro você vai entrar em contato com muitas fontes e testemunhos históricos: mapas, fotografias, obras de arte, depoimentos, objetos, artigos de jornais, revistas e internet, além de textos de escritores, especialistas e historiadores.

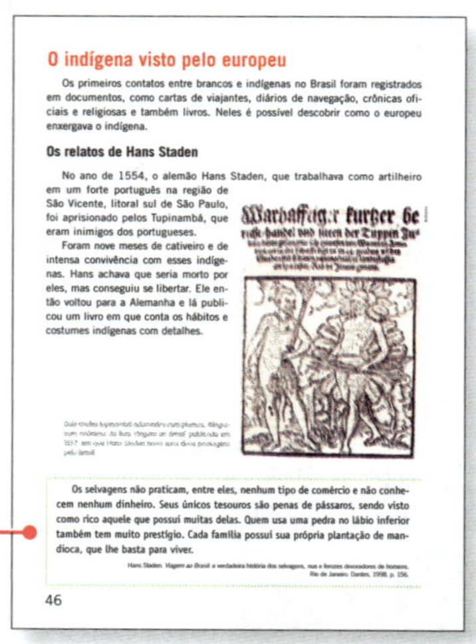


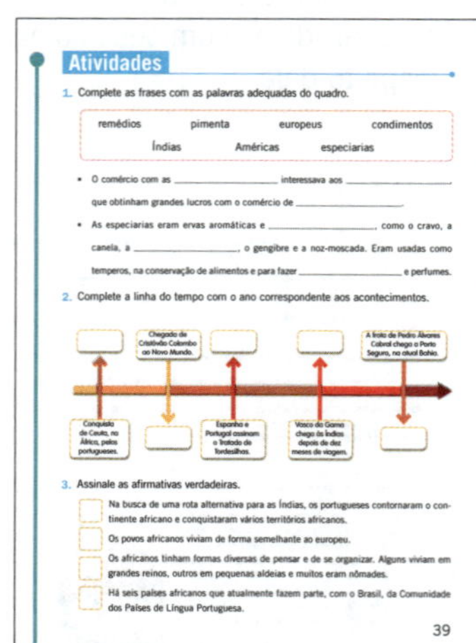


## Atividades

As atividades vão ajudar você a retomar e ampliar os principais assuntos estudados na unidade.

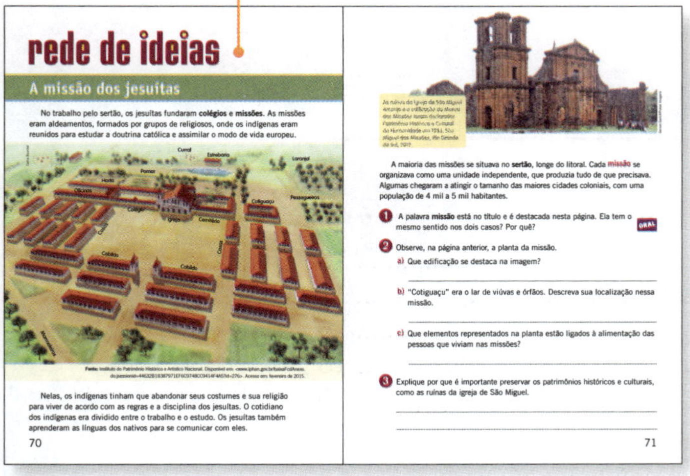


## Rede de ideias

Esta seção retoma conceitos trabalhados na unidade e os desenvolve em conexão com outras áreas do saber.

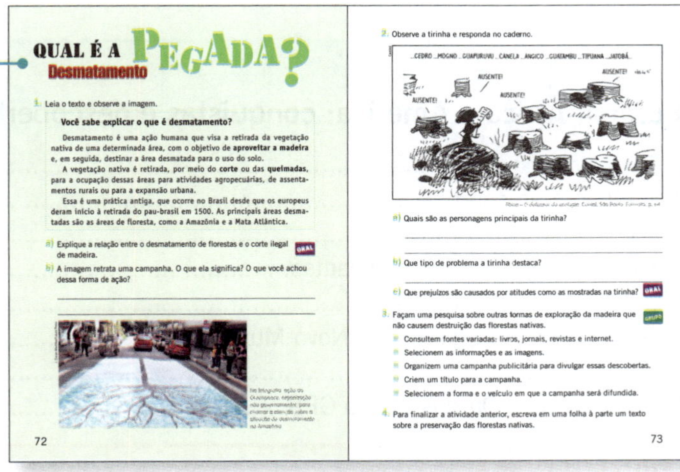


## Qual é a pegada?

Nesta seção você vai perceber que atitudes no dia a dia podem ajudar a preservar o lugar em que vivemos e construir um futuro melhor. Você também vai refletir sobre valores e atitudes que contribuem para sua formação como cidadão.

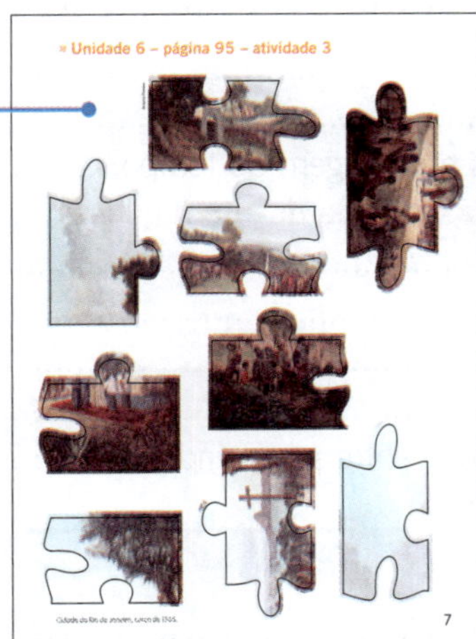

## Material Complementar e Adesivos

O livro traz um encarte com fichas, roteiros, imagens e adesivos para serem destacados e utilizados em algumas atividades.

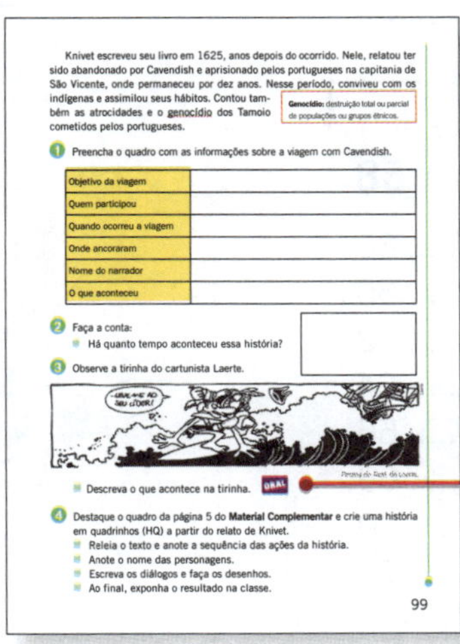


## Significado dos ícones

Ao longo do livro, você vai ser convidado a realizar várias atividades. Em algumas delas, fique atento às orientações dadas por estes ícones:

ORAL DUPLA GRUPO

# SUMÁRIO

Reprodução

Alberto Henschel

A região da serra da Capivara, no Piauí, é considerada a maior reserva arqueológica a céu aberto do mundo. Nela foram catalogados cerca de 1 200 sítios arqueológicos, sendo 173 abertos a visitação e, destes, 30 adaptados a pessoas com necessidades especiais.
Na fotografia, Baixão das Andorinhas, no Parque Nacional Serra da Capivara, São Raimundo Nonato, 2013.

Andre Dib/Pulsar Imagens

# UNIDADE 1

# O Brasil antes de Cabral

Detalhe de pintura rupestre em rocha no Parque Nacional Serra da Capivara, 2013. No local, foram encontrados cerca de 40 mil pinturas rupestres e os mais antigos vestígios da presença humana nas Américas. As pinturas nas cavernas revelam cenas do cotidiano com seres humanos, animais, plantas e objetos.

Observe as imagens e converse com os colegas.

1. O que atrai visitantes a lugares como a Serra da Capivara?

2. Na sua opinião, qual é o significado da cena representada nessa pintura rupestre?

3. Além das pinturas rupestres, que outros sinais e materiais nos ajudam a conhecer mais sobre povos antigos?

Capítulo 1

# Primeiros habitantes do Brasil

Na sua opinião, quem habitava as terras onde hoje é o Brasil antes da chegada dos europeus? Como você imagina que esses primeiros habitantes viviam?

ORAL

Ao estudar vestígios muito antigos em cavernas brasileiras, cientistas e pesquisadores descobriram que as terras onde hoje é o Brasil começaram a ser habitadas há milhares de anos por diferentes povos.

**Vestígio:** sinal, pegada, marca deixada pelo ser humano ou por animal.

Foram encontrados e analisados ossos, objetos, restos de alimentos, instrumentos, enfeites e pinturas rupestres que nos permitem entender como viviam os primeiros habitantes da nossa terra. Os vestígios mais antigos foram encontrados em São Raimundo Nonato, no estado do Piauí, uma área caracterizada pela presença de muitas cavernas.

Palê Zuppani/Pulsar Imagens

Diferentes tamanhos e formas de ponta de armas utilizadas muito antigamente. Os objetos fazem parte do acervo do Museu do Homem Americano, no Parque Nacional Serra da Capivara, em São Raimundo Nonato, Piauí. Fotografia de 2010.

## Como viviam os primeiros habitantes do Brasil

Os seres humanos que habitaram, em épocas pré-históricas, as terras onde hoje é o Brasil viviam da caça de pequenos animais e da coleta de frutas e raízes comestíveis. Eles aprenderam a explorar diversos recursos do território que ocupavam. Foi também nesse período que alguns povos que viviam no atual território do Brasil passaram a cultivar alimentos, como o milho e a mandioca.

O dinamarquês Peter Lund, que se estabeleceu no Brasil em 1835, foi o primeiro explorador que estudou os vestígios deixados por animais e pessoas que viveram no território brasileiro em um período muito antigo.

Peter Andreas Brandt

*Estudos de Peter Lund em Lagoa Santa,* de Andreas Brandt. Aquarela. Coleção particular. Lund solicitou ao artista Andreas Brandt que registrasse suas pesquisas. As pinturas rupestres encontradas nas cavernas de Minas Gerais fornecem pistas de como viviam os povos que ocupavam o território onde hoje é o Brasil.

**1.** Observe a imagem acima e responda às questões.

a) O que é retratado na obra de Andreas Brandt?

______________________________________________

______________________________________________

b) Que intenções teriam os seres humanos ao fazer as pinturas rupestres em cavernas?

______________________________________________

c) Estudos como os de Peter Lund podem revelar quais informações sobre a ocupação do território brasileiro?

______________________________________________

______________________________________________

**2.** Observe as imagens de diferentes tipos de anzol.

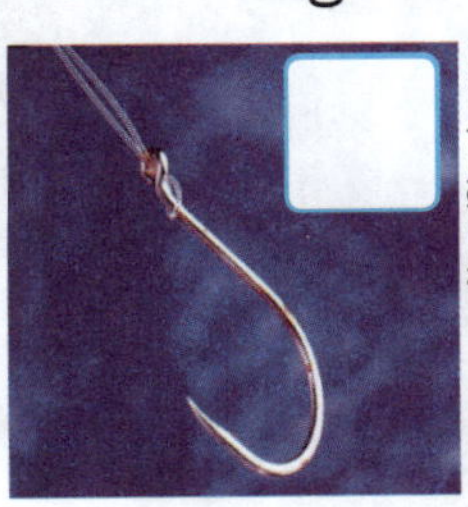

Alamy/Glow Images

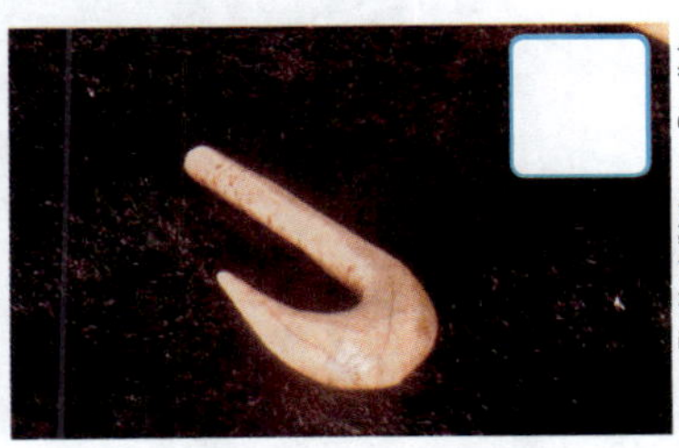

Zig Koch/Natureza Brasileira

The Bridgeman Library/Grupo Keystone

a) Assinale o anzol que pode ter sido usado por povos da pré-história brasileira.

b) O que os pesquisadores podem concluir sobre um povo ao encontrar um anzol em suas escavações? **ORAL**

# Gente que faz!

## A cultura material: objetos com muita história

O arqueólogo é o cientista que pesquisa a cultura e o modo de vida de sociedades do passado por meio da análise da **cultura material** remanescente de um povo.

**Cultura material** são objetos e vestígios produzidos por um povo ao longo do tempo: utensílios, enfeites, pinturas em rochas, marcas de fogueiras apagadas há muito tempo.

Quando um povo desaparece, os objetos que ele produziu e utilizou ao longo do tempo constituem vestígios, geralmente encontrados no lugar onde aquele povo vivia ou frequentava. Sobre eles, finas camadas de sedimentos e poeira vão sendo depositadas, resultantes da ação da chuva e do vento sobre o solo e as rochas.

### Como funciona o trabalho do arqueólogo?

1. O arqueólogo investiga um **sítio arqueológico** – lugar onde são encontrados vestígios arqueológicos – e escava cuidadosamente camadas de terra, areia ou pedras. Quanto mais profunda a camada, mais antigos são os vestígios.

Ilustração esquemática, para fins didáticos, em corte das diferentes camadas escavadas em um sítio arqueológico. Elementos não representados em proporção de tamanho entre si. As cores não correspondem aos tons reais.

2. Os vestígios são documentos que os arqueólogos analisam em laboratório, com apoio de outros registros (fichas, diários, mapas, fotografias e depoimentos). Esses materiais ajudam o arqueólogo a interpretar informações dos povos que viveram ou frequentaram aquela área.

Rafael Hupsel/Folhapress

Arqueóloga analisando peças encontradas em sítios arqueológicos brasileiros, 2008.

3. Pelo estudo de ossadas humanas, por exemplo, esse profissional pode descobrir como os povos que habitaram a região alimentavam-se, quais doenças tinham e como se relacionavam entre si.

Adriano Gambarini/Pulsar Imagens

Trabalho de retirada de fóssil de bicho-preguiça no sítio Toca do Barrigudo, Serra da Capivara, Piauí, 2002.

4. Nas cidades, o arqueólogo pode desvendar as diferentes formas de ocupação e as mudanças que as construções e os espaços sofreram ao longo do tempo.

Danilo Verpa/Folhapress

A escavação realizada na Casa do Bandeirante, em São Paulo, revela cerâmicas de uso cotidiano dos séculos XVIII e XIX.

5. O arqueólogo também pesquisa a cultura material que se encontra submersa em águas interiores (rios, lagos, represas), marítimas ou oceânicas. Nesse tipo de trabalho são usados métodos e técnicas de investigação específicos, e saber mergulhar é importante para o trabalho do arqueólogo.

**Submerso:** mergulhado, afundado total ou parcialmente na água.

Boris Horvat/AFP

Arqueólogos mergulhadores em pesquisa de vestígios de um naufrágio. Fotografia de 2011.

**1** Com um colega, escreva uma lista de cinco objetos da cultura material que vocês conhecem ou de que fazem uso.

______

______

______

**2** Leia o texto com os colegas.

Pode ter sido um lugar onde moravam pessoas, como uma cabana de palha e madeira, uma caverna ou um monte artificial. Mas pode ter sido também um cemitério, ou um depósito de lixo, ou um lugar ocupado por pouco tempo, para realizar uma caçada, por exemplo, ou para se pintar uma parede. Um mesmo sítio, além disso, pode ter sido ocupado várias vezes por povos diferentes e com culturas distintas.

Norberto Luiz Guarinello. *Os primeiros habitantes do Brasil.* São Paulo: Atual, 1994. p. 7.

- De qual assunto trata o texto?

______

### Você sabia?

Os sítios arqueológicos de Lagoa Santa, Minas Gerais, revelaram a presença de **paleoíndios** – nome pelo qual são conhecidos os antigos habitantes do Brasil. Eles formavam uma população concentrada e fixa que utilizava de forma intensiva os recursos vegetais do Brasil Central a partir de cerca de 10 mil anos atrás.

image©2014 Digital Globe/Google Earth

Vista aérea de Lagoa Santa, Minas Gerais, 2012.

**3** Você e os colegas farão uma pesquisa sobre os materiais descartados no lixo da moradia em que vivem.

a) Investigue o lixo da sua moradia durante três dias.

b) Faça uma lista no caderno dos materiais encontrados: plástico, latas, vidros e tipo de resto de comida.

c) Reflita: quais são os hábitos alimentares e de consumo da sua família?

d) Compare o resultado da sua investigação com os de seus colegas e juntos elaborem um painel com os hábitos alimentares das famílias do 4º ano. GRUPO

**4** No caderno, escreva um pequeno texto explicando o trabalho dos arqueólogos. **Atenção:** use as expressões "cultura material" e "sítio arqueológico".

# Sítios arqueológicos do Brasil

Você já visitou um museu? Sabe ou imagina como ele funciona? Que tipo de material é exposto em um museu? Explique a diferença entre museus e sítios arqueológicos. **ORAL**

Muitas sociedades organizadas e complexas ocuparam o território brasileiro muito antes da chegada dos povos europeus em 1500. Em diferentes áreas do país foram encontrados vestígios desses grupos.

**Brasil – Sítios arqueológicos**

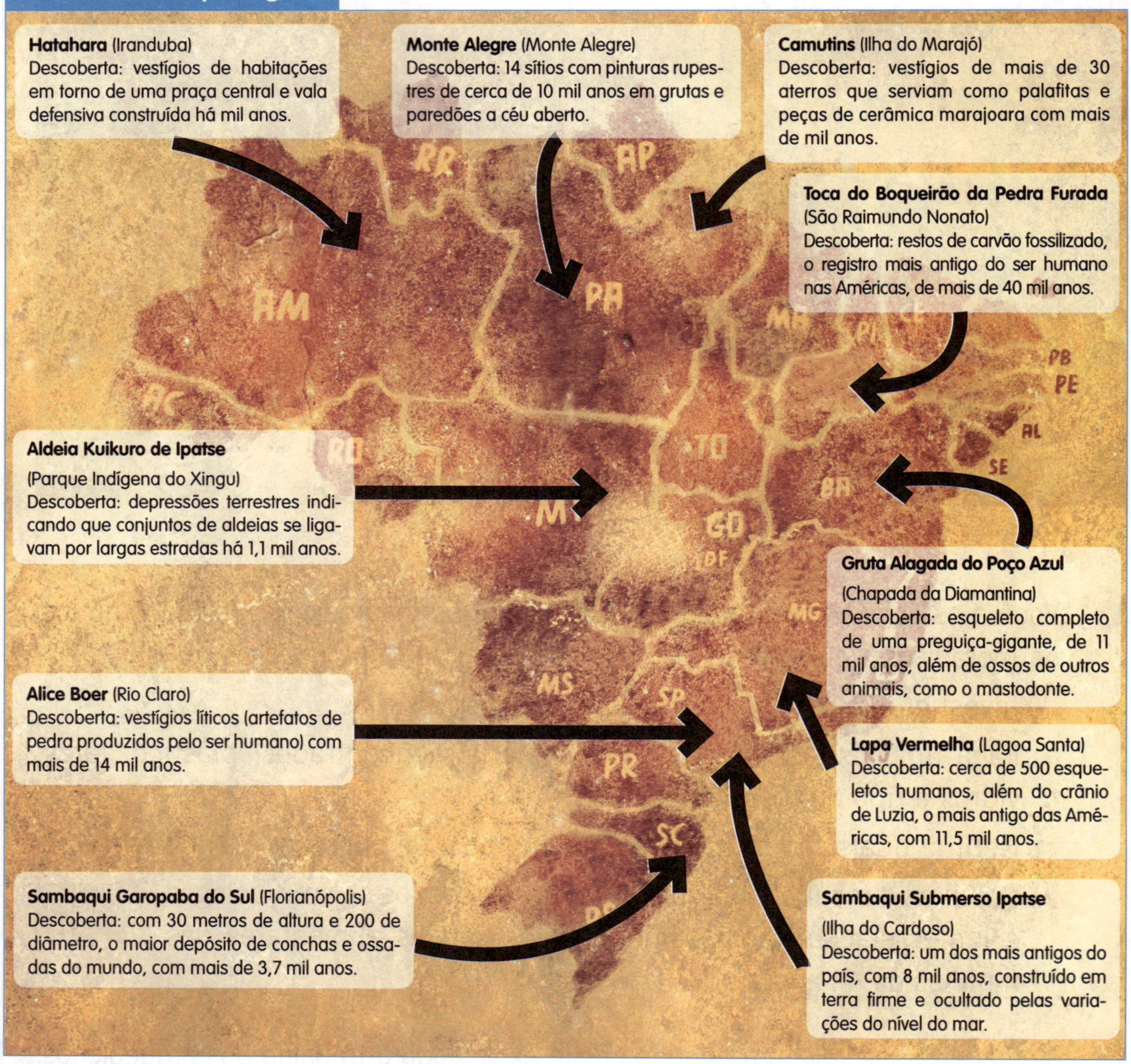


Cássio Bittencourt

**Fontes**: Norberto Luiz Guarinello. *Os primeiros habitantes do Brasil*. São Paulo: Atual, 1994. p. 12. Disponível em: <http://portal.iphan.gov.br>. Acesso em: maio de 2014. Disponível em: <http://revistaescola.abril.com.br/img/historia/mcapa1.pdf>. Acesso em: junho de 2014.

**1.** Observe o mapa e responda.

a) Que tipos de vestígio foram encontrados nos sítios arqueológicos?

b) Os vestígios encontrados nos sítios arqueológicos são todos da mesma época? Explique.

c) Qual dos sítios arqueológicos fica na região ou próximo da região em que você vive? Que tipo de vestígio foi encontrado nesse sítio?

**2.** Leia o texto.

A Fundação Museu do Homem Americano (Fumdham) é uma instituição formada por pesquisadores da França e do Brasil e que atua na região do município de São Raimundo Nonato desde 1973. Suas principais motivações foram a criação de um espaço técnico para preservação do material arqueológico e a construção de um museu com acesso público, no Parque Nacional Serra da Capivara, área declarada patrimônio da humanidade em 1991.

Disponível em: <http://revistaescola.abril.com.br/img/historia/mcapa1.pdf>. Acesso em: junho de 2014.

- Na sua opinião, por que a preservação de sítios arqueológicos é importante? **ORAL**

### Você sabia?

Desde 1970, vestígios da história da cidade de São Paulo têm sido achados nas escavações das obras do metrô. Objetos de cerâmica (potes, tigelas, panelas, jarros), materiais de uso pessoal, artefatos indígenas e ferramentas de épocas passadas foram encontrados, analisados e encaminhados para museus, laboratórios, departamentos de pesquisa etc.

Ricardo Nogueira/Folhapress

Ossadas de animais e peças de porcelana encontradas nas obras de construção da linha 4 do metrô, São Paulo, 2009.

Capítulo 2

# Os antepassados dos indígenas

Converse com os colegas: Na sua opinião, como era a vida dos povos que habitavam o atual território do Brasil antes dos povos indígenas? ORAL

Arqueólogos descobriram vestígios interessantes dos antepassados dos indígenas que viviam nas terras que hoje formam o Brasil.

## O povo do Sambaqui

**Sambaquis** são elevações no terreno formadas principalmente por restos de alimentos de origem animal (conchas e ossos de répteis, aves, peixes e pequenos mamíferos).

Os **sambaquis** existem há mais ou menos 6 mil anos e são encontrados em diversos pontos da atual costa brasileira, principalmente no Sul. São vestígios de um povo pacífico que habitava essas regiões e que foi acumulando esses restos ao longo de muito tempo.

O povo do Sambaqui era formado por grupos de caçadores e coletores, excelentes canoeiros, que se alimentavam de moluscos e crustáceos, frutos silvestres e peixes. Também caçavam pequenos animais e fabricavam artefatos de pedra e osso. Tinham o costume de acumular restos de alimentos, enfeites que usavam no corpo e artefatos ao redor de sua moradia.

No interior dos sambaquis os arqueólogos também encontraram ossadas humanas, o que lhes permitiu concluir que esse povo costumava enterrar ali seus mortos.

Eduardo Marques/Tempo Editorial

Sítio arqueológico Sambaqui, em Jaguaruna – Santa Catarina, 2011. Esse é o maior sambaqui do mundo, medindo 200 metros de comprimento por 30 metros de altura.

1. A palavra sambaqui é de origem tupi. Pinte os termos que deram origem a essa palavra.

| ki – amontoado | pirá – peixe | ajubá – amarelo | samba – concha |
|---|---|---|---|

2. Assinale a explicação que corresponde a sambaqui.

- [ ] Ritual praticado por povos que ocupavam o território onde hoje é o Brasil.
- [ ] Elevações no terreno formadas por conchas, objetos e restos de animais.
- [ ] Espécie de animal que fornecia alimentação a antigos povos litorâneos.

3. Os sambaquis são formações naturais ou artificiais? Explique.

_______________________________________________

_______________________________________________

4. Quais alimentos faziam parte da dieta dos povos do Sambaqui?

_______________________________________________

5. O que os pesquisadores descobriram ao estudar o interior dos sambaquis?

_______________________________________________

## Ampliando horizontes...

### filme

*As aventuras de Tadeo*, direção de Enrique Gato. Estados Unidos.
O pedreiro Tadeo é confundido com um arqueólogo famoso e enviado ao Peru, onde se envolve em uma aventura para defender um tesouro arqueológico.

Eduardo Marques/Tempo Editorial

Detalhe de conchas de sambaquis no sítio arqueológico da Ponta da Garopaba Sul, 2011.

# O povo Marajoara

Os marajoaras viveram há cerca de 3 500 anos na ilha de Marajó, na foz do Rio Amazonas. Eles construíam morros artificiais chamados "tesos" para se protegerem das inundações na época das cheias do rio. Eles também dominavam técnicas artísticas sofisticadas e chegaram a construir cidades onde moravam centenas de pessoas. Os estudiosos calculam que, no seu auge, o povo marajoara tenha chegado a uma população de aproximadamente 100 mil habitantes.

## As mulheres ceramistas

João Prudente/Pulsar Imagens

Artesanato marajoara em Belém do Pará, 2013. A arte marajoara é considerada a mais antiga arte cerâmica do Brasil e uma das mais antigas das Américas.

[...] Quando se fala de marajoaras associa-se imediatamente essa expressão a peças de cerâmica. Pois bem, sabe-se agora também que quando se falar dessas peças será preciso associá-las às mulheres: eram elas as responsáveis por sua confecção. A técnica artesanal era avançada: sabiam escolher a melhor argila e misturavam a matéria-prima a um "tempero" feito com casca de árvore e areia para depois levar a peça ao forno. [...]

*A sociedade Marajoara*. Em: *Istoé Independente*. São Paulo: Três, março de 2008. Disponível em: <www.istoe.com.br/reportagens/2106_A+SOCIEDADE+MARAJOARA>. Acesso em: março de 2014.

1. Observe as imagens de peças representativas da cerâmica marajoara.

Museu Nacional da UFRJ, Rio de Janeiro, RJ

Urna funerária com detalhes geométricos.

Museu Paraense Emílio Goeldi, Belém do Pará, PA

Vaso globular que apresenta decoração geométrica.

Museu Nacional da UFRJ, Rio de Janeiro, RJ

Tanga usada pelas mulheres marajoara.

■ O que podemos afirmar sobre a utilização de artefatos de cerâmica pelo povo Marajoara?

______________________________________________

______________________________________________

# Atividades

**1.** Observe a fotografia.

Cesar Manso/AFP

Trabalhadores em escavações de sítio arqueológico de Atapuerca, Espanha, 2013.

a) Que profissão exercem as pessoas que aparecem na imagem?

_______________

b) Onde essas pessoas realizam seu trabalho?

_______________

c) Em que outros locais esse tipo de profissional pode realizar seu trabalho?

_______________

_______________

**2.** Relacione cada expressão ou palavra à sua explicação.

a) cultura material   b) pintura rupestre   c) agricultura

☐ Registro artístico encontrado no interior de cavernas, abrigos rochosos e ao ar livre.

☐ Técnica utilizada para cultivo de plantas, já utilizada por povos que habitavam o atual território do Brasil há milhares de anos.

☐ Objetos, como utensílios e ferramentas, produzidos e utilizados por um povo ao longo do tempo.

**3.** Entre as afirmativas abaixo, apenas uma é falsa. Identifique-a e depois reescreva-a corretamente no caderno.

- O território onde atualmente é o Brasil começou a ser habitado há milhares de anos.
- O povo do Sambaqui acumulava restos de alimentos, como conchas e ossos de peixes e de pequenos animais, nas proximidades de sua moradia.
- Os homens do povo marajoara desenvolveram uma sofisticada técnica e produziram peças de cerâmica com reconhecido valor artístico.

# rede de ideias

## Das cavernas aos muros GRAFITADOS

**1** Leia o texto, observe a imagem A e responda.

Assim como você gosta de rabiscar um caderno, os habitantes do Brasil pré-histórico também tinham lá suas obras de arte — só que, há milhares de anos, o local escolhido para deixá-las eram as paredes de cavernas e rochas espalhadas por aí. Conhecidos como pinturas e gravuras rupestres, muitos desses desenhos estão preservados até hoje e vão sendo, aos poucos, descobertos pelos cientistas. [...]

Entre as pinturas encontradas há obras com apenas uma cor e outras com várias cores. Há também diversas gravuras — figuras esculpidas nas pedras. Os temas dos desenhos, em sua maioria, são coisas do dia a dia da pré-história, como animais e seres humanos. Mas também há figuras abstratas, como formas geométricas. [...]

Lucas Conrado. Nas paredes da pré-história. *Ciência hoje das crianças*. Rio de Janeiro: Instituto Ciência Hoje, dezembro de 2012. Disponível em: <http://chc.cienciahoje.uol.com.br/nas-paredes-da-pre-historia/>. Acesso em: março de 2014.

Renato Soares/Pulsar Imagens

Pintura rupestre, Parque Nacional Cavernas do Peruaçu, em Januária, Minas Gerais. Fotografia de 2012.

AFP

*Afresco do Toureiro*, de artista desconhecido, de cerca de 3 500 anos. Museu Arqueológico Heraklion, Creta, Grécia. O afresco foi encontrado em um palácio grego.

a) É possível conhecer o exato significado dessas mensagens gravadas nas paredes das cavernas e rochas?

______________________________________________

______________________________________________

b) Destaque a página 15 do **Material Complementar** e crie uma pintura usando figuras geométricas. Depois mostre seu trabalho para os colegas e exponha no mural da escola.

**2** Entre as obras B e C, qual é a mais antiga?

______________________________________________

**3** Atualmente muitos artistas dedicam-se ao grafite, um estilo de arte urbana que usa como suporte muros, laterais de edifícios e viadutos.

a) Compare a pintura rupestre e o grafite e aponte semelhanças e diferenças.

______________________________________________

______________________________________________

______________________________________________

b) Criem em um espaço reservado um grafite que represente a marca do seu grupo, a história de vocês. GRUPO

Fabio Colombini

Clélio Tomaz/Fotoarena

Vista do teto da Igreja de São Francisco de Assis, em Ouro Preto, Minas Gerais, que tem 12 metros de altura. A pintura foi feita por Mestre Ataíde entre 1801 e 1812. Fotografia de 2011.

Grafite feito em muro para comemorações antecipadas da Copa do Mundo de futebol de 2014. Recife, Pernambuco, 2012.

# QUAL É A PEGADA?

## Preservação

A **sustentabilidade cultural** tem como objetivo permitir que as gerações futuras recebam e possam conhecer a herança natural e cultural de sua comunidade. E para que isso seja possível, é importante garantir a preservação de patrimônios. Os direitos e deveres referentes aos patrimônios estão apresentados nas leis da Constituição do Brasil.

A preservação e a conservação do patrimônio cultural são deveres de órgãos públicos, mas também de todos os cidadãos. E cada brasileiro tem como direito propor ação popular para evitar atitudes que prejudiquem um patrimônio histórico e cultural de uma comunidade.

**Constituição:** conjunto de leis, normas e regras de um país ou de uma instituição. É a lei máxima que limita poderes e define os direitos e deveres dos cidadãos.

PATRIMÔNIO

### Destruidores da História

Vândalos agem sem controle nos sítios arqueológicos brasileiros e ameaçam fazer desaparecer sob pichações e cartazes um precioso conjunto de pinturas rupestres.

**Vândalo:** aquele que estraga ou destrói bens públicos, materiais valiosos, históricos, entre outros.

Julio Cesar Mello de Oliveira

Depredação de pintura rupestre em Cachoeira do Encantado, Bahia, 2010.

**1.** Observe a manchete e a fotografia. Depois responda.

**a)** A quem a reportagem se refere como "vândalos"?

______________________________________________

**b)** Que tipo de vandalismo é retratado na imagem?

______________________________________________

**2.** Observe a imagem.

Associação Comercial do Paraná

Selo *Pichação é crime*, da Associação Comercial do Paraná.

- De acordo com a lei, pichação é crime. Que prejuízos são causados por pichações em sítios arqueológicos como as da fotografia da página anterior?

______________________________________________

______________________________________________

**3.** Na sua opinião, por que é importante preservar o patrimônio cultural de um povo?

______________________________________________

**4.** Reúna-se com os colegas e escolham um bem do patrimônio cultural de sua comunidade. GRUPO

**a)** Façam uma pesquisa e registrem no quadro da página 13 do **Material Complementar** os dados sobre ele.

**b)** Combinem com o professor um dia para a apresentação dos resultados da pesquisa.

Estúdio Ampla Arena

# UNIDADE 2

# Europa, África e América: conquistas e descobertas

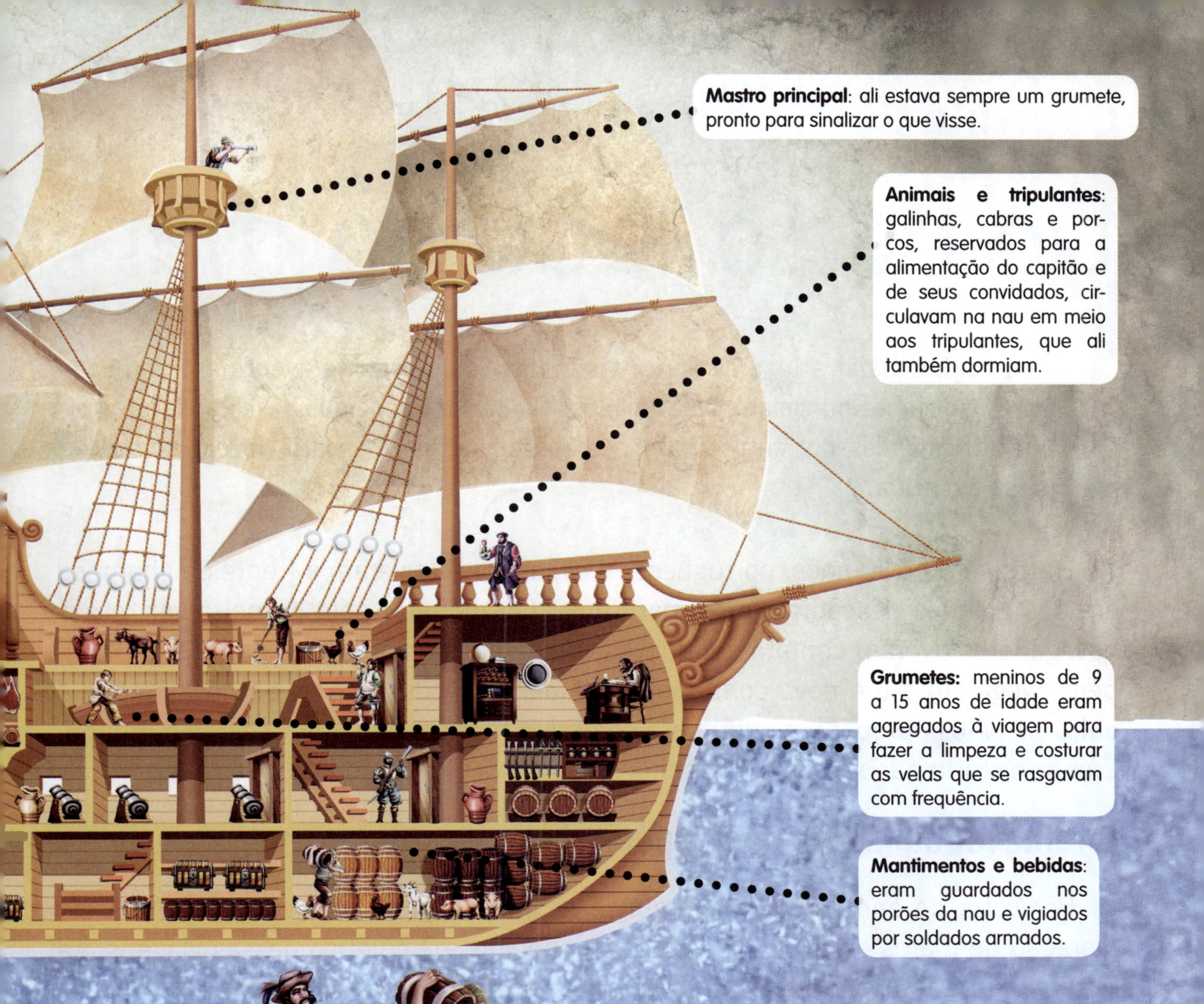

Vista em corte de uma nau do século XVI, com diversos compartimentos. A esquadra de Pedro Álvares Cabral era composta de nove naus, três caravelas e uma naveta (navio armazém).

Observe a imagem e converse com os colegas.

**1.** Elabore uma pergunta para cada uma das respostas.
- Um meio de transporte utilizado pelos europeus no século XVI.
- Buscar mercadorias para serem comercializadas, descobrir novas rotas no mar e conquistar terras como o Brasil.

**2.** Os navegadores partiram de Portugal ou da Espanha, alcançando territórios na África, na Europa e na Ásia. Na sua opinião, que motivações levavam portugueses e espanhóis a se arriscarem em viagens marítimas nessa época?

## Capítulo 1

# Do outro lado do mar

Imagine viajar a lugares nunca visitados. Como seria se aventurar em mares e oceanos nunca antes navegados? O que você acha que descobriria? Que dificuldades enfrentaria? De que instrumentos precisaria fazer uso nessa aventura?

ORAL

Há cerca de 600 anos, portugueses e espanhóis estiveram à frente da chamada era dos **grandes descobrimentos marítimos**. Foi quando, pela primeira vez, esses navegadores tiveram contato com povos desconhecidos na África e na Ásia e também chegaram a um novo continente: a **América**. A descoberta de novas terras e culturas pelos europeus mudou para sempre a forma como entendemos o mundo. É essa história que vamos conhecer.

## O rentável comércio das especiarias

Por volta do ano 1400, iniciaram-se as viagens dos portugueses rumo à exploração de mares e terras por eles desconhecidos. O objetivo dessas viagens era buscar riquezas e produtos muito valorizados na Europa, como o ouro, a seda e as especiarias, na região das Índias (Oriente).

**Especiaria:** condimento e erva aromática.

Especiarias, como a canela, o cravo, o gengibre, a pimenta e a noz-moscada, eram produtos muito cobiçados pelos europeus, pois o seu comércio rendia muito dinheiro. Eram usadas na alimentação, na conservação de alimentos e na produção de remédios e perfumes.

The Art Archive/Issogne Castle Val d'Aosta/Alfredo Dagli Orti/AFP

Representação de um mercado de especiarias na Europa, século XV. Afresco no Castelo de Issogne, Itália. Antes da chegada dos navegadores portugueses às Índias, as mercadorias percorriam um longo caminho terrestre até chegar à Europa, onde eram vendidas por preços muito altos.

## A conquista do mar tenebroso

> **Escorbuto:** doença causada pela carência de vitamina C. Os sintomas são hemorragias e baixa resistência a outras doenças.

As viagens marítimas nesse período eram muito perigosas e arriscadas. Duravam meses, e era comum parte dos tripulantes morrer em naufrágios, de fome ou de doenças como o escorbuto.

Na época, acreditava-se que a Terra era plana e, portanto, terminava em um abismo. A navegação pelo oceano Atlântico, tido como mar tenebroso, também gerava medo, pois muitos pensavam que suas águas eram habitadas por monstros marinhos.

The Bridgeman Library/Grupo Keystone

*Caça a criaturas do mar,* gravura de Jan Collaert colorida por Jan van der Straet, século XVI. Coleção de Stapleton, Países Baixos. Os viajantes da época acreditavam que o oceano Atlântico (o mar tenebroso) era habitado por seres monstruosos e assustadores. Era preciso ter coragem para enfrentar os perigos, tanto os reais como os imaginários.

**1.** Escreva uma pergunta para cada resposta.

> Ervas aromáticas e condimentos, com elevado valor comercial, cobiçados pelos europeus.

_______________________________________________

> Eram usadas na alimentação, na conservação de alimentos e na produção de remédios e perfumes.

_______________________________________________

**2.** "Era preciso ter coragem para enfrentar os perigos, tanto os reais como os imaginários". Dê exemplos dos perigos a que se refere esse trecho da legenda.

_______________________________________________

_______________________________________________

# O continente africano

A imagem abaixo mostra o encontro de povos de dois continentes. Quais são os continentes? Quem representa cada um deles? ORAL

Domingos Rebelo, segundo projeto do pintor Adriano Sousa Lopes

Painel no Salão Nobre da Assembleia da República de Portugal representando Diogo Cão no estuário do rio Zaire, 1944-45. Têmpera sobre estuque.

Na busca de um novo caminho para chegar às Índias, os portugueses passaram a explorar um continente praticamente desconhecido deles: a África.

Além da procura de uma rota alternativa para as Índias, os portugueses também queriam conquistar novos territórios e mercados, a fim de expandir seus domínios e aumentar suas riquezas com a compra e a venda de produtos dessas regiões. Os portugueses se interessavam por ouro, marfim e escravos e vendiam sal, trigo e tecidos para os africanos.

## Povos africanos

Na África os portugueses entraram em contato com diversos povos que já habitavam o continente há milhares de anos. Esses povos apresentavam organização, modos de vida, línguas, costumes e crenças diferentes dos europeus.

Havia grandes centros urbanos, como nos reinos do Mali e do Congo, e também pequenas aldeias. Havia ainda grupos nômades de agricultores e pastores, que se deslocavam de acordo com as condições climáticas, e caravanas de mercadores que percorriam rotas de longa distância, muitas vezes pelo deserto, buscando oportunidades de negócio.

Os povos africanos exploravam os recursos naturais de seu território, dominavam técnicas de agricultura, comercializavam minérios e metais preciosos, além de especiarias, como a pimenta e a noz-de-cola.

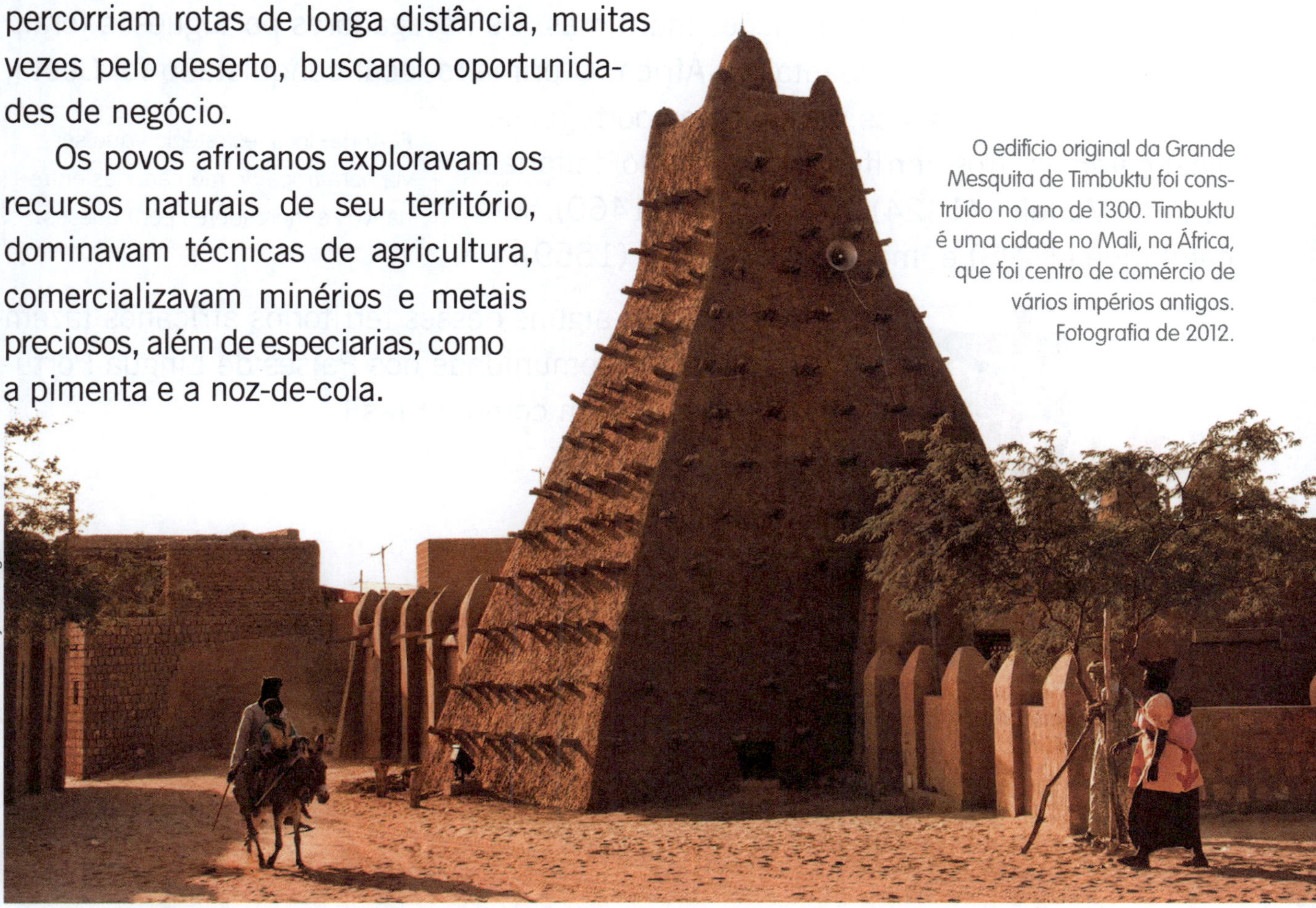

O edifício original da Grande Mesquita de Timbuktu foi construído no ano de 1300. Timbuktu é uma cidade no Mali, na África, que foi centro de comércio de vários impérios antigos. Fotografia de 2012.

Alamy/Glow Images

**Você sabia?**

A noz-de-cola é a semente de uma árvore que cresce na África, na Jamaica e no Brasil e atinge até 6 metros de altura. Ela é usada na produção de refrigerante.

Alamy/Glow Images

**1.** Como viviam os diversos povos africanos antes da chegada dos portugueses?

______________________________________________

______________________________________________

**2.** O que levou os portugueses a explorar o continente africano?

______________________________________________

______________________________________________

# Portugal conquista a África

Desde o início da navegação no Atlântico até a chegada à Índia foram necessários quase 100 anos de expedições marítimas. Os navegadores portugueses foram conquistando a costa ocidental da África. O primeiro local conquistado foi Ceuta, em 1415. A partir daí os navegadores portugueses alcançaram outros territórios, formando feitorias: Ilha da Madeira (1424), Cabo Verde (1460), Moçambique (1498) e, mais tarde, Angola (1559).

**Feitoria:** local estratégico que servia para troca de mercadorias entre nativos e mercadores portugueses.

Madalena Sena

Detalhe do cartaz do encontro "A Língua Portuguesa no século XXI", ocorrido em Portugal, em 2013.

Hoje, alguns desses territórios africanos fazem parte da Comunidade dos Países de Língua Portuguesa, assim como o Brasil.

**Mundo – Comunidade dos Países de Língua Portuguesa**

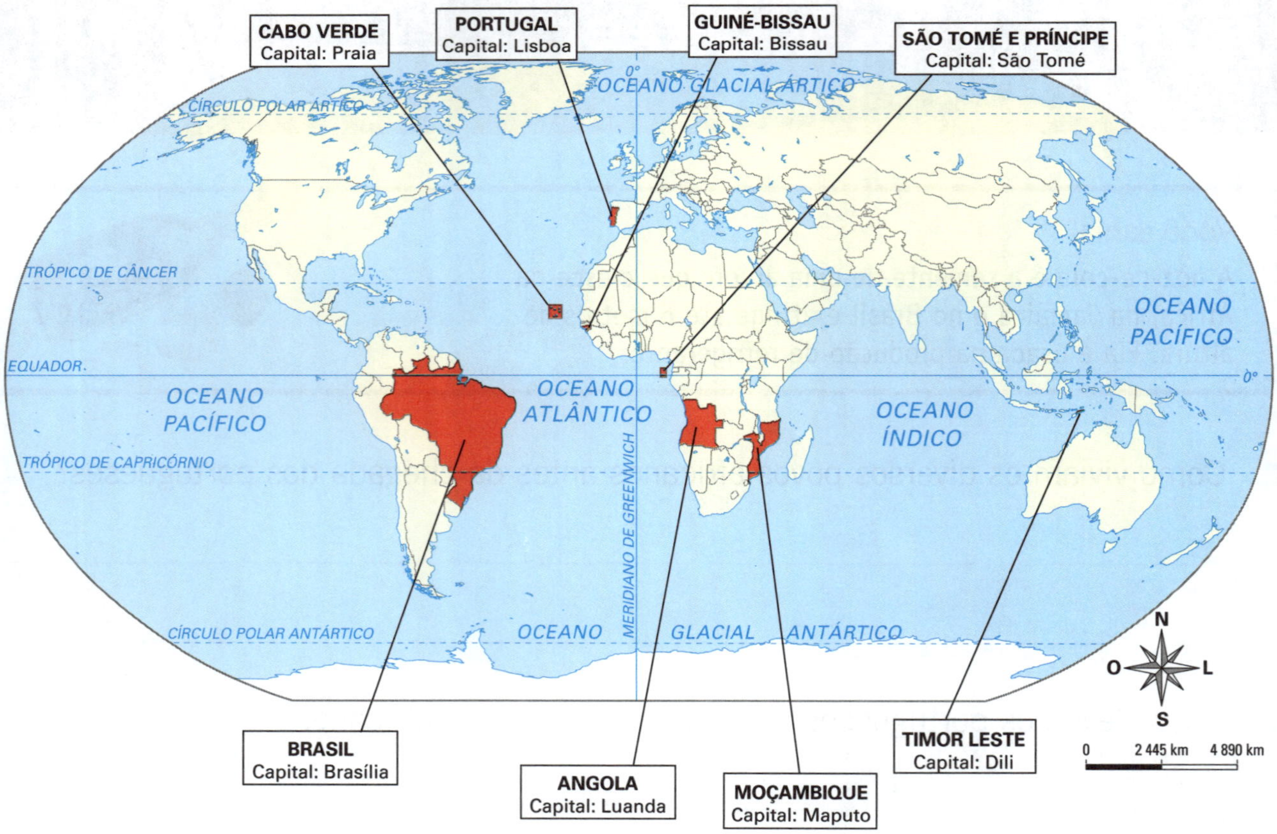


Sonia Vaz

**Fonte:** IBGE. *Atlas Geográfico Escolar*. 6. ed. Rio de Janeiro: IBGE, 2012.

1. Cite uma marca da influência portuguesa na África que permanece até hoje.

_______________________________________________

_______________________________________________

2. Leia o texto.

> A maior parte dos povos que viviam na África, na época da chegada dos europeus, não conhecia a escrita. Através de mitos, narrativas e lendas, as histórias de um passado distante eram transmitidas oralmente de geração a geração.

a) Reúna-se com um grupo de colegas e pesquisem um mito, uma lenda ou uma narrativa africana. Use o caderno para anotações.

b) Estudem o texto e depois contem aos colegas o que vocês leram. **ORAL**

3. Observe o mapa da página 32 e escreva os nomes dos países da Comunidade dos Países de Língua Portuguesa embaixo da respectiva bandeira.

Fotografias: Thinkstock/Getty Images

_______________

_______________

_______________

_______________

_______________

_______________

_______________

_______________

# Gente que faz!

## Relato de viajantes

Uma das maneiras de conhecer como eram as viagens na época das grandes navegações é ler o relato de navegadores, como os portugueses Vasco da Gama e Pedro Álvares Cabral. Eles deixaram registros detalhados em seus diários de bordo.

Leia um trecho do relato da viagem de Vasco da Gama, que partiu de Lisboa com uma esquadra de quatro navios e uma tripulação de 170 homens. Em 1498, depois de dez meses no mar, chegou a Calicute, na Índia, e abriu uma nova rota entre a Europa e o Oriente.

[...]

No sábado, 8 de julho [de 1497], partimos do porto do Restelo, para seguir nosso caminho — rogando que Deus Nosso Senhor nos deixasse acabar a missão em Seu Serviço.

No sábado seguinte, avistamos as Canárias. [...] Ao anoitecer, continuamos viagem pelo rio do Ouro.

A cerração foi tão intensa nesta noite que Paulo da Gama se perdeu de toda a frota [...]. Estava combinado que quem se perdesse deveria seguir em direção às ilhas do Cabo Verde. Foi o que fizemos.

**Frota:** conjunto de embarcações (naus e caravelas).

No domingo, 23 de julho, avistamos ao amanhecer a ilha do Sal e logo daí a uma hora vimos três navios. [...] Eles também haviam-se perdido do capitão-mor.

Seguimos juntos nossa rota até que nos faltou o vento. Andamos em calmaria até a quarta-feira pela manhã.

Álvaro Velho. *O descobrimento das Índias*: o diário da viagem de Vasco da Gama. Rio de Janeiro: Objetiva, 1998. p. 41.

Alfredo Roque Gameiro

*A chegada de Vasco da Gama a Calicute em 1498*, de Alfredo Roque Gameiro, 1900. Litografia colorida. Biblioteca Nacional de Portugal.

1. Numere as frases abaixo na ordem em que ocorreram os fatos.

- [ ] Os navios se perderam. Foram se reencontrar nas ilhas do Cabo Verde, como haviam combinado.
- [ ] A frota partiu do porto do Restelo com destino às Índias.
- [ ] Em maio do ano seguinte, dez meses depois da partida, foi alcançada a cidade de Calicute, nas Índias.
- [ ] Depois de avistar as ilhas Canárias, seguiu viagem pelo rio do Ouro.

2. Imagine que somente uma embarcação carregasse os mantimentos e tivesse se perdido. O que teria acontecido?

_______________________________________________

_______________________________________________

3. Faça o relato de uma viagem, real ou imaginária, para ser publicado em um *blog*. Imagine que o relato será preservado para outras gerações.

- Escolha um lugar que você conheceu ou gostaria de conhecer em uma viagem.
- Anote as suas impressões sobre a viagem a cada dia.
- Selecione imagens do local: paisagem, construções, monumentos, mar, lagos.
- Escreva o seu relato e divulgue para os colegas de classe.

## Ampliando horizontes...

### livro

*Vovó Nanã vai à escola*, de Dagoberto José Fonseca, FTD.
As primas Aisha e Yetundê moram na casa da avó Nanã, que nasceu na Nigéria (África) e conta histórias sobre sua origem para as netas. Nanã narra o início das relações entre África e Brasil.

### vídeo

*500 anos: o Brasil*. Um Novo Mundo na TV. Episódio 2: Caminhos da riqueza. Disponível em: <www.youtube.com/watch?v=dGLUVhLxaJ4>. Acesso em: fevereiro de 2015.
As navegações portuguesas contadas por teatro de bonecos. Duração: 13 minutos.

Capítulo 2

# Dividindo o Novo Mundo

Imagine viajar para um lugar novo e encontrar um povo com cultura completamente diferente da sua. Como seria, o que você sentiria e como faria para estabelecer uma relação e descobrir mais sobre esse povo? **ORAL**

Em 1492, o navegador Cristóvão Colombo chegou em terras americanas pela primeira vez. Imaginou que estava chegando às Índias e por isso chamou os habitantes nativos de “índios”. Anos depois, quando os europeus perceberam que se tratava de outro território, chamaram-no de **América**. Para eles, a América passou a ser conhecida como **Novo Mundo**.

Os navegadores europeus foram ocupando e dominando o novo continente em nome dos reis de Portugal e da Espanha, sem considerar que os povos nativos tivessem direito às terras que habitavam.

Nesse período, Portugal e Espanha eram as duas maiores potências marítimas europeias e disputavam a conquista de territórios. No entanto, os dois países tinham interesse em firmar um acordo para rapidamente tomar posse das novas terras. Por isso, em 1494, assinaram o **Tratado de Tordesilhas**.

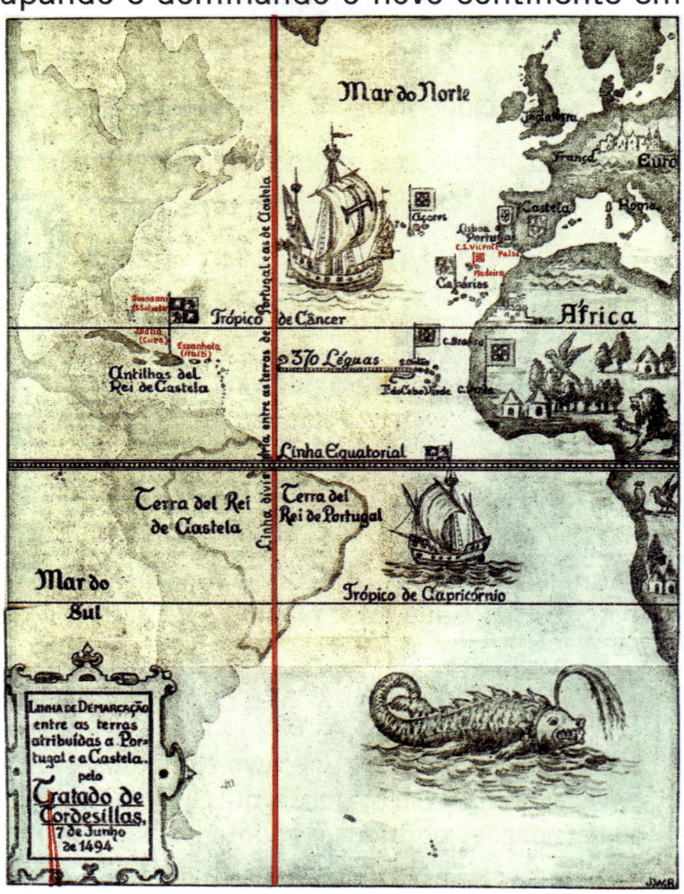


Reprodução

Mapa de 1494 representando o Tratado de Tordesilhas, que dividia o mundo entre espanhóis e portugueses a partir do meridiano que passava 370 léguas a oeste do arquipélago de Cabo Verde. Em: José Carlos de Macedo Soares. *Fronteiras do Brasil no regime colonial.* Rio de Janeiro: José Olympio, 1939.

Outros países europeus, como Inglaterra, França e Holanda, não aceitaram tão facilmente esse tratado, pois também desejavam conquistar uma parte da América e das suas riquezas. Por esse motivo, esses países promoveram expedições para atacar o litoral brasileiro.

**1.** Observe a imagem e responda.

Album/Oronoz/Latinstock

*Primeira homenagem a Cristóvão Colombo*, de José Garnelo y Alda, 1892. Óleo sobre tela. Museu Naval de Madri, Espanha. Representação da chegada de Cristóvão Colombo à América, onde encontrou um povo desconhecido dos europeus, a quem ele chamou de índios.

**a)** O artista que pintou a cena presenciou os acontecimentos? Explique sua resposta.

______________________________

______________________________

**b)** Por que Colombo deu o nome de índios aos habitantes do território que havia alcançado?

______________________________

**c)** O que fez Colombo ao desembarcar nesse território que posteriormente foi chamado de América?

______________________________

**2.** Sobre o Tratado de Tordesilhas, complete.

- Quando foi assinado. ______________________________
- Países beneficiados. ______________________________
- O que determinava. ______________________________

______________________________

- Consequências do tratado. ______________________________

______________________________

# A chegada dos portugueses ao Novo Mundo

Pedro Álvares Cabral e sua frota estavam a serviço do rei de Portugal, dom Manuel, em busca das cobiçadas mercadorias do Oriente e com ordens de tomar posse das terras que encontrassem durante a viagem. Cabral seguia o caminho das Índias já percorrido pelo navegador português Vasco da Gama, porém afastou-se da costa africana, navegando para o Ocidente.

No dia 22 de abril de 1500 os portugueses avistaram o território onde hoje é o Brasil. Nesse dia, as 13 embarcações de Cabral ancoraram em Porto Seguro, no atual estado da Bahia, depois de 44 dias de viagem.

Cabral e sua frota tomaram posse do novo território em nome do rei, batizando-o de Ilha de Vera Cruz. Os indígenas que aqui já viviam há muito tempo chamavam a terra de **Pindorama**, palavra que na língua tupi significa "terra das palmeiras".

Victor Meirelles

*Primeira missa no Brasil*, de Victor Meirelles, 1860. Óleo sobre tela. Museu Nacional de Belas Artes, Rio de Janeiro. A pintura representa a missa rezada pelos portugueses no litoral do Brasil em 26 de abril de 1500, quando os indígenas assistiram a esse tipo de cerimônia religiosa pela primeira vez.

1. O que aconteceu no dia 22 de abril de 1500?

______________________________________________

______________________________________________

2. Compare a pintura de Victor Meirelles com a pintura da página 37. **ORAL**
   a) O que há de semelhante entre as cenas retratadas?
   b) Que elemento da cultura europeia aparece com certo destaque nas imagens? O que ele representa?
   c) Imagine que as imagens componham um painel. Que título você daria a ele?

# Atividades

**1.** Complete as frases com as palavras adequadas do quadro.

| | | | |
|---|---|---|---|
| remédios | pimenta | europeus | condimentos |
| Índias | Américas | especiarias | |

- O comércio com as ____________________ interessava aos ____________________, que obtinham grandes lucros com o comércio de ____________________.
- As especiarias eram ervas aromáticas e ____________________, como o cravo, a canela, a ____________________, o gengibre e a noz-moscada. Eram usadas como temperos, na conservação de alimentos e para fazer ____________________ e perfumes.

**2.** Complete a linha do tempo com o ano correspondente aos acontecimentos.

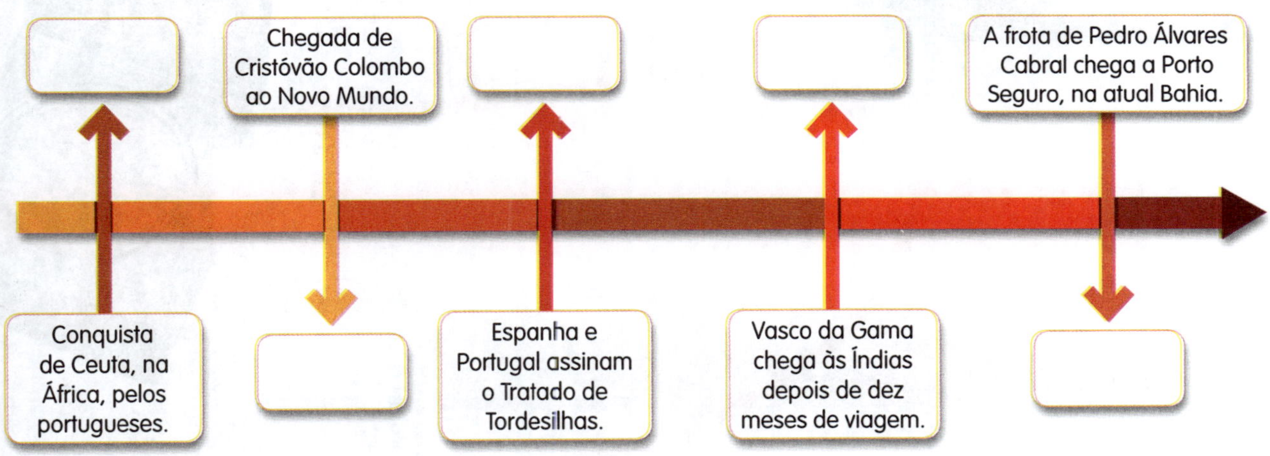


**3.** Assinale as afirmativas verdadeiras.

- [ ] Na busca de uma rota alternativa para as Índias, os portugueses contornaram o continente africano e conquistaram vários territórios africanos.
- [ ] Os povos africanos viviam de forma semelhante ao europeu.
- [ ] Os africanos tinham formas diversas de pensar e de se organizar. Alguns viviam em grandes reinos, outros em pequenas aldeias e muitos eram nômades.
- [ ] Há seis países africanos que atualmente fazem parte, com o Brasil, da Comunidade dos Países de Língua Portuguesa.

# rede de ideias

## Da bússola ao GPS

Album/Oronoz/Latinstock

Na época das Grandes Navegações, os mapas eram considerados verdadeiros tesouros, sendo fundamentais para orientar a descoberta de novos territórios e garantir uma navegação mais segura aos tripulantes. Na imagem, Planisfério de Cantino, 1502.

Planisfério de Cantino (atribuição) Biblioteca Estense, Modena, Itália

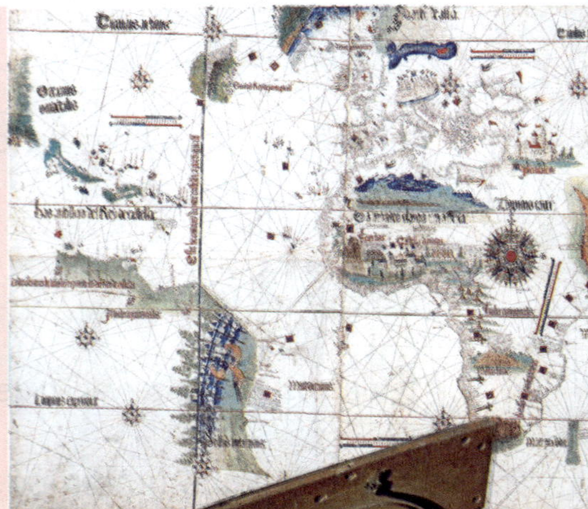

Album/Oronoz/Latinstock

NYPL/Science Source/Getty Images

Para realizar as viagens pelos mares, navegadores da época de Cristóvão Colombo e de Pedro Álvares Cabral contavam com o conhecimento e os recursos tecnológicos mais avançados da época.

Instrumentos como a **bússola** e o **astrolábio**, importantes ferramentas de navegação, foram aprimorados. A **caravela**, um tipo de embarcação mais leve e veloz que utilizava a força dos ventos, foi fundamental para o domínio dos mares. O aperfeiçoamento dos **mapas** também trouxe benefícios para os navegadores.

Atualmente, modernos instrumentos garantem a segurança das navegações. Entre eles está o GPS — Sistema de Posicionamento Global — um eficiente sistema de localização que funciona a partir de informações transmitidas por satélites artificiais 24 horas por dia.

Satélite de comunicação em órbita da Terra.

Cesar Diniz/Pulsar Imagens

Automóvel trafegando em rodovia sob orientação do GPS.

As centrais de informações de satélite também recebem informações captadas pelos satélites.

Robert Markowitz

O GPS é capaz de dar a posição exata de pequenas embarcações ou até dos maiores e mais modernos petroleiros. Também é utilizado pelos motoristas de automóveis.

**1** Complete o infográfico com os textos e imagens da página dos **Adesivos**.

**2** Que recursos favoreceram o desenvolvimento das navegações no passado?

______________________________________________

**3** Observe a imagem da bússola e converse com os colegas. **ORAL**

**a)** Se a ponta vermelha da agulha sempre aponta para a direção Norte, o que deve ser feito para se ter a localização correta?

**b)** Se a ponta vermelha da agulha aponta para o Norte, a outra ponta da agulha aponta para qual direção?

Thinkstock/Getty Images

**4** Além de auxiliar na navegação, a tecnologia do GPS oferece outras funções. Converse com os colegas e registre, em uma folha à parte, algumas delas.

Roberto Cueva del Rio/The Bridgeman Library

Encontro entre americanos (o imperador asteca Montezuma) e espanhóis (Hernán Cortez) no México, em 1519. A indígena Malinche atuou como intérprete, traduzindo a conversa entre os dois.

# UNIDADE 3

# O encontro de culturas

Album/akg-images/Latinstock

Cândido Portinari

*Descobrimento*, de Cândido Portinari, 1956. Óleo sobre tela. Essa obra é patrimônio de todos os brasileiros e se encontra atualmente no Banco Central do Brasil, em Brasília.

Observe as imagens e converse com os colegas.

**1.** Na sua opinião, a que acontecimento as pinturas fazem referência?

**2.** Portinari não presenciou os acontecimentos que representou em sua pintura. É possível então afirmar que a cena foi retratada apenas a partir da imaginação do artista? Justifique sua resposta.

**3.** Que sentimentos dos povos são transmitidos nas obras?

Capítulo 1

# O encontro de brancos e indígenas

Como foi o seu primeiro encontro com os colegas da escola? O que sentiu e pensou? Como você imagina ter sido o primeiro encontro entre europeus e indígenas na época em que os portugueses chegaram nas terras que formariam o Brasil? **ORAL**

Há mais de 500 anos, europeus cruzaram os oceanos em busca de riquezas e de novas terras. Chegaram, então, à América e encontraram povos desconhecidos. O encontro desses povos causou espanto e admiração, além de muita mudança.

Leia os textos e saiba como indígenas e europeus descreveram o que observaram nos primeiros contatos.

**Mundo – América e Europa**

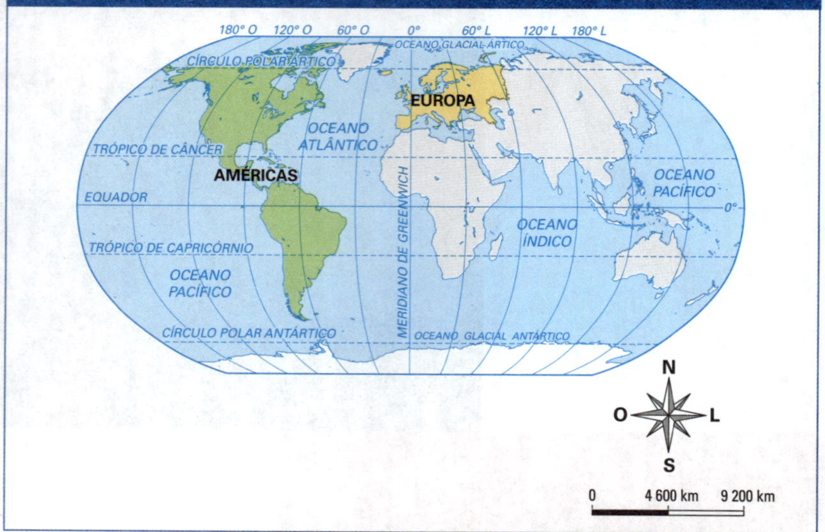


Sonia Vaz

**Fonte:** IBGE. *Atlas geográfico escolar*. 6. ed. Rio de Janeiro: IBGE, 2012. p. 34.

[...] tinham o corpo envolto, "somente as caras aparecem. São brancas, como se fossem de cal. Têm cabelo amarelo, embora alguns os tenham pretos. Sua barba é grande [...]".

Descrição feita pelos astecas, que habitavam a América Central, colonizada por espanhóis, sobre os europeus. Em: Eduardo Galeano. *As veias abertas da América Latina*. São Paulo: Paz e Terra, 1990. p. 28.

[...] não têm barba nenhuma nem vestem vestimento nenhum assim os homens como as mulheres, que como saíram do ventre de suas mães assim vão [...]; e assim pela diversidade da cor, que eles são de cor como parda [...] e nós brancos; de modo que sentindo medo de nós, todos se meteram no bosque [...]

Américo Vespúcio. Carta a Francisco de Médici, 19/07/1500. Em: Janaína Amado e Ledonias Franco Garcia. *Navegar é preciso:* grandes descobrimentos marítimos europeus. São Paulo: Atual, 1989. p. 42.

## Portugueses e indígenas

O estranhamento aconteceu porque os dois povos tinham culturas e costumes muito diferentes.

Oscar Pereira da Silva

Os portugues chegavam em "canoas gigantes" (as caravelas, as naus e a naveta). Ao lado, *Desembarque de Pedro Álvares Cabral em Porto Seguro em 1500*, de Oscar Pereira da Silva, 1922. Óleo sobre tela. Museu Paulista da Universidade de São Paulo, Brasil.

**1.** Que aspectos da aparência dos espanhóis e dos portugueses chamaram a atenção dos astecas da América Central e dos indígenas do Brasil? **ORAL**

**2.** Leia a letra da canção e faça as atividades.

**Chegança**

[...]
Mas de repente
me acordei com a surpresa
uma esquadra portuguesa
veio na praia atracar.
Da grande-nau,
um branco de barba escura,
vestindo uma armadura
me apontou para me pegar.

E assustado
dei um pulo da rede,
pressenti a fome, a sede,
eu pensei: "vão me acabar".
Me levantei
de borduna já na mão.
Ai, senti no coração,
o Brasil vai começar.

Antonio Nóbrega. Chegança. *Madeira que cupim não rói.* (CD). São Paulo: Trama, 1997. Disponível em: <http://letras.mus.br/antonio-nobrega/68957/>. Acesso em: fevereiro de 2015.

**Borduna:** arma indígena feita de madeira.

**a)** A música narra o encontro entre indígenas e portugueses. Quem narra o encontro é de que povo? Sublinhe um trecho da música que confirme sua resposta.

______________________________

**b)** Converse com os colegas e responda: Por que o narrador afirmou na última frase que "o Brasil vai começar"? **ORAL**

# O indígena visto pelo europeu

Os primeiros contatos entre brancos e indígenas no Brasil foram registrados em documentos, como cartas de viajantes, diários de navegação, crônicas oficiais e religiosas e também livros. Neles é possível descobrir como o europeu enxergava o indígena.

## Os relatos de Hans Staden

No ano de 1554, o alemão Hans Staden, que trabalhava como artilheiro em um forte português na região de São Vicente, litoral sul de São Paulo, foi aprisionado pelos Tupinambá, que eram inimigos dos portugueses.

Foram nove meses de cativeiro e de intensa convivência com esses indígenas. Hans achava que seria morto por eles, mas conseguiu se libertar. Ele então voltou para a Alemanha e lá publicou um livro em que conta os hábitos e costumes indígenas com detalhes.

Anônimo

Dois chefes tupinambá adornados com plumas. Xilogravura anônima do livro *Viagem ao Brasil*, publicado em 1557, em que Hans Staden narra suas duas passagens pelo Brasil.

> Os selvagens não praticam, entre eles, nenhum tipo de comércio e não conhecem nenhum dinheiro. Seus únicos tesouros são penas de pássaros, sendo visto como rico aquele que possui muitas delas. Quem usa uma pedra no lábio inferior também tem muito prestígio. Cada família possui sua própria plantação de mandioca, que lhe basta para viver.
>
> Hans Staden. *Viagem ao Brasil*: a verdadeira história dos selvagens, nus e ferozes devoradores de homens. Rio de Janeiro: Dantes, 1998. p. 156.

## A carta de Caminha

Um dos documentos mais importantes do encontro de europeus com indígenas no Brasil, na época da chegada dos portugueses, é a carta de Pero Vaz de Caminha.

Caminha era escrivão da frota comandada por Pedro Álvares Cabral. A carta, datada de 1º de maio de 1500, narra ao rei de Portugal o contato com a nova terra e é considerada o primeiro documento escrito sobre o Brasil. Leia como Caminha descreveu os indígenas.

**Vergonhas:** órgão sexual humano.

[...]

A feição deles é serem pardos, maneira de avermelhados, de bons rostos e bons narizes, bem feitos. Andam nus, sem nenhuma cobertura. Nem estimam de cobrir ou de mostrar suas vergonhas; e nisso têm tanta inocência como em mostrar o rosto. [...] traziam os beiços de baixo furados e metidos neles seus ossos brancos [...].

Disponível em: <http://objdigital.bn.br/Acervo_Digital/Livros_eletronicos/carta.pdf>. Acesso em: fevereiro de 2015.

**1.** Que hábito dos indígenas é destacado na carta de Pero Vaz de Caminha?

**2.** Os portugueses encontraram no Brasil animais que desconheciam. Leia.

Science Source/Diomedia

Tatuaçu é um animal estranho, [...] tem as pernas curtas cheias de escamas, o focinho comprido cheio de conchas, as orelhas pequenas, e a cabeça, que é toda cheia de conchinhas; os olhos pequeninos, o rabo comprido cheio de lâminas em redondo [...]; têm as unhas grandes, com que fazem as covas debaixo do chão [...]. Mantêm-se de frutas silvestres e minhocas, andam devagar, e se caem de costas, têm trabalho para se virar; e têm a barriga vermelhaça toda cheia de verrugas. [...]

Gabriel Soares de Sousa. *Tratado descritivo do Brasil em 1587*. São Paulo: Nacional, 1938. p. 296.

- Pesquise um animal brasileiro ou que tenha sido trazido pelos portugueses.
- Destaque o quadro da página 13 do **Material Complementar.** Nele, faça uma descrição das características desse animal.

# Gente que faz!

## Como marcamos a passagem do tempo?

Para marcar a passagem do tempo, foram criadas diferentes maneiras e instrumentos, como o calendário e o relógio. Marcar a passagem do tempo é importante, pois ajuda as pessoas a se orientarem, a datarem acontecimentos, eventos, compromissos, entre outros.

Reprodução/Secretária do Estado da Educação - Distrito Federal

Na escola, o calendário é muito importante para organizar as tarefas do cotidiano. Ele também nos ajuda a planejar comemorações e atividades especiais em cada mês.

Angthichay/Arariby/Jassanã/Manguahã/Kanátyo

O povo Pataxó que vive em Carmésia, Minas Gerais, organiza o seu tempo de acordo com o cultivo agrícola e o ritmo da natureza.

A passagem do tempo pode ser marcada em horas, dias, semanas, meses, anos, décadas, séculos...

## O que é um século?

O **século** é uma unidade de tempo que equivale a 100 anos.
Um século começa no ano **01** e termina no **00**. O século dezessete, por exemplo, começou no ano 16**01** e terminou no ano 17**00**.

- O século I (século primeiro) começou no ano 1 e terminou no ano 100.
- O século XX (século vinte) começou em 1901 e terminou no ano 2000.
- O século XXI (século vinte e um) começou em 2001 e terminará em 2100.

A representação do século costuma ser feita em algarismos romanos, mas também a encontramos com algarismos arábicos.

| | | | | | | | | | | |
|---|---|---|---|---|---|---|---|---|---|---|
| **Algarismos romanos** | I | II | III | IV | V | VI | VII | VIII | IX | X |
| **Algarismos arábicos** | 1 | 2 | 3 | 4 | 5 | 6 | 7 | 8 | 9 | 10 |

Para registrarmos o século correspondente ao ano de 1492, por exemplo, podemos escrever: **século XV** ou **século 15**.

**1** Leia o depoimento de Rui Ohtake, um dos filhos de Tomie Ohtake, artista plástica que em 2013 completou 100 anos. Depois faça as atividades.

Minha mãe, Tomie [...], veio para o Brasil em 1936 para visitar o irmão que já morava aqui. Aí estourou a guerra da China com o Japão, o que interrompeu as viagens entre os países. Logo depois veio a Segunda Guerra Mundial. Minha mãe foi obrigada a ficar aqui. Casou-se. Eu nasci em 1938 e meu irmão, Ricardo, em 1942. A guerra terminou em 1945, mas ela já havia resolvido ficar no Brasil de vez. Em 1951, Tomie voltou ao Japão para visitar os parentes mais próximos (pais e irmãos) e ficou por lá uns três meses, mas como visitante. [...]

Tiago Queiroz/AE

Tomie Ohtake nasceu em Kioto, no Japão, em 1913. Em 2001, foi inaugurado um instituto de arte que leva seu nome: Instituto Tomie Ohtake, na cidade de São Paulo. A artista faleceu em fevereiro de 2015.

Disponível em: <www.japao100.com.br/perfil/537/>. Acesso em: março de 2014.

a) Reescreva a expressão abaixo usando a palavra **século**.

100 anos de Tomie Ohtake

b) Destaque a página 11 do **Material Complementar** e, com base nas informações da legenda da imagem e do texto, organize os fatos da vida de Tomie em uma linha do tempo.

**2** Responda.

a) Em que século você nasceu? ______

b) A frota de Pedro Álvares Cabral chegou às terras brasileiras em 1500.

Em que século isso aconteceu? ______

c) Quantos séculos se passaram entre a chegada de Cabral e o ano em que você nasceu? ______

## Capítulo 2

# Os povos indígenas na época da chegada dos portugueses

Que povos indígenas fizeram os primeiros contatos com os portugueses? Onde você imagina que eles se localizavam? **ORAL**

**Brasil – Nações tupi-guarani no litoral – cerca de 1500**

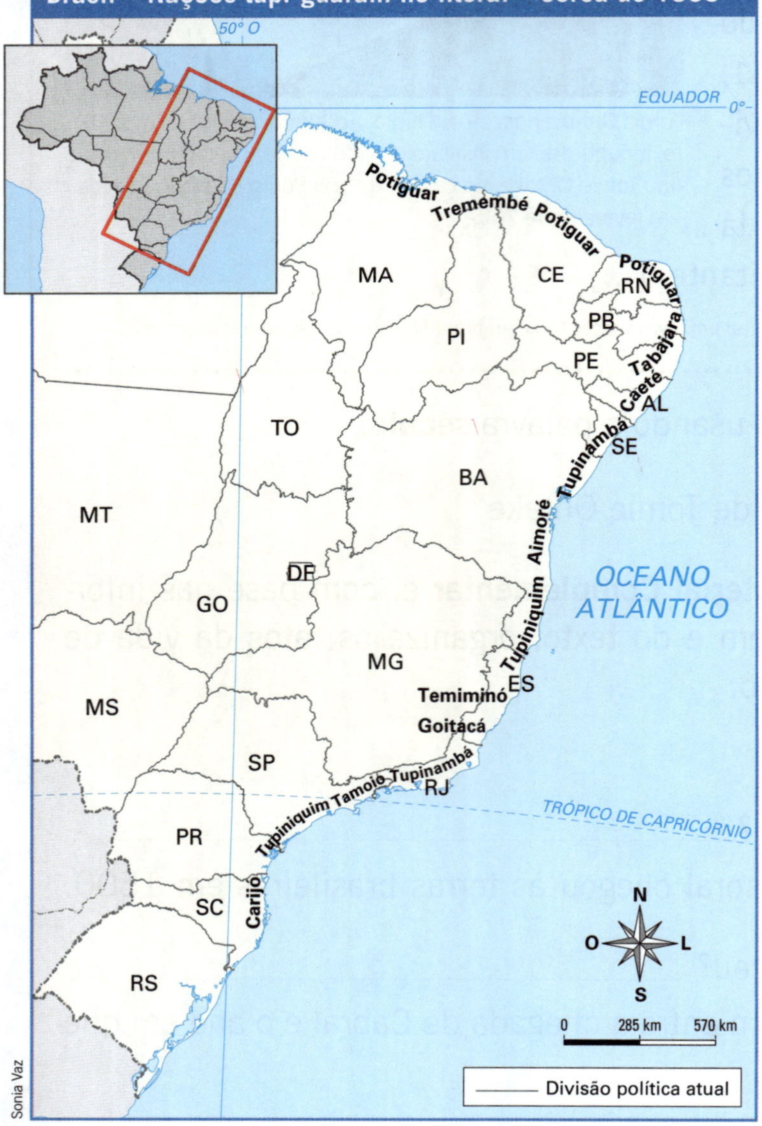


Sonia Vaz

Os primeiros povos a entrar em contato com os portugueses foram os tupi-guarani, pois habitavam o litoral desde Cananeia, no sul do atual estado de São Paulo, até o Maranhão. Eram ótimos navegadores de rios e excelentes pescadores e caçadores. Conheciam muito bem o território onde viviam.

Os tupi-guarani eram considerados guerreiros de espírito conquistador e por isso influenciaram outros povos indígenas, que adotaram alguns dos seus hábitos e a sua língua. Na época em que os portugueses chegaram aqui, dominavam grande parte da costa brasileira.

**Fonte:** Eduardo Bueno. *Brasil: uma história – Cinco séculos de um país em construção.* São Paulo: Leya, 2012. p. 21.

# A aldeia tupi

Os povos que habitavam o litoral do Brasil na época da chegada dos portugueses viviam em pequenas aldeias. O conjunto das aldeias formava uma nação ou tribo. Os integrantes de uma nação indígena compartilhavam uma mesma cultura, falavam uma mesma língua e também possuíam relações de parentesco.

> Moravam em grandes casas, feitas de folhas de palmeira, dormiam em redes e acendiam pequenas fogueiras para se aquecerem. Em cada casa vivia uma família, constituída não apenas de mãe, pai e filhos, como conhecemos, mas de um chefe e todos os seus descendentes.
>
> As casas eram dispostas em torno de um pátio – o local das festas –, formando uma aldeia. Algumas aldeias são descritas como tendo uma cerca de troncos enfileirados à sua volta, como forma de proteção contra inimigos.
>
> Maria Cristina Mineiro Scatamacchia. *Encontro de culturas*: europeus e indígenas no Brasil. São Paulo: Atual, 1994. p. 18.

## A língua tupi se transformou na língua geral

Como a língua tupi era falada pela maioria dos indígenas, os portugueses tiveram de aprendê-la. O conhecimento da língua tupi facilitou a colonização.

Muitos portugueses formaram família com filhas de chefes indígenas, estabelecendo alianças na exploração do novo território. O tupi ficou sendo a "língua geral" ou "língua brasílica". E teve muita influência sobre o português falado no Brasil.

Fabio Colombini

Crianças indígenas em aula de tupi-guarani. Aldeia Guarani Tenonde Porã, Parelheiros, São Paulo, 2011. Ainda hoje há povos que preservam a língua tupi-guarani, ou seja, a utilizam como sua língua principal.

**1.** Escreva o nome de três povos tupi-guarani que viviam no litoral do Brasil na época da chegada dos portugueses.

______________________________________________

**2.** Por que os portugueses aprenderam a língua dos indígenas e não o contrário? ORAL

# As heranças indígenas

Os europeus que vieram explorar o território brasileiro adotaram hábitos dos povos que aqui viviam. Além da língua, aprenderam a percorrer trilhas e a sobreviver nas matas, dormir em redes e tomar banho nos rios. Muitos desses costumes indígenas foram herdados pelas novas gerações de brasileiros e continuam a fazer parte do nosso cotidiano.

Alimentos originários do Novo Mundo, como o milho, a mandioca e a batata-doce, eram cultivados pelos indígenas e atualmente são ingredientes comuns na culinária brasileira. Diferentes plantas que contêm substâncias que hoje servem para fazer remédios já eram utilizadas pelos indígenas, como o quinino no tratamento da malária.

O artesanato, a música e o folclore brasileiro também refletem influências indígenas. Por outro lado, os indígenas, em contato com os povos colonizadores, incorporaram hábitos da sua cultura, como o uso de ferramentas e roupas antes desconhecidas para eles.

Renato Soares/Pulsar Imagens

Tomar banho todos os dias ou várias vezes por dia é um costume que herdamos de povos indígenas. Indígenas Yawalapiti banhando-se em rio no Mato Grosso, 2013.

Alf Ribeiro/Pulsar Imagens

Técnica indígena de produção de objetos (potes e vasos, máscaras, colares) com materiais da natureza. Na imagem, cestaria com folhas de coqueiro, São Paulo, 2013.

Jorge Macedo

Damurida é um prato feito pelos indígenas à base de peixe cozido com muita pimenta.

# Arte indígena: a pintura corporal

Tradicionalmente, os povos indígenas usam a pintura corporal como uma forma de comunicação e de arte. A pintura é usada no cotidiano, nas comemorações e nos rituais sagrados.

Na pintura corporal de cada povo há padrões de linguagem diferentes expressos no traçado dos desenhos, na escolha das composições e nas cores. Por exemplo, a pintura usada pelos adultos é diferente da usada pelas crianças e pelos jovens; há uma pintura só para mulheres ou só para os casados.

A pintura corporal indígena expressa uma arte reconhecida e admirada por outras culturas desde os primeiros contatos entre indígenas e europeus, no século XVI. Recentemente, a pintura corporal dos Wajãpi do Amapá foi reconhecida como **patrimônio imaterial** do Brasil. Na fotografia, indígena da tribo Pira-tapuya, Igarapé Tarumã-Açu, Manaus, Amazonas, 2009.

Na pintura corporal, o corpo funciona como uma tela, na qual se imprime uma linguagem que só pode ser entendida pelos indivíduos da comunidade. Ela expressa sentimentos de felicidade, tristeza, bravura etc. Nas fotografias, menina Kayapó e menino Umutina, Mato Grosso, 2013.

## Mulheres e a arte corporal

Geralmente, a arte da pintura corporal é atribuída às mulheres, que têm a função de pintar o homem e também as crianças. Algumas mulheres adquirem grande prestígio na comunidade em função do domínio dessa habilidade.

Fabio Colombini

Pintura corporal feita com a tinta do jenipapo por mulheres do povo Sateré-Maué, em Igarapé do Tiú, Manaus, Amazonas, 2009.

### Você sabia?

As tintas usadas na pintura corporal são obtidas da natureza: o jenipapo (cor preta), o urucum (cor vermelha) e o açafrão (cor amarela) são bastante utilizados.

E você sabe como se prepara a tinta? No caso do jenipapo, sua colheita é feita com ele ainda verde e se extrai o caldo. Em contato com o corpo, o líquido se transforma em uma tinta preta que penetra na pele por até duas semanas.

**1.** Por que os indígenas têm o costume de pintar o corpo?

______________________________________________

______________________________________________

**2.** Que formas de arte as pessoas da sua comunidade utilizam para expressar os próprios sentimentos?

______________________________________________

______________________________________________

### Ampliando horizontes...

**livro**

***Tendy e Jã-Jã e os dois mundos – na época do descobrimento***, de Maria José Silveira, Formato.
História de um menino e uma menina na época histórica em que os portugueses chegaram ao Brasil. Tendy, uma índia tupiniquim, e Jã-Jã, um órfão francês, são os personagens que viverão o encontro entre as duas culturas.

# Atividades

**1.** Construa frases verdadeiras retirando de cada coluna uma parte da frase.

| | | | |
|---|---|---|---|
| **a)** | Pero Vaz de Caminha, | que foi aprisionado no Brasil pelos indígenas, | teve o primeiro encontro com indígenas americanos em 1519. |
| **b)** | Hans Staden, | navegador espanhol, | redigiu uma carta ao rei de Portugal informando sobre a chegada ao Brasil em 1500. |
| **c)** | Hernán Cortez, | escrivão da frota de Cabral, | escreveu um livro publicado em 1557 sobre suas experiências em terras brasileiras. |

■ Responda: A que século corresponde o ano informado em cada frase?

A ____________________ B ____________________ C ____________________

**2.** Complete o quadro sobre os povos indígenas que tiveram contato com os portugueses que desembarcaram no Novo Mundo em 1500.

| | |
|---|---|
| **De que povo faziam parte?** | |
| **Onde viviam?** | |
| **Que habilidades tinham?** | |
| **Que língua falavam?** | |

**3.** Copie e complete a ficha com as informações sobre a carta considerada o primeiro documento escrito sobre o Brasil.

- Quem a escreveu: ____________________
- Datada de: ____________________
- O que ela narra e para quem: ____________________

# rede de ideias

## Tradição e inovação entre povos indígenas

O trecho a seguir é do livro *O povo pataxó e suas histórias*, utilizado na escola indígena da aldeia Pataxó em Carmésia, Minas Gerais.

Mario Friedlander/Pulsar Imagens

Indígena Pataxó de Coroa vermelha, Santa Cruz Cabrália, Bahia, 2013.

Eu nasci índio e quero morrer sendo índio.

Eu sou índio, porque sei dançar o ritual do *awê*.

Eu sou índio, porque sei contar a história do meu povo.

Eu sou índio, porque nasci na aldeia.

Eu sou índio, porque o meu sistema de viver, de pensar, de trabalhar e de olhar o mundo é diferente do homem branco.

Eu sou índio, porque sempre penso o bem para o meu povo e todas as nações indígenas.

Eu sou índio, Pataxó, sou brasileiro, sou caçador, pescador, agricultor, artesão e poeta, enfim, sou um lutador que sempre procura a paz. [...]

Angthichay e outros. *O povo pataxó e suas histórias*. São Paulo: Global, 2002. p. 46.

Delfim Martins/Pulsar Imagens

Alunos em aula de artesanato na escola estadual indígena Kapinawá, na aldeia Batinga, Buíque, Pernambuco, 2013.
Na escola indígena, as crianças também aprendem a língua e as tradições do seu povo, como as histórias, a música, a dança (os rituais) e o conhecimento das plantas medicinais que foram passados pelos mais velhos de geração em geração.

**1** De acordo com o texto, responda.

**a)** O que significa ser índio para a comunidade Pataxó?

______________________________

______________________________

______________________________

**b)** Por que os Pataxó se consideram diferentes do "homem branco"?

______________________________

______________________________

______________________________

Renato Soares/Imagens do Brasil

Crianças indígenas aprendem e se comunicam por meio da internet em aldeia Kalapalo no Parque Indígena do Xingu, Mato Grosso, 2009.

Atualmente, parte dos povos indígenas já faz uso da tecnologia como forma de comunicação e de aprendizagem.

Desde 2003, o projeto *Rede Povos da Floresta* criou uma rede digital de comunidades conectadas à internet. Dentre os objetivos da rede, também estão a defesa e proteção da cultura e território indígenas e da **biodiversidade** das florestas. Os pontos de acesso à internet incluem comunidades do Acre, Amapá, Minas Gerais e Rio de Janeiro e atingem cerca de 120 mil pessoas.

"Além de servir como veículo de informação, temos a inclusão digital como uma grande aliada na melhoria da qualidade de vida de nossos povos. Com a internet temos a possibilidade de expor nossas opiniões, **salvaguardar** nossos patrimônios físicos e culturais, divulgar nossos cotidianos, nossas dificuldades e avanços. Além de adquirir novos conhecimentos, tanto indígenas como não indígenas", acrescenta Alex Pankararu, coordenador da Índios On Line.

Disponível em: <www.conexaoaluno.rj.gov.br/especiais-19a.asp>. Acesso em: fevereiro de 2015.

**Biodiversidade:** conjunto composto pela diversidade de espécies animais e vegetais em determinada região.

**Salvaguardar:** proteger, defender; prevenir contra um dano.

**2** Reúna-se com um colega e discutam: Por que o uso da internet é importante para os povos da floresta? **ORAL**

Alessandra Lori/Fotoarena

Escultura de Tomé de Sousa, feita por Pasquale de Chirico, artista italiano que se fixou em Salvador em 1903. Tomé de Sousa foi o primeiro governador-geral do Brasil e fundador da cidade de Salvador em 1549. Ao fundo, imagem do Palácio Rio Branco, antiga sede do governo estadual em Salvador, Bahia.

# UNIDADE 4

# O início da colonização

*Homem Tapuia*, de Albert Van Dan Eckhout, cerca de 1641. Óleo sobre tela. Museu Nacional da Dinamarca.

*João Ramalho*, de J. Washt Rodrigues. Óleo sobre tela. Museu Paulista da Universidade de São Paulo, Brasil. Ninguém sabe como o português João Ramalho chegou ao Brasil. Quando os primeiros colonizadores chegaram, ele já vivia entre os indígenas e era casado com a filha de um grande chefe desse povo.

Observe as imagens e faça as atividades com os colegas.

1. Na sua opinião, por que o artista escolheu a imagem de Tomé de Sousa para figurar sua escultura?

2. De que forma você imagina que um português que vivia entre os indígenas poderia contribuir com os colonizadores que chegaram ao Brasil?

3. Como os portugueses pretendiam colonizar o Brasil?

## Capítulo 1

# A árvore que virou riqueza

Quando você chega a um lugar desconhecido, o que mais lhe interessa? O que você imagina que mais interessou aos portugueses logo que chegaram ao Brasil? **ORAL**

No início do século XVI, nas primeiras viagens de reconhecimento do território, a presença do pau-brasil ao longo do litoral, na Mata Atlântica, chamou a atenção dos europeus.

Conhecidas também como "pau-de-tinta", as árvores desse gênero eram muito valorizadas na Europa, pois de seu tronco era possível extrair um corante vermelho, cor de brasa, utilizado para tingir tecidos, como o linho e a seda.

Entre os Tupi, o pau-brasil era chamado de "ibirapitanga", que significa "pau vermelho". Eles usavam a madeira para fazer arcos e o corante para tingir penas.

## Parceria entre portugueses e indígenas

Os europeus se beneficiaram do conhecimento indígena sobre o pau-brasil e a Mata Atlântica. Os nativos faziam a maior parte do trabalho necessário à exploração dessa madeira: cortavam e empilhavam as toras, transportavam-nas às **feitorias** e embarcavam-nas nos navios. Em troca desse serviço, recebiam objetos de metal, como anzóis, facas, tesouras e machados, que eram ferramentas úteis e vantajosas. Esse sistema de troca de trabalho por produtos era chamado **escambo**.

José Augusto Pádua

*Indígenas Tupi no escambo do pau-brasil. Ilustração sem data.*

No século XVI, a extração do pau-brasil mostrou-se tão lucrativa que atraiu o interesse de franceses, espanhóis e outros europeus, que ocuparam o território brasileiro em busca dessa madeira. O ritmo de exploração foi tão intenso que em pouco tempo o pau-brasil só podia ser encontrado bem distante da costa (a cerca de 20 quilômetros).

Só no primeiro século de exploração, cerca de dois milhões de árvores foram derrubadas – uma espantosa média de 20 mil por ano, ou quase 50 por dia. Cada navio levava cerca de cinco mil toras por viagem. [...]

Eduardo Bueno. *Náufragos, traficantes e degredados*: as primeiras expedições ao Brasil. Rio de Janeiro: Objetiva, 1998. p. 75.

■ Observe a imagem da página anterior e responda.

**a)** O que é retratado na imagem?

______________________________________________

**b)** Descreva a personagem que aparece destacada do lado esquerdo da imagem, em primeiro plano.

______________________________________________

______________________________________________

**c)** De que forma os indígenas conseguiam ferramentas como as da imagem?

______________________________________________

______________________________________________

**d)** Como é chamada a operação de troca de trabalho por produtos? Em que local da imagem ela aparece representada?

______________________________________________

______________________________________________

## Ampliando horizontes...

**livro**

***Naná descobre o céu***, de José Roberto Torero e Marcus Aurelius Pimenta, Objetiva.
Naná é uma criança guarani que tinha a altura de dois macacos em pé e gostava de brincar com seu amigo Tatá. Com a chegada do padre Inácio, acontece uma revolução na vida da aldeia.

## Capítulo 2

# A administração portuguesa no Brasil

Nos primeiros 30 anos de exploração do território do Brasil, o pau-brasil foi a principal mercadoria e fonte de riqueza de portugueses e também de franceses. Os dois povos disputavam a posse do território e faziam alianças com os indígenas para garantir a exploração dessa árvore.

Os franceses, assim como outros governos europeus, defendiam o direito à posse da terra para quem a ocupasse. Assim, também percorreram e exploraram o litoral brasileiro.

Diante das ameaças de invasão do território do Brasil, os portugueses, a partir de 1532, decidiram tomar posse efetiva das terras, dando início a uma política de povoamento que resultou na fundação das primeiras vilas e cidades.

O primeiro governador-geral do Brasil, o português Tomé de Sousa, introduziu, a mando da coroa portuguesa, um conjunto de medidas para administrar o território: a defesa do litoral e do interior, a distribuição de terras e de gado aos colonos, a implantação de engenhos de açúcar, além da fundação da cidade de Salvador.

**Colono:** imigrante que participa de uma colônia (território dominado por outra nação).

Autoria desconhecida/Biblioteca Municipal Mário de Andrade, São Paulo

*Chegada de Tomé de Sousa à Bahia*, de autoria desconhecida, s/d. Gravura. Biblioteca Municipal Mário de Andrade, São Paulo, Brasil. A cidade de Salvador foi fundada para ser a capital da América portuguesa no Novo Mundo e também para servir de ponto de apoio à navegação entre a Europa (consumidora) e o Oriente (produtor de mercadorias e matéria-prima).

# A catequização dos indígenas

Em 1549, junto com a comitiva de Tomé de Sousa, vieram de Portugal os primeiros jesuítas missionários, que tinham a função de difundir a fé católica entre os indígenas. A religião católica era parte importante dos valores portugueses e era objetivo dos jesuítas catequizar os indígenas. Para isso, os missionários iam sertão adentro para estabelecer contato com as comunidades indígenas e cumprir a missão de ensinar a eles sua fé.

**Catequizar:** ensinar uma doutrina religiosa.
**Sertão:** região afastada do litoral, interior do território.

**1.** Ligue os grupos da esquerda com as frases à direita.

| | |
|---|---|
| indígenas | Adotaram medidas para tomar posse definitiva e povoar o território brasileiro. |
| portugueses | Tinham como objetivo ensinar a fé católica aos indígenas. |
| franceses | Defendiam o direito à posse da terra para quem a ocupasse. |
| jesuítas | Faziam parcerias com os europeus interessados na exploração do pau-brasil. |

**2.** Observe a imagem e converse com seus colegas.

H. Bernardelli. Missionários ensinando índios s/d

*Missionários ensinando índios*, de Henrique Bernardelli, s/d. Óleo sobre tela. Museu Paulista da Universidade de São Paulo, Brasil. Educar jovens e crianças era o primeiro passo na tarefa dos jesuítas. Esses missionários aprendiam as línguas indígenas e usavam a música e o teatro para facilitar a conversão religiosa. Os jesuítas também foram responsáveis pela fundação de colégios na colônia: em São Paulo (1554), na Bahia (1556) e no Rio de Janeiro (1568).

**a)** Quais são as personagens representadas na imagem? ORAL

**b)** Qual a intenção dos missionários portugueses ao ensinar as crianças a cantar?

# Gente que faz!

## Documentando o Brasil: mapa

A partir de 1500, começaram a ser publicados na Europa os primeiros mapas com a representação do território do Brasil e do continente americano.

Giovanni Battista Ramusio

*Brasil,* de Giovanni Battista Ramusio, 1556. Xilogravura aquarelada a mão. Instituto de Estudos Brasileiros da Universidade de São Paulo, Brasil. O mapa retrata a viagem do navegador francês Jean Parmentier pela costa brasileira. Nela podemos observar os indígenas extraindo e carregando as toras de pau-brasil. As notícias do Novo Mundo, que descreviam os hábitos e os costumes dos povos e a natureza de lugares até então desconhecidos dos europeus, despertaram muita curiosidade na época.

**1.** Como denominamos esse tipo de documento representado na xilogravura? Em que século ele foi produzido?

________________________________________

**2.** Que atividade é desempenhada pela maioria das pessoas representadas?

________________________________________

**3.** Como o pau-brasil era transportado para a Europa? Quem se ocupava da tarefa de extrair e levar o pau-brasil até o transporte?

________________________________________

**4.** Com base nessa imagem, escreva no caderno o que podemos descobrir sobre os hábitos e costumes dos habitantes e a natureza do Brasil. Compare o resultado com os outros colegas. DUPLA

**5.** Observe o mapa da aldeia Pataxó e responda.

**BRASIL – Aldeia Pataxó em Minas Gerais**

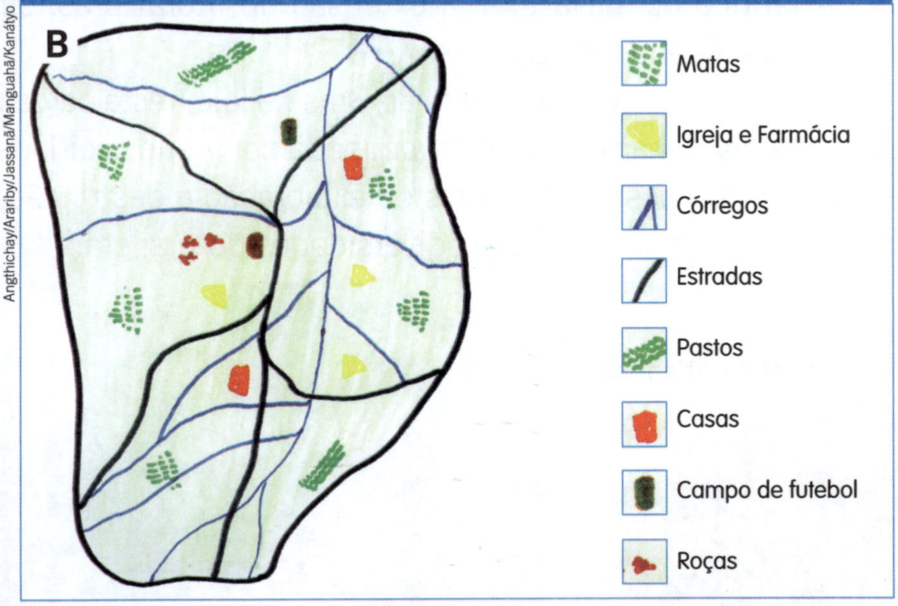


Representação, feita por criança, da aldeia indígena Pataxó localizada no município de Carmésia, Minas Gerais. Publicada em: Angthichay, Arariby, Jassanã, Manguahã, Kanátyo. *O povo pataxó e suas histórias*. São Paulo: Global, 2002.

a) Que lugar está representado no mapa?

______________________________

b) O que podemos descobrir sobre essa aldeia a partir da legenda?

______________________________

c) Discuta com os colegas: Qual é a importância da legenda no mapa? ORAL

**6.** Relacione cada frase abaixo aos mapas **A** ou **B**.
**Pista: A** e **B** podem ser usados ao mesmo tempo.

Representa a extração do pau-brasil no passado. ______________

Representa a localização de uma aldeia indígena no presente. ______________

Representa lugares no território do Brasil. ______________

É uma forma de representar território. ______________

**7.** Façam um mapa para representar o bairro onde está localizada a escola. Não se esqueçam de compor legendas. Ao final, exponham o resultado para os colegas de outras classes. GRUPO

Agora você já sabe que um **mapa** representa o território de um determinado país, cidade, bairro, aldeia. O mapa nos ajuda na localização de lugares do presente ou do passado.

# Rede do conhecimento: Mata Atlântica

Originalmente, a Mata Atlântica ocupava toda a extensão do litoral brasileiro, do Rio Grande do Norte até o Rio Grande do Sul.

Ela formava a segunda maior floresta tropical úmida do Brasil. Hoje, resta cerca de 7% de sua extensão original, e a maior parte da área foi ocupada por grandes cidades, pastos e campos para a agricultura. Apesar de séculos de exploração e destruição, a Mata Atlântica ainda apresenta uma das maiores biodiversidades do planeta.

**Algumas espécies encontradas na Mata Atlântica**

Fabio Colombini

Palmeira juçara no Parque Nacional Itatiaia, Rio de Janeiro, 2010.

Fabio Colombini

Árvore do pau-brasil em Porto Seguro, Bahia, 2012.

Haroldo Palo Jr.

O sapo-cururu é o anfíbio mais comum na fauna brasileira. Pode medir até 15 centímetros e viver de 10 a 15 anos.

Adriano Gambarini

O jacaré-de-papo-amarelo pode viver mais de 50 anos. Um adulto dessa espécie atinge 2,5 metros de comprimento. Já esteve na lista de espécies ameaçadas de extinção.

Fabio Colombini

O muriqui-do-norte é o maior e mais corpulento macaco neotropical. Considerando a cauda, pode atingir o tamanho de 1,5 metro. Está na lista de espécies ameaçadas de extinção.

Fabio Colombini

O peixe dourado é considerado o "rei dos rios"; vive em torno de 15 anos e pode medir até 75 centímetros.

Um elemento fundamental para a rica biodiversidade dessa floresta é a abundância de água. Nela também ocorrem muitas chuvas.

**Devastação causada**:

- Antigamente: pela exploração do pau-brasil e do ouro, pelas lavouras de cana-de-açúcar e de café e pela atividade pecuária.
- Hoje: por caça e pesca predatórias, expansão da agropecuária e da indústria, turismo e processo de urbanização (em alguns casos crescimento urbano desordenado), como representado na fotografia no Rio de Janeiro, 2013.

Ismar Ingber/Pulsar Imagens

As **Unidades de Conservação** (UCs) são áreas definidas pelo poder público para a proteção e a preservação da biodiversidade local. O Parque Estadual da Serra do Mar é uma Unidade de Conservação localizada no estado de São Paulo. Na imagem, área de Mata Atlântica em Ubatuba, São Paulo, 2013.

Fabio Colombini

**Medidas de conservação:**

- Fiscalização da caça, da pesca, da posse de animais em cativeiro e do comércio ilegal de espécies silvestres.
- Programas de educação ambiental e criação de leis que garantam a preservação.

Maurício Simonetti/Tyba

Palê Zuppani/Pulsar Imagens

Na Mata Atlântica encontramos diferentes comunidades tradicionais: praieiros, jangadeiros, pescadores artesanais, caiçaras, ribeirinhos, indígenas e quilombolas. Araioses, Maranhão, 2008.

Releia a seção **Rede do conhecimento: Mata Atlântica** das páginas 66 e 67. Troque ideias com os colegas e o professor. Depois faça as atividades.

### Identificar

**1.** Descreva a paisagem da Mata Atlântica que você observou ao fundo na seção **Rede do conhecimento**. ORAL

**2.** Que causa da devastação da Mata Atlântica é representada em uma das imagens?

______________________________________________

______________________________________________

**3.** Assinale a definição correta de Unidades de Conservação.

☐ Áreas defendidas pelo poder público em razão da sua grande população humana.

☐ Áreas naturais legalmente protegidas com a função de preservar a biodiversidade.

**4.** Que grupo cultural da Mata Atlântica está representado em uma das imagens?

______________________________________________

### Refletir DUPLA

**5.** Leiam a afirmativa e reflitam.

> As comunidades tradicionais que vivem na Mata Atlântica são muito importantes para a preservação da natureza, pois têm um modo de vida que não agride o meio ambiente e, além disso, possuem conhecimentos únicos sobre a floresta e seus recursos.

- Agora, revejam na página 67 as comunidades tradicionais que vivem na Mata Atlântica. Citem exemplos de como elas se relacionam com o meio ambiente. ORAL

### Ampliar GRUPO

**6.** Reúnam-se em grupos e façam uma pesquisa sobre uma espécie vegetal e outra animal originárias da Mata Atlântica e que correm risco de extinção. Sigam as orientações do professor.

- O resultado do trabalho deve ser organizado em um painel, em *blog* ou *site* da escola para ser apresentado aos colegas.

# Atividades

**1.** Complete a ficha sobre a exploração do pau-brasil logo após a chegada dos europeus ao território brasileiro.

**Pau-brasil**

- Onde era encontrado. ____________________
- Quem realizava o trabalho de exploração da madeira. ____________________
- Onde era armazenado para ser negociado. ____________________
- Para onde era levado. ____________________
- Como era transportado. ____________________

**2.** Complete a frase com as palavras do quadro.

| indígenas | europeus | produtos |
|---|---|---|

Os ____________ ofereciam aos ____________ diversos ____________ em troca de seu trabalho.

**3.** Leia a frase.

> Franceses e outros europeus invadiram o território brasileiro para explorar o pau-brasil.

**a)** Essa frase é falsa ou verdadeira? ____________________

**b)** Identifique cada uma das frases abaixo como

**CA** – causa ou **CO** – consequência

☐ Os portugueses enviaram Tomé de Sousa para cuidar da defesa do território e fundar a cidade de Salvador, a primeira capital do Brasil.

☐ O pau-brasil era uma mercadoria muito valorizada na Europa.

# rede de ideias

## A missão dos jesuítas

No trabalho pelo sertão, os jesuítas fundaram **colégios** e **missões**. As missões eram aldeamentos, formados por grupos de religiosos, onde os indígenas eram reunidos para estudar a doutrina católica e assimilar o modo de vida europeu.

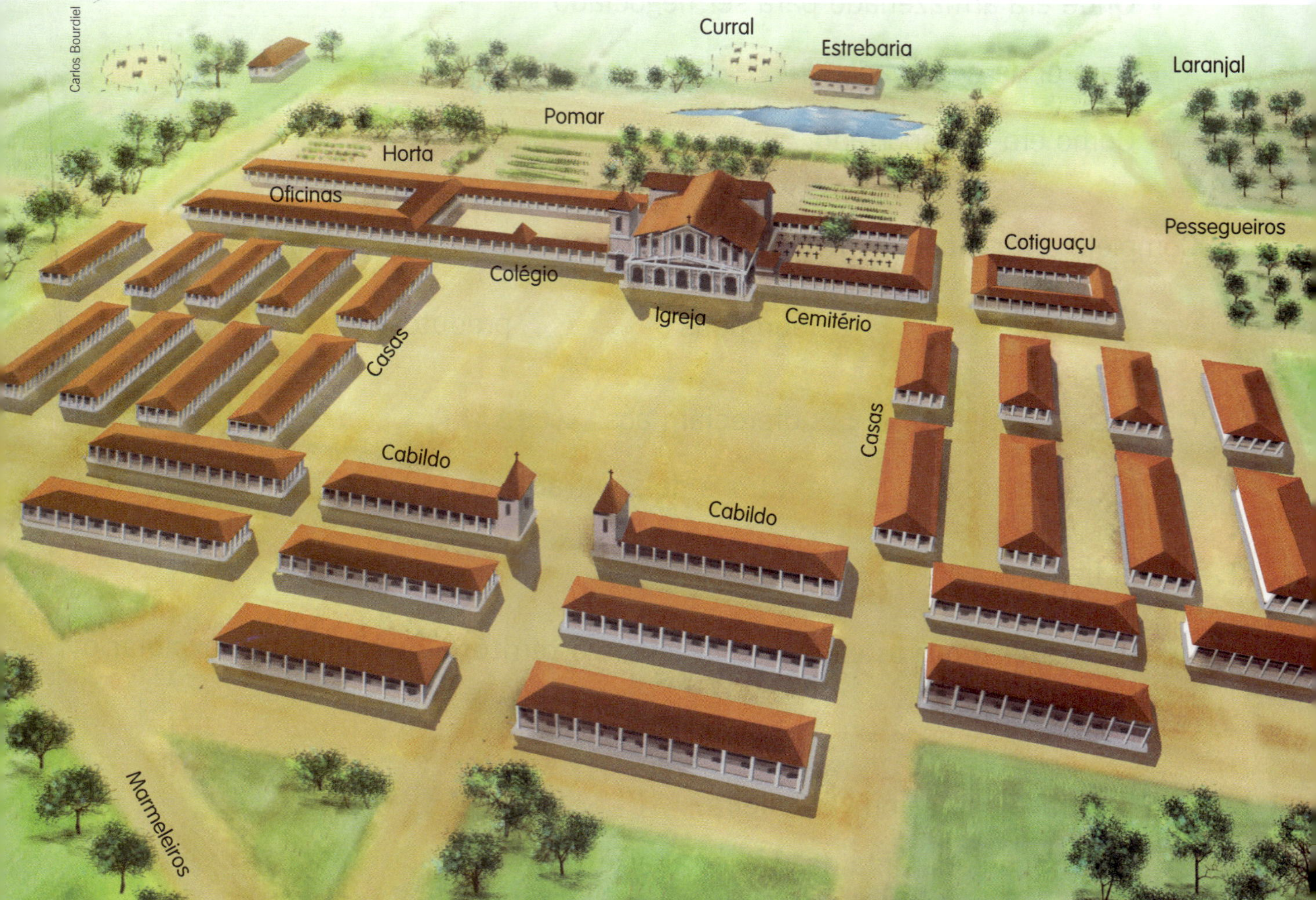


**Fonte:** Instituto do Patrimônio Histórico e Artístico Nacional. Disponível em: <www.iphan.gov.br/baixaFcdAnexo.do;jsessionid=44632B1B387971EF6C9748CC9414F4A5?id=276>. Acesso em: fevereiro de 2015.

Nelas, os indígenas tinham que abandonar seus costumes e sua religião para viver de acordo com as regras e a disciplina dos jesuítas. O cotidiano dos indígenas era dividido entre o trabalho e o estudo. Os jesuítas também aprenderam as línguas dos nativos para se comunicar com eles.

Gerson Gerloff/Pulsar Imagens

As ruínas da Igreja de São Miguel Arcanjo e a edificação do Museu das Missões foram declaradas Patrimônio Histórico e Cultural da Humanidade em 1983. São Miguel das Missões, Rio Grande do Sul, 2012.

A maioria das missões se situava no **sertão**, longe do litoral. Cada **missão** se organizava como uma unidade independente, que produzia tudo de que precisava. Algumas chegaram a atingir o tamanho das maiores cidades coloniais, com uma população de 4 mil a 5 mil habitantes.

**1** A palavra **missão** está no título e é destacada nesta página. Ela tem o mesmo sentido nos dois casos? Por quê? ORAL

**2** Observe, na página anterior, a planta da missão.

a) Que edificação se destaca na imagem?

_______________

b) "Cotiguaçu" era o lar de viúvas e órfãos. Descreva sua localização nessa missão.

_______________

c) Que elementos representados na planta estão ligados à alimentação das pessoas que viviam nas missões?

_______________

**3** Explique por que é importante preservar os patrimônios históricos e culturais, como as ruínas da igreja de São Miguel.

_______________

_______________

# QUAL É A PEGADA?

## Desmatamento

**1.** Leia o texto e observe a imagem.

### Você sabe explicar o que é desmatamento?

Desmatamento é uma ação humana que visa a retirada da vegetação nativa de uma determinada área, com o objetivo de **aproveitar a madeira** e, em seguida, destinar a área desmatada para o uso do solo.

A vegetação nativa é retirada, por meio do **corte** ou das **queimadas**, para a ocupação dessas áreas para atividades agropecuárias, de assentamentos rurais ou para a expansão urbana.

Essa é uma prática antiga, que ocorre no Brasil desde que os europeus deram início à retirada do pau-brasil em 1500. As principais áreas desmatadas são as áreas de floresta, como a Amazônia e a Mata Atlântica.

**a)** Explique a relação entre o desmatamento de florestas e o corte ilegal de madeira. ORAL

**b)** A imagem retrata uma campanha. O que ela significa? O que você achou dessa forma de ação?

______________________________________________

______________________________________________

J. Duran Machfee/Futura Press

Na fotografia, ação do Greenpeace, organização não governamental, para chamar a atenção sobre a situação de desmatamento na Amazônia.

**2.** Observe a tirinha e responda no caderno.

*Tibica – O defensor da ecologia.* Canini. São Paulo: Formato. p. 64.

**a)** Quais são as personagens principais da tirinha?

---

---

**b)** Que tipo de problema a tirinha destaca?

---

**c)** Que prejuízos são causados por atitudes como as mostradas na tirinha? ORAL

**3.** Façam uma pesquisa sobre outras formas de exploração da madeira que não causem destruição das florestas nativas. GRUPO

- Consultem fontes variadas: livros, jornais, revistas e internet.
- Selecionem as informações e as imagens.
- Organizem uma campanha publicitária para divulgar essas descobertas.
- Criem um título para a campanha.
- Selecionem a forma e o veículo em que a campanha será difundida.

**4.** Para finalizar a atividade anterior, escreva em uma folha à parte um texto sobre a preservação das florestas nativas.

## África – berço da humanidade e do conhecimento

Nas áreas coloridas destaque para a cultura e as tecnologias dos povos africanos que habitavam o continente quando se iniciou o período colonial

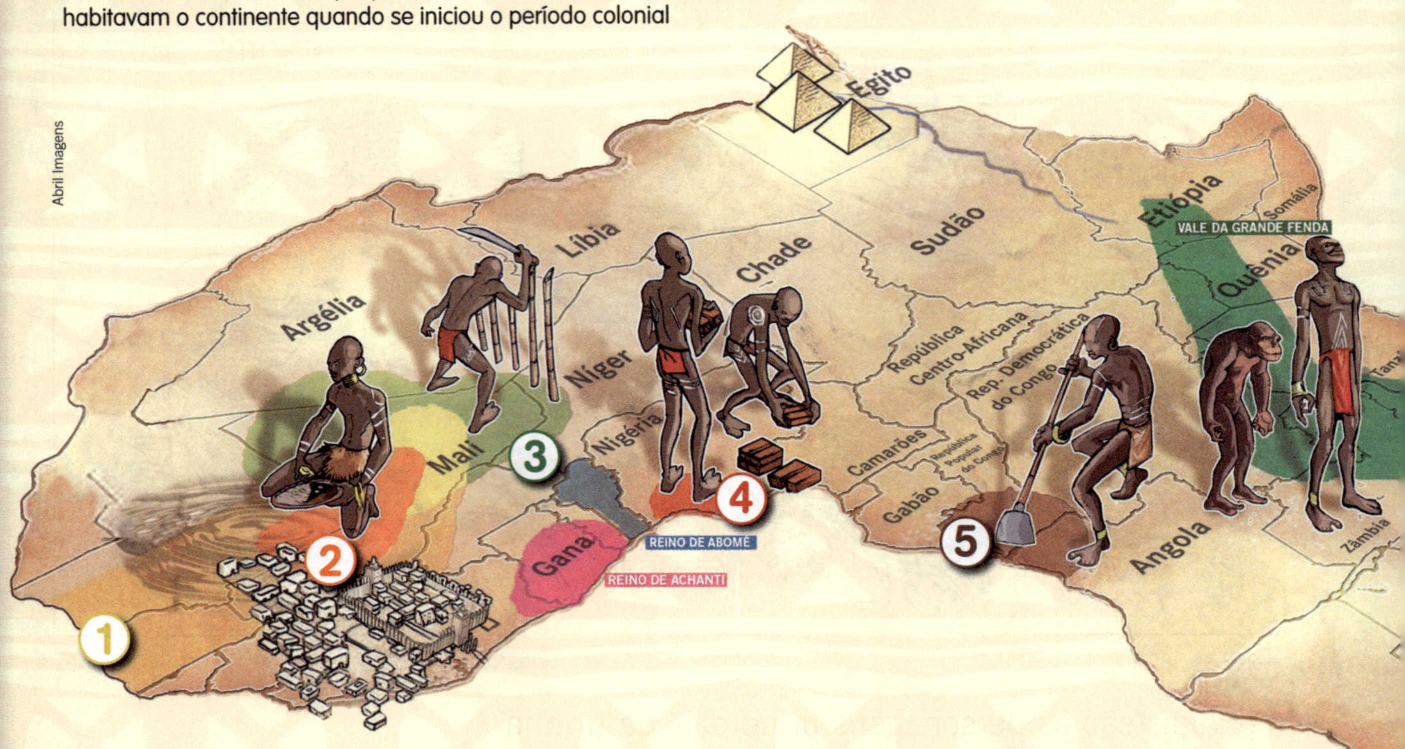


# UNIDADE 5

# Da África para o Brasil

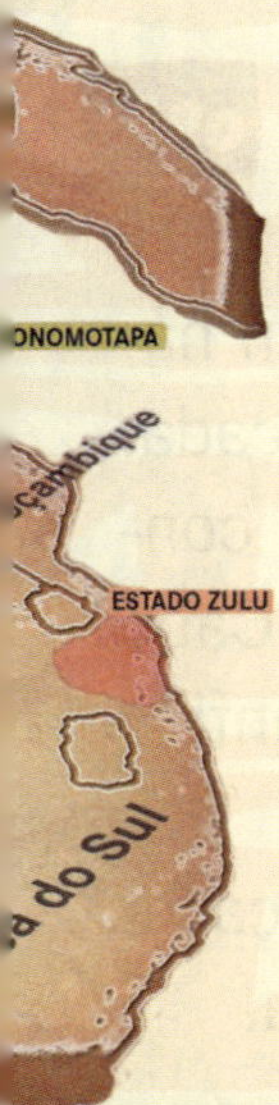


**1** **Império de Mali** – Cerca do século XII. Importantes centros universitários e culturais. Registro em monumentos dos astros do Universo.

**2** **Império de Gana** – Séculos IV a XI. Técnicas de mineração e uso de instrumentos como a bateia, importante para o avanço do ciclo do ouro no Brasil. O clima úmido da região favorecia o desenvolvimento da agricultura.

**3** **Império de Songai** – Séculos XIV e XV. Técnicas de plantio e de irrigação por canais que foram trazidas para o Brasil com os negros escravizados. Isso favoreceu a expansão da agricultura, principalmente durante os ciclos da cultura de cana-de-açúcar e do café no Brasil.

**4** **Reino Iorubá** – Desenvolveu-se partir do século XI. Dominavam técnicas de olaria, tecelagem, serralheria e metalurgia do bronze. Eram especialistas em curtume, fundição etc.

**5** **Reino do Congo** – Final do século XVI. Especialistas em forjar ferro e cobre para produção de ferramentas. Introduziram na lavoura brasileira a enxada, uma espécie de arado e diversos tipos de machados.

Elaborado com base em: <http://revistaescola.abril.com.br/swf/animacoes/exibi-animacao.shtml?187_africa_info.swf>. Acesso em: março de 2014.

## África hoje

**Área:** 30 milhões de quilômetros quadrados (20,3% do planeta)

**População:** 850 milhões

**Países:** 53

**Línguas faladas:** 2019

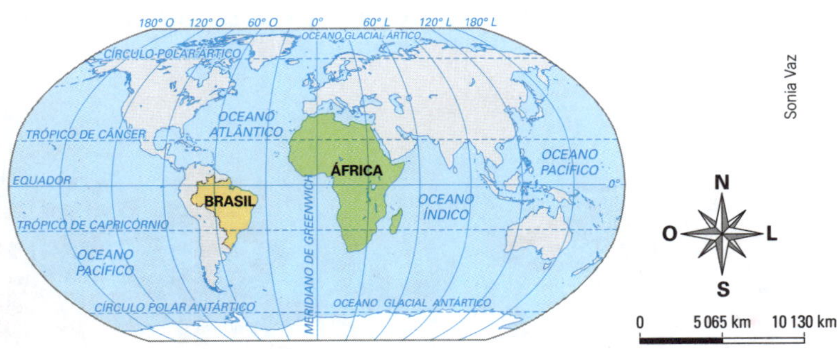


Fonte: IBGE. *Atlas geográfico escolar.* Rio de Janeiro: IBGE, 2011.

Observe as imagens e faça as atividades com os colegas.

1. Organizem-se em dois grupos:

   **Grupo A:** Localiza os países africanos no mapa, citando o nome e o respectivo número.

   **Grupo B:** Lê em voz alta as legendas cada vez que o número é citado.

   Cite pelo menos duas contribuições que os africanos trouxeram para o Brasil.

2. Localize na imagem do mapa da África as pirâmides. Como você imagina ser esse lugar?

## Capítulo 1

# Do lado de lá do Atlântico

Leia esta afirmação e converse com os colegas: O Brasil tem a maior população negra fora da África. Na sua opinião, por que isso ocorreu? ORAL

O continente africano é muito grande e povoado por diferentes nações, com hábitos, costumes e idiomas distintos, além de uma cultura muito rica e diversificada.

Há cerca de 500 anos teve início o tráfico de escravos da África para o continente americano. Africanos de territórios que atualmente correspondem a Cabo Verde, Angola, Sudão e Moçambique, por exemplo, atravessaram o oceano Atlântico e chegaram ao Brasil na condição de escravos, não por vontade própria.

Os africanos trouxeram idiomas, rituais religiosos, culinária, músicas, danças e outros elementos que com o passar do tempo enriqueceram a cultura brasileira.

Johann Moritz Rugendas/Godefroy Engelmann (Casa litográfica)

*Batuque*, de Johann Moritz Rugendas, 1834. Litografia colorida à mão. Coleção particular. As danças e os rituais africanos chegaram ao Brasil com os escravos. Essa dança conhecida como batuque está na origem do ritmo do samba, importante manifestação da cultura brasileira.

Entre os séculos XVI e XIX, o número de africanos trazidos à força para o Brasil chegou a quatro milhões de pessoas.

No Brasil, os portos que mais receberam africanos foram os do Recife, de Salvador e, mais tarde, o do Rio de Janeiro.

As principais atividades desses africanos foram a produção de açúcar, algodão, cacau e café, o trabalho nas lavras de ouro e diamante e os serviços domésticos. Viviam em senzalas ou trabalhavam como "escravos de ganho".

**Escravo de ganho:** realizavam tarefas como vender produtos e prestar serviços nas cidades. Uma parte do dinheiro recebido era entregue diariamente ao senhor.

1. Podemos afirmar que o tráfico de africanos se iniciou pouco tempo após a chegada dos portugueses ao Brasil? Discuta com os colegas e o professor. ORAL

2. Observe as fotografias e responda.

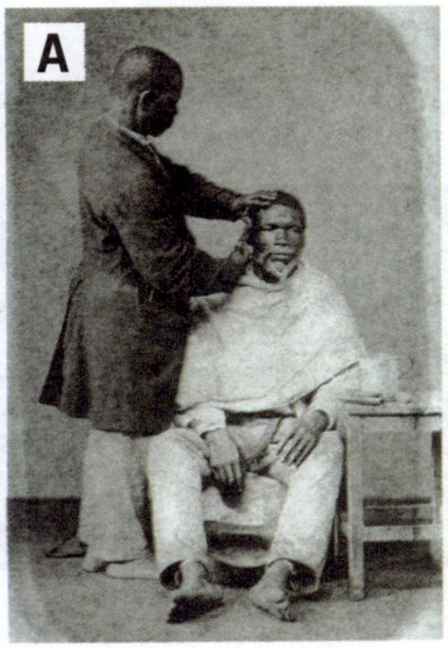


Christiano Junior

Homem em atividade de barbeiro, no Rio de Janeiro, cerca de 1865. Fotografia de Christiano Junior. Coleção do Museu Histórico Nacional, Rio de Janeiro, Brasil.

Alberto Henschel

Babá com menino, Pernambuco, 1874. Coleção George Ermakoff.

Marc Ferrez

Escravos em colheita de café, 1882. Fotografia de Marc Ferrez. Coleção Rui Souza e Silva.

a) Qual delas mostra um "escravo de ganho"? ______

b) Que tipo de função a mulher negra da imagem B parece desempenhar?

______

c) Que imagem retrata um grupo de africanos escravizados? Que tipo de trabalho realizam? Onde?

______

# Do lado de cá do Atlântico

Os africanos eram transportados até o Brasil em navios negreiros, especialmente projetados para isso. Eles viajavam em péssimas condições, acorrentados e amontoados no porão. Mulheres e crianças eram transportadas em compartimentos separados dos homens.

A travessia durava meses, e eles sofriam com alimentação escassa, maus-tratos, sujeira e doenças. Muitos morriam no trajeto.

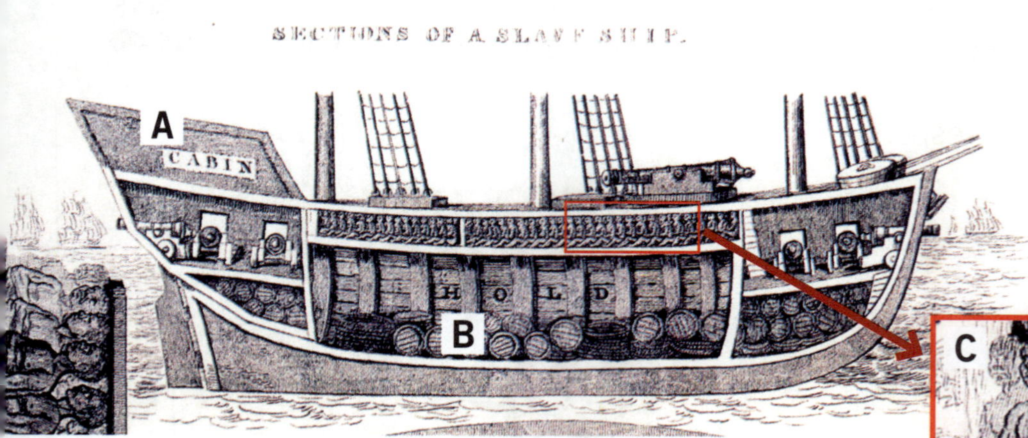

Fotografias: Robert Walsh (del.) e T. Kelly (lith.)

Corte de um navio negreiro, litografia de T. Kelly, que ilustra a obra de Robert Walsh *Notices of Brazil in 1828 and 1829* (London: Westley & A. H. Davis, 1830). **A:** cabina; **B:** porão de carga; **C:** compartimento dos escravos.

## O mercado de escravos

Aqueles que sobreviviam à viagem eram encaminhados ao chamado "mercado de escravos", onde aguardavam para ser vendidos. Era comum nas cidades haver locais destinados ao comércio de africanos. No século XIX, esse local no Rio de Janeiro era conhecido como mercado do Valongo.

Leia a descrição feita por um alemão que esteve nessa cidade em 1832.

> Depois de pagar por cabeça determinada tarifa, que produz uma renda valiosa para o governo, estes escravos são expostos à venda como mercadoria em uma rua apropriada chamada Valongo, onde se examina durante a escolha cada parte do corpo e observa rigorosamente se os escravos não estejam atacados de moléstias de pele ou males incuráveis.
>
> Jaime Rodrigues. Festa na chegada: o tráfico e o mercado de escravos do Rio de Janeiro. Em: Lilia Moritz Schwarcz e Letícia Vidor de Souza Reis (Org.). *Negras imagens:* ensaios sobre cultura e escravidão no Brasil. São Paulo: Edusp, 1996. p. 102-103.

Depois de vendidos, os africanos eram encaminhados para as fazendas, onde começavam uma vida de trabalho forçado em companhia de outros africanos escravizados e afrodescendentes, muito presentes no cotidiano do campo e das vilas do Brasil.

Faça as atividades 1, 2, 3 e 4 no caderno.

1. O tráfico de africanos era uma atividade muito lucrativa. Quem enriquecia com esse comércio?

2. Observe a imagem do navio negreiro, página 78, e responda:
   a) Como os africanos eram trazidos da África para o Brasil?
   b) Em que condições os africanos eram trazidos nas embarcações?

3. Para onde eram levados os escravos ao desembarcar?

4. Observe a imagem e compare-a com o texto "O mercado de escravos", da página 78. Podemos dizer que texto e imagem se complementam ou se opõem? Justifique.

Jean-Baptiste Debret

*Mercado de escravos na Rua do Valongo*, de Jean-Baptiste Debret, óleo sobre tela. Instituto Ricardo Brennand, Recife, Pernambuco, Brasil.

5. Leia o anúncio publicado em 1840.

> Pretende-se comprar uma preta moçambique, que tenha de idade 16 até 24 anos, ainda que não seja muito prendada, e que tenha alguma cria ou esteja grávida não importa; exige-se que seja de bonita figura e sem moléstias nem vícios, na rua do Sabão da Cidade Nova n. 36.
>
> Jornal do Commercio. Em: Bárbara Martins. Reconstruindo a memória de um ofício: as amas de leite no mercado de trabalho urbano do Rio de Janeiro (1820-1880). *Revista de História Comparada*. Rio de Janeiro: UFRJ, dezembro de 2012. p. 155.

■ Destaque o quadro da página 9 do **Material Complementar** e preencha com as informações do texto.

# Gente que faz!

## Contos africanos: história de animação

Uma maneira de conhecer outros povos e culturas é assistir a histórias de animação. A animação *Kiriku e a feiticeira* – criada pelo francês Michel Ocelot – partiu de uma história tradicional da Guiné, na costa ocidental da África.

Com essa história podemos entrar em contato com o modo de vida, a música, os hábitos e as tradições de uma região da África.

Kiriku nasceu na África Ocidental. Ele é um menino especial, inteligente, curioso e bem pequeno – seu tamanho não chega aos joelhos de um adulto. Contudo, decide enfrentar o grande desafio de encarar a feiticeira Karabá, que transformou a vida da aldeia: secou as águas das fontes, confiscou o ouro e sumiu com todos os homens que ousaram enfrentá-la. Kiriku quer livrar sua comunidade do sofrimento e, para isso, procura a raiz do problema: por que a feiticeira é má? Para descobrir a resposta, o menino parte em busca do velho sábio que vive isolado na montanha proibida. Mas o sábio é avô de Kiriku e, portanto, seu ancestral.

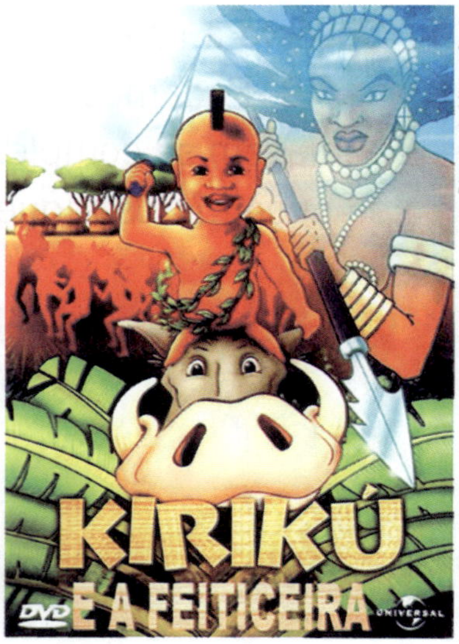


Direção de Michel Ocelot

Capa do DVD *Kiriku e a feiticeira*, de Michel Ocelot, 1998. Ocelot viveu na Guiné dos seis aos doze anos e, com este filme, homenageia a África.

Everett Collection/Latinstock

Cena do filme que retrata as crianças da aldeia em momento de comemoração. O filme ganhou muitos prêmios importantes e foi também adaptado para o teatro.

**1** Com base nas informações sobre *Kiriku e a feiticeira*, explique as características da personagem principal.

______________________________________________

______________________________________________

______________________________________________

**2** Qual é a relação entre o menino e o sábio da montanha?

______________________________________________

**3** Observe as imagens e leia a legenda.

Siren-Com

AFP

Aldeia em Guiné-Bissau, 2010. O local serviu de modelo para a história de Kiriku. A escultura do povo Ogoni da Nigéria foi inspiração para o animador francês Michel Ocelot criar os guardiões da feiticeira na história *Kiriku e a feiticeira*.

- Discuta com os colegas: Podemos afirmar que existe uma relação entre o que acontece no cotidiano de algumas aldeias africanas e o que aparece na animação de Michel Ocelot? **ORAL**

**4** Pesquisem um conto ou história tradicional do continente africano para ser adaptado para animação. O professor vai orientar o trabalho. **GRUPO**

- Selecionar o conto ou história em votação coletiva.
- Escolher as personagens e o contexto em que será ambientado.
- Propor a criação dos *storyboards* (desenhos em quadros) que servirão de base para a animação.

Capítulo 2

# A riqueza do açúcar chega ao Brasil

Imagine o ano de 1532 no Brasil. Na sua opinião, quem plantava, colhia, punha a moer, encaixotava e também carregava o açúcar até o mar? ORAL

Desde o século XV, Portugal havia conquistado a costa ocidental da África e de lá trouxera a experiência com os engenhos de açúcar e a mão de obra escrava.

Os primeiros engenhos de açúcar surgiram no Brasil com os portugueses, que, a partir de 1532, deram início oficialmente à colonização e à ocupação do território. A fundação da vila de São Vicente, na Baixada Santista, em 1532, marca o estabelecimento do primeiro núcleo de população estável na colônia portuguesa, onde foram implantados, até 1548, seis engenhos.

**Brasil – Centros produtores de açúcar**

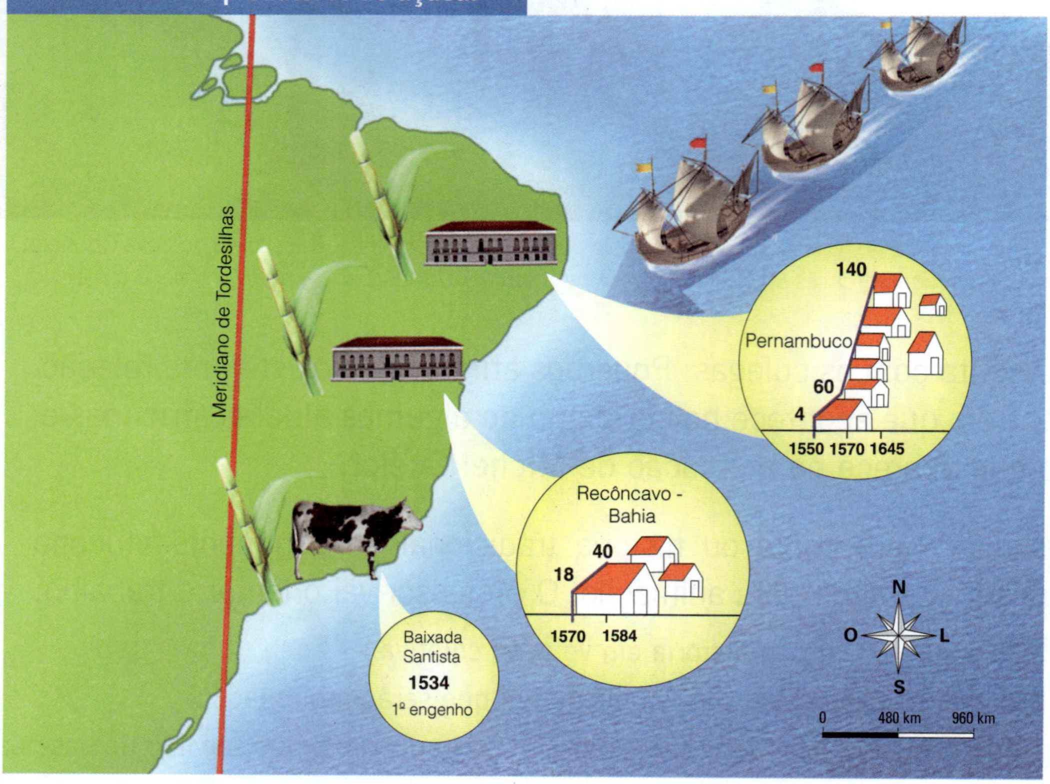


**Fonte:** Etelvina Trindade. *O trabalho nos engenhos*. São Paulo: Atual, 1999. p. 8.

# Produção de açúcar e trabalho escravo

No século XVI, o tráfico de africanos para o Brasil aconteceu ao mesmo tempo que os donatários instalavam os primeiros engenhos na colônia. A produção de açúcar e o trabalho escravo permaneceram ligados durante muito tempo. No final do século XVI, o açúcar já era tido como a principal riqueza produzida no Brasil colonial.

**Donatário:** pessoa de confiança do rei que recebia a doação de uma capitania hereditária.

Os escravos já não eram tratados da mesma forma. Nessa época, podiam ocupar diferentes posições na sociedade. Os recém-chegados da África eram chamados de "boçais", enquanto os "ladinos" eram aqueles que já entendiam e falavam a língua portuguesa. Os nascidos no Brasil ocupavam as posições consideradas "melhores", como as tarefas domésticas e as de supervisão.

Aos africanos reservava-se o trabalho mais árduo. Em contrapartida, muitos recebiam em usufruto parcelas de terra onde podiam cultivar, nos finais de semana e feriados, produtos agrícolas mais tarde revendidos. Tal comércio, ainda que pequeno fosse, permitiu a alguns comprar a própria liberdade.

Mary del Priore e Renato Pinto Venâncio.
*O livro de ouro da história do Brasil*. Rio de Janeiro: Ediouro, 2001. p. 67-68.

**Usufruto:** direito de utilizar de forma plena um bem que pertence a outra pessoa.

1. Quando começaram a ser instalados os engenhos de açúcar no Brasil?

_______________

2. Explique a frase: "A produção de açúcar e o trabalho escravo permaneceram ligados por muito tempo".

_______________

_______________

## *Ampliando horizontes...*

**livro**

***Saudades da África***, de Flávia Côrtes, Nova Espiral.
A menina Iana e sua família são trazidas à força da África para o Brasil, viajando em um navio negreiro. Quando chegam aqui são separadas e passam a viver em locais diferentes.

**CD**

***África – Pé com pé***, Palavra Cantada. São Paulo: MCD, 2005.
Música sobre a África e sua riqueza cultural.

# A produção e o comércio do açúcar

As instalações do engenho incluíam uma ou mais moendas, a casa de fornalhas, a casa de cobres e os galpões. Ali, a cana em estado bruto era transformada em açúcar pelos trabalhadores escravos e livres. Depois disso, o açúcar produzido estava pronto para ser encaixotado, embarcado e vendido nos mercados europeus, rendendo altos lucros aos proprietários dos engenhos — chamados **senhores de engenho** — e aos comerciantes.

Frans Post

*Engenho*, de Frans Post, 1661-1669. Óleo sobre tela. Museu do Louvre, Paris, França. O engenho envolvia quase sempre grandes lotes de terra, onde havia espaço para o canavial, a casa-grande, a senzala, a igrejinha e os equipamentos para a produção do açúcar: a moenda, a casa de fornalhas e os galpões. O engenho funcionava sem parar durante o período da safra, que durava entre 8 e 9 meses e podia abrigar de dezenas a centenas de escravos.

Durante os séculos XVI e XVII, as cidades de Salvador, Olinda e Recife cresceram e se tornaram importantes, em razão da economia do açúcar. Assim, Portugal manteve por muito tempo o domínio do comércio das especiarias, como a pimenta-da-índia, o cravo, a canela, entre outros produtos vindos do Oriente, e também do açúcar produzido na América portuguesa.

- Leia o infográfico da página 82 com um colega. ORAL
  - a) Onde foi construído o primeiro engenho de açúcar?
  - b) Quantos centros produtores de açúcar surgiram na Bahia de 1570 a 1584?
  - c) Onde houve maior crescimento dos centros produtores de açúcar?

# Atividades

**1.** Leia o texto sobre a vinda de africanos ao Brasil na atualidade.

[...]

Os africanos presentes no Brasil, hoje, vieram ao Brasil por diversos motivos, seja à procura de trabalho, à procura da proteção do Estado brasileiro, no caso dos refugiados ou aqueles que vieram estudar nas universidades brasileiras, seja por meio dos acordos de cooperação ou os que vieram por conta própria.

Alex André Vargem. *A imigração de africanos para o Brasil nos dias atuais.* Disponível em: <www.adital.org.br/hotsite_ecumenismo/noticia.asp?lang=PT&cod=72890>. Acesso em: fevereiro de 2015.

- Qual a diferença entre os africanos que chegaram ao Brasil entre os séculos XVI e XIX e aqueles que chegam recentemente?

______

______

**2.** Observe a imagem de negros africanos feita por Debret por volta de 1830.

**a)** Aponte semelhanças e diferenças entre as pessoas representadas.

______

______

Jean-Baptiste Debret/Thierry Frère (Lith.)

*Cabeças de negros de diferentes nações*, de Jean-Baptiste Debret, 1834-1839. Litografia colorida à mão. Coleção particular.

**b)** O que indica a diversidade de características dessas pessoas?

______

______

**3.** Em uma folha à parte, escreva um pequeno texto relatando as condições do transporte de africanos para o Brasil.

- Meio de transporte utilizado.
- Problemas que enfrentavam.
- Onde e como eram alojados na viagem.
- Para onde eram levados quando chegavam.

# rede de ideias

## Resistência negra: presente e passado

Por mais de três séculos a escravidão esteve presente no cotidiano do campo e das cidades brasileiras. Durante todo esse período, os negros escravizados lutaram para reconquistar a liberdade.

A resistência acontecia na forma de boicote ao trabalho, negociação, fugas, rebeliões e até suicídios. A formação de **quilombos** também foi uma importante forma de resistência.

**Brasil – Remanescentes quilombolas**

Sonia Vaz

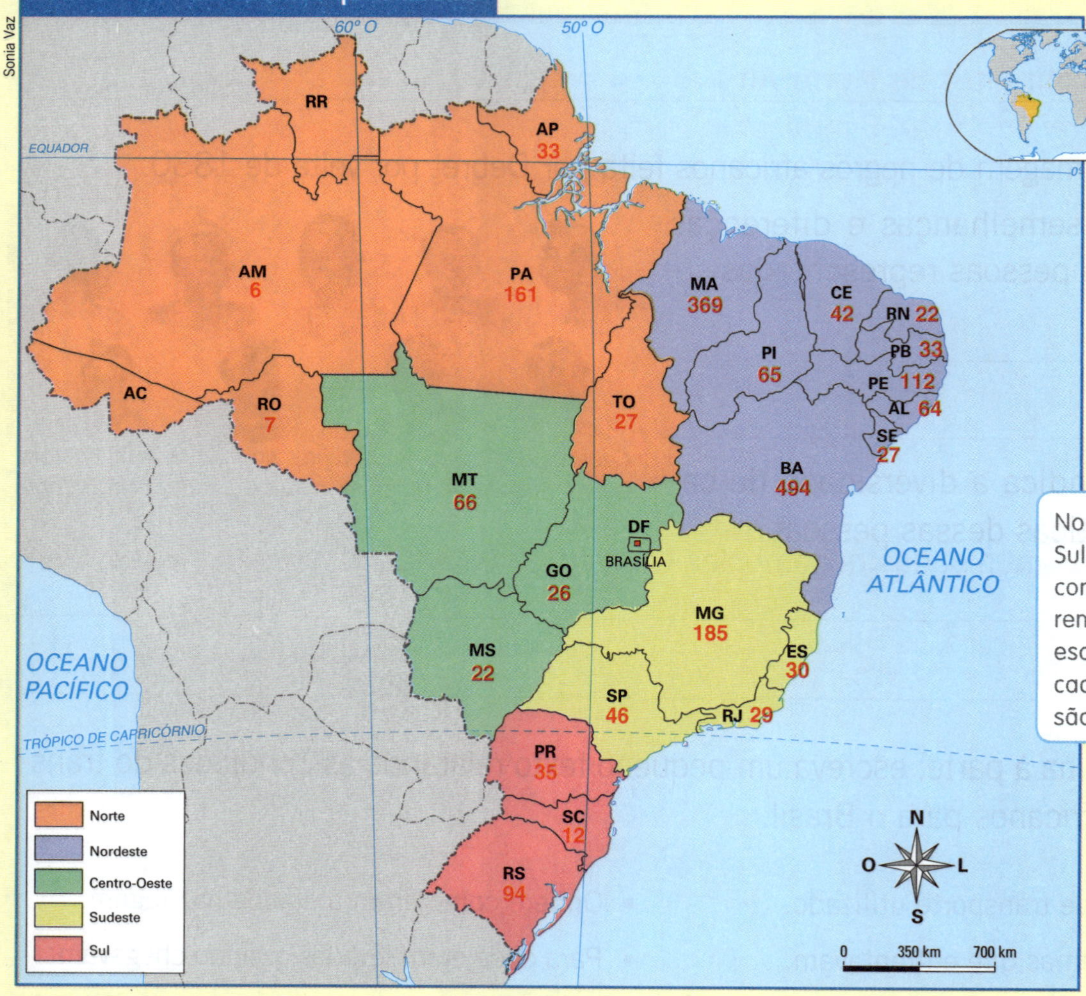


No Rio Grande do Sul existem muitas comunidades remanescentes de escravos negros. De cada 100 gaúchos, 15 são afro-brasileiros.

**Fonte:** IBGE. *Atlas geográfico escolar*. Rio de Janeiro: IBGE, 2011.
Dados do Incra de Comunidades Remanescentes Quilombolas reconhecidas até 2013.
Disponível em: <www.palmares.gov.br/quilombola/?estado=AM>. Acesso em: março de 2014.

A comunidade de Aguapé, no distrito de Osório, município a 150 km de Porto Alegre, se originou de uma doação feita por Rosa Marques à filha de uma escrava sua, chamada Justina Rosa. Segundo seus descendentes, ela vivia na casa-grande, fiava e tecia e não era maltratada como os escravos em geral. [...]

Os descendentes [de escravos] vivem em sítios dispersos na região e têm lutado para preservar as terras herdadas, pois a maioria não possui a escritura comprobatória da propriedade.[...]

Gloria Moura. A força dos tambores: a festa nos quilombos contemporâneos. Em: Lilia Moritz Schwartz e Letícia Vidro de Souza Reis (Org.). *Negras imagens*: ensaios sobre cultura e escravidão no Brasil. São Paulo: Edusp, 1996. p. 62.

Marco Antônio Sá/Pulsar Imagens

A festa de Nossa Senhora do Rosário – Maçambique, tradicional da comunidade de Osório – Rio Grande do Sul, 2011, é um momento em que todos se encontram e revivem sua história. Dentro e fora do espaço do quilombo, a festa foi uma maneira de resistência e de permanência da cultura africana no Brasil.

Alguns habitantes de Morro Alto contam que o maçambique chegou ao Brasil trazido pelo *rei da África*. O monarca teria atravessado o oceano para trazer aos cativos uma dança que pudesse aliviar os sofrimentos aos quais estavam submetidos e, também, acabar com a escravidão. [...]

Disponível em: <www.cpisp.org.br/comunidades/html/brasil/rs/_morroalto/morroalto_festa.html>. Acesso em: março de 2014.

1. Em quantos estados brasileiros há comunidades quilombolas?

___

2. Quantas comunidades quilombolas existem no estado em que você vive?

___

3. Sublinhe no texto exemplos de resistência à escravidão no passado e no presente. Discuta: por que a resistência é importante?

4. Localize no texto e explique a origem da comunidade de Aguapé, no estado do Rio Grande do Sul. ORAL

5. Façam uma pesquisa e organizem uma exposição de fotografias sobre a festa **Maçambique** ou outro festejo da tradição cultural africana. Sigam as orientações do professor. GRUPO

# QUAL É A PEGADA?

## Fonte renovável

### A jornada da cana-de-açúcar

Do canavial ao uso da planta para a geração de energia

**1** **Colheita e transporte:** a cana, cortada e colhida, é colocada em caminhões e levada das lavouras às usinas.

**7a** **Cozimento:** o caldo se torna um xarope e a sacarose forma cristais, que dão origem ao açúcar comercial.

**6a** **Evaporação:** parte da água é retirada do caldo, que se torna mais concentrado em sacarose (açúcar).

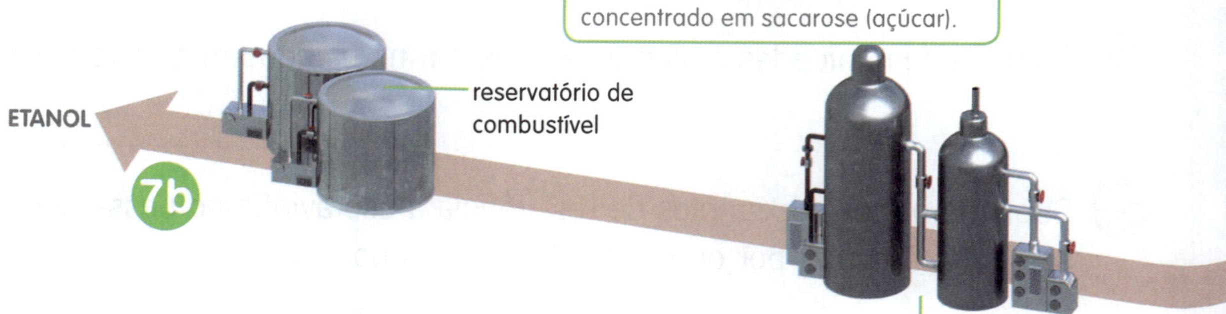


**6b** **Fermentação e destilação:** o caldo das moagens também segue para a produção de álcool combustível (etanol), que se obtém por meio de fermentação e destilação.

Cultivada desde o período colonial, a cana-de-açúcar se transformou em uma das principais culturas brasileiras. Além do açúcar, a cana é a matéria-prima para produção do etanol, um biocombustível feito a partir de uma fonte renovável, isto é, que possui a capacidade de regeneração (renovação), não se esgotando.

O açúcar e o etanol são obtidos do caldo da cana. E o bagaço que sobra? Pois saiba que ele também tem utilidade! Leia o infográfico.

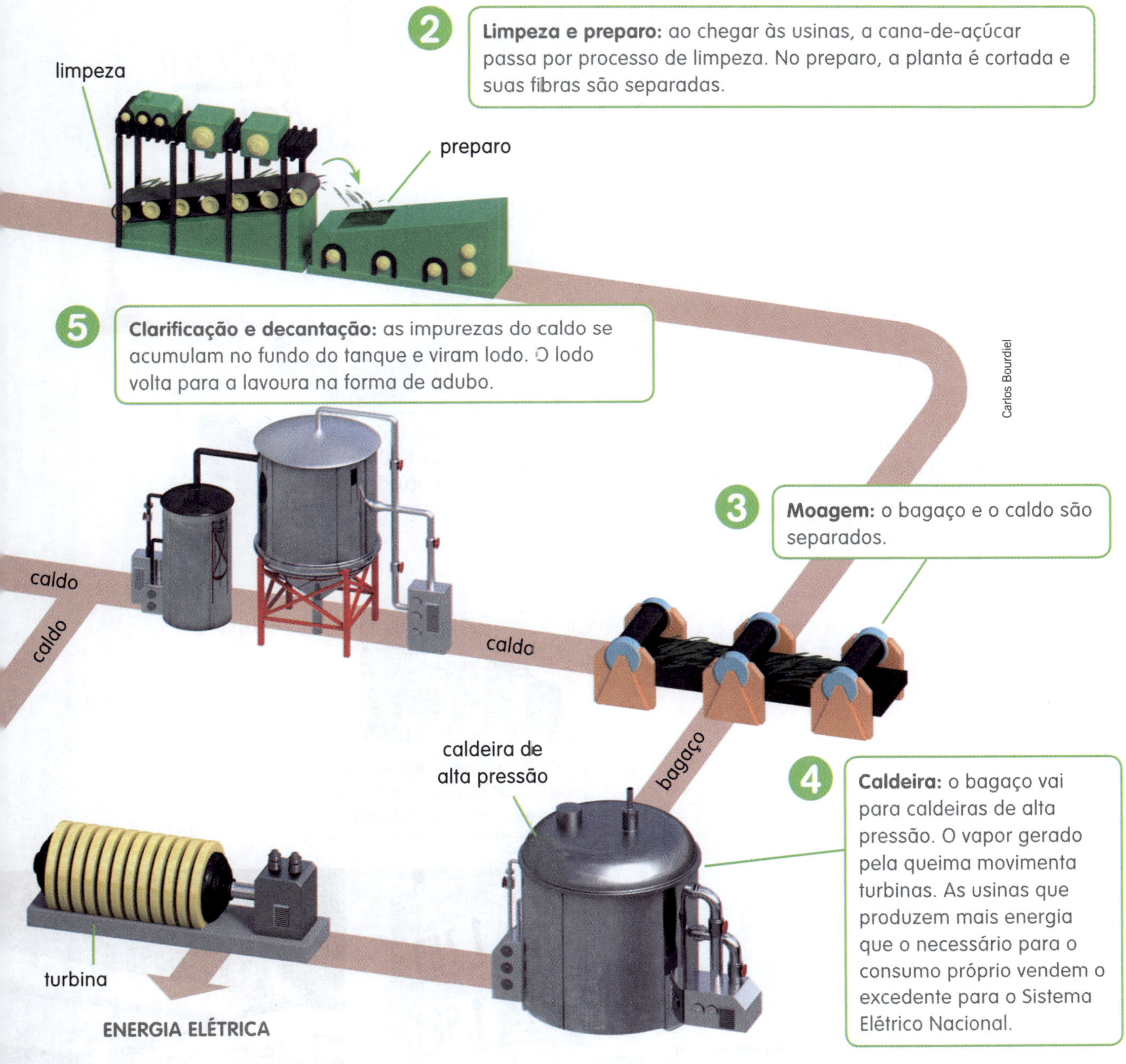


**Fonte:** Ruth Helena Bellinghini. *Pequenas histórias de plantar e colher*. p. 56-57. Disponível em: <http://andefedu.com.br/uploads/img/livro/arquivo/plantar_colher06mar.pdf>. Acesso em: fevereiro de 2015.

## Você sabia?

Hoje, o Brasil é o maior produtor de cana-de-açúcar e também o primeiro do mundo na produção de açúcar e etanol.

A maior parte dos automóveis brasileiros pode ser abastecida com etanol, que tem um custo menor que o da gasolina, combustível derivado do petróleo — fonte não renovável de energia.

Complete os espaços com as imagens de engenho em diferentes épocas e leia as informações. Use os **Adesivos**.

*Engenho*, de Frans Post, 1645-1669. Óleo sobre tela. Museu Nacional da Dinamarca, Copenhague. No engenho desse período, a cana-de-açúcar em estado bruto era transformada por trabalhadores escravos e livres em açúcar.

Alamy/Glow Images/Wabatan Mantovanello

120 kg de açúcar é o que cada 1 000 kg de cana-de-açúcar rende.

Ilustrações: Studio Caparroz

Vista de usina de açúcar em Pontal, São Paulo, 2013.

400 é o número aproximado de usinas de cana-de-açúcar que existem hoje no Brasil.

85 litros de etanol é o que cada 1 000 kg de cana-de-açúcar rende.

Posto de gasolina em São Paulo, 2012.

Alf Ribeiro/Folhapress

**1.** Com base nos dados do infográfico, páginas 88 e 89, responda.

a) Que produto se obtém a partir do bagaço da cana-de-açúcar?

______________________________

b) Como é aproveitado o produto gerado pelo bagaço?

______________________________

**2.** Leia a opinião do pesquisador Paulo Lucas Dantas Filho sobre a queima do bagaço nas usinas de cana-de-açúcar.

> Com relação ao possível dano ambiental causado pela fumaça produzida na queima do bagaço Dantas afirma que filtros recolhem a fuligem produzida. "Não sobra nada da cana, eles aproveitam tudo. A própria fuligem acaba se tornando adubo para plantios futuros", completa.
>
> Disponível em: <www.usp.br/agen/?p=284>. Acesso em: fevereiro de 2015.

a) A opinião do pesquisador indica um aspecto positivo ou negativo da geração de energia a partir da cana-de-açúcar? Explique no caderno.

b) Converse com os colegas e explique o significado desta afirmação:

"Não sobra nada da cana, eles aproveitam tudo."

**3.** Pesquise outras formas de geração de energia. Escolha uma delas e registre na ficha da página 9 do **Material Complementar**. Depois, use os **Adesivos** para ilustrar a sua ficha. ORAL

**4.** Comparando os engenhos no passado e no presente, responda no caderno.

a) Quais são as semelhanças e diferenças entre eles?

b) Na sua opinião, as condições de trabalho nos canaviais mudaram? Explique.

Luis Moura

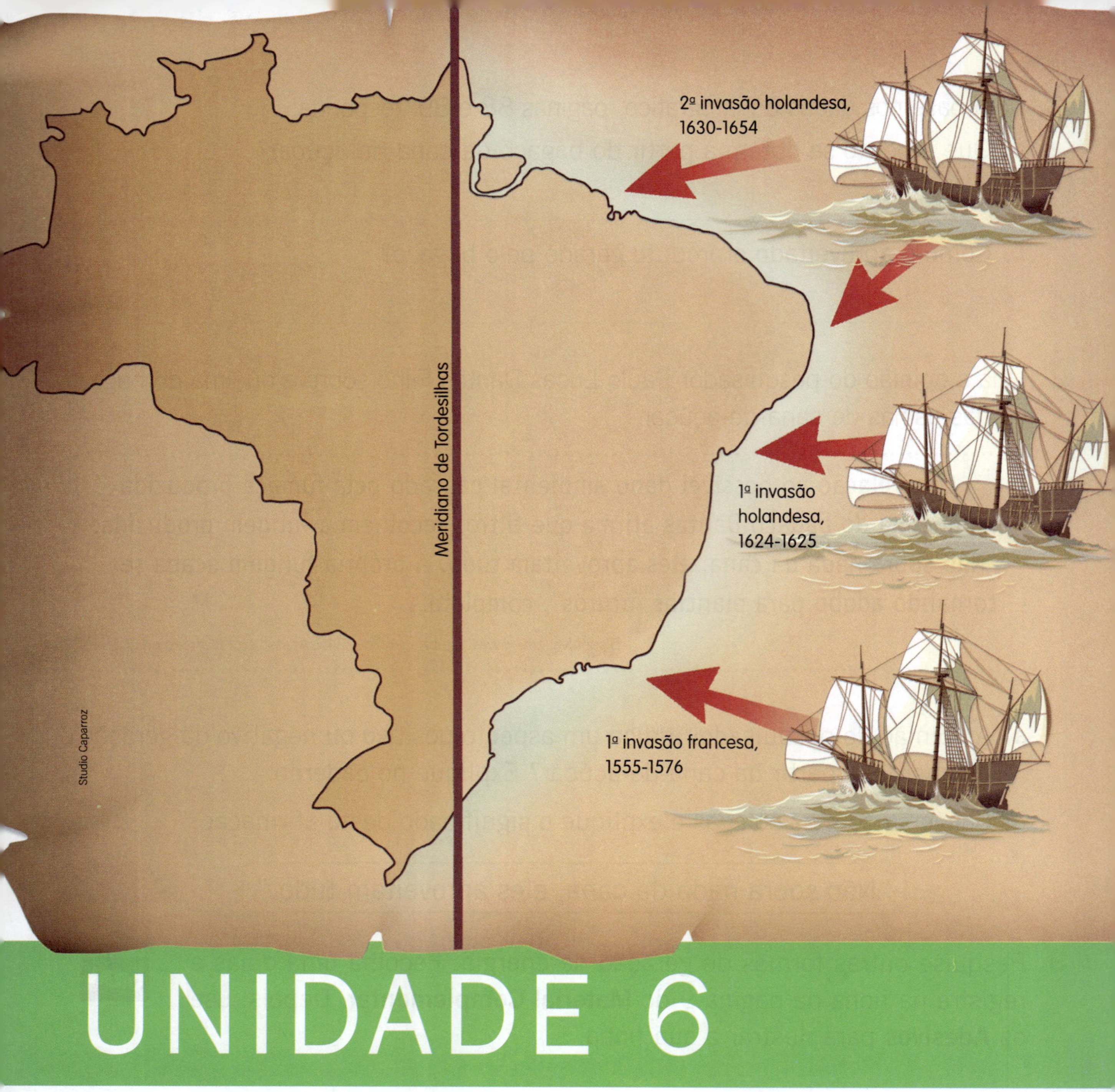


# UNIDADE 6

# Invasões europeias no Brasil

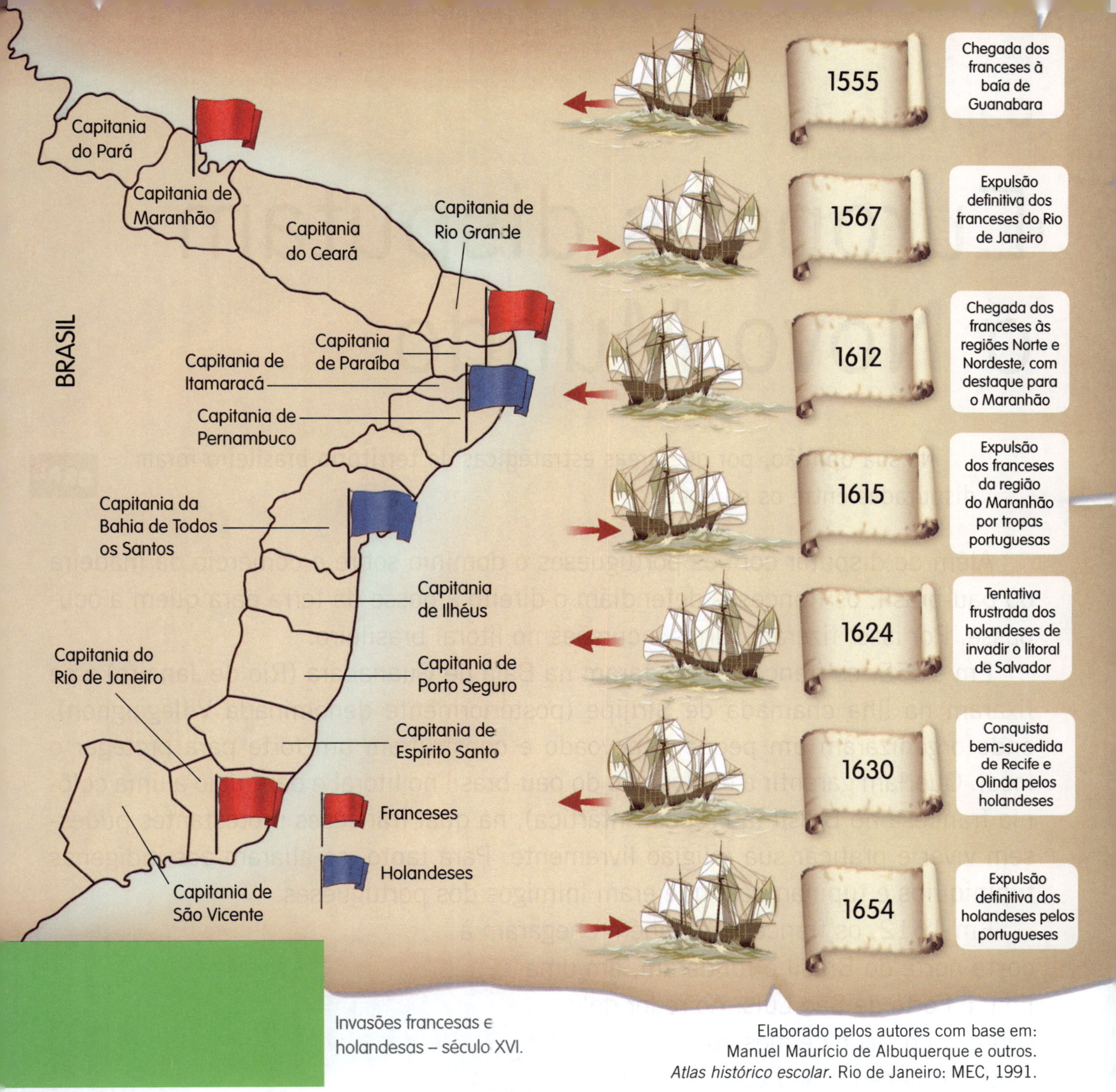


Invasões francesas e holandesas – século XVI.

Elaborado pelos autores com base em: Manuel Maurício de Albuquerque e outros. *Atlas histórico escolar*. Rio de Janeiro: MEC, 1991.

Observe a imagem e converse com os colegas.

1. O que está representado na imagem?

2. Quem expulsou os povos que em diversas ocasiões invadiram o território brasileiro? Em que ano ocorreu a expulsão definitiva?

3. Na sua opinião, como seria o Brasil se apenas franceses ou holandeses tivessem permanecido em nosso território?

Capítulo 1

# Europeus disputam o Novo Mundo

Na sua opinião, por que áreas estratégicas do território brasileiro foram disputadas entre os europeus? ORAL

Além de disputar com os portugueses o domínio sobre o comércio da madeira do pau-brasil, os franceses defendiam o direito à posse da terra para quem a ocupasse. Por isso, fizeram várias incursões no litoral brasileiro.

Em 1555, os franceses aportaram na Baía de Guanabara (Rio de Janeiro) e se fixaram na ilha chamada de Sirijipe (posteriormente denominada Villegaignon), onde organizaram um pequeno povoado e construíram um forte para proteger o local. Queriam garantir a exploração do pau-brasil no litoral e dar início a uma colônia francesa no Brasil (a França Antártica), na qual franceses protestantes pudessem viver e praticar sua religião livremente. Para tanto, se aliaram aos indígenas tupiniquins e tupinambás, que eram inimigos dos portugueses.

Em 1612, os franceses também chegaram à costa norte do Brasil e fundaram, em uma ilha, o Forte de São Luís. Ao redor dele surgiu o povoado de mesmo nome — a atual cidade de São Luís, capital do estado do Maranhão.

Vista da igreja da Glória e da Baía da Guanabara, século XVIII, Rio de Janeiro. Na baía, detalhe de uma pescaria feita com rede. Pintura de Leandro Joaquim, cerca de 1790. Museu Nacional de Belas Artes, Rio de Janeiro, Brasil.

# A fundação da cidade do Rio de Janeiro

Em 1567, pouco mais de dez anos depois da chegada dos franceses ao Rio de Janeiro, os portugueses conseguiram expulsá-los dessa região. Para tanto, tiveram de negociar com algumas nações indígenas que apoiavam o projeto francês no Brasil.

Durante esse período de disputas, os portugueses fundaram a cidade de São Sebastião do Rio de Janeiro, em março de 1565. Mais tarde, já no século XVIII, ela tornou-se capital e uma das mais importantes cidades do Brasil. Antes de se tornar capital do Brasil no século XVIII, a vida cotidiana na cidade era simples e modesta.

Autor não identificado, cerca de 1695

Vista da cidade de São Sebastião do Rio de Janeiro em cerca de 1695. Autor desconhecido. Fundação Biblioteca Nacional, Rio de Janeiro, Brasil.

Durante a noite, o carioca tinha seu sono embalado pelo cri-cri dos grilos e coaxar dos sapos nos pântanos, às vezes uma coruja ou o mexer-se no mato de bicho maior. Na aurora, tocavam os sinos da Sé acordando a todos e, ainda de casa, ouviam os gritos na rua de "Yi, yi!" — os índios, com vasos enormes apoiados na cabeça, anunciando em sua língua a água que traziam. Quem podia pagava para encher um panelão, que serviria para lavar as mãos, rosto, beber e cozinhar almoço e jantar do dia.

Pedro Doria. *1565* – Enquanto o Brasil nascia. Rio de Janeiro: Nova Fronteira, 2012. p. 155-156.

**1.** Por que os franceses tentaram se instalar no território?

______________________________________________

**2.** Os franceses desistiram de se instalar no Brasil após sua expulsão do Rio de Janeiro?

______________________________________________

______________________________________________

**3.** Destaque as peças da página 7 do **Material Complementar** e monte o quebra-cabeça. ORAL

- Descreva a imagem e converse com os seus colegas sobre o cotidiano no Rio de Janeiro após a sua fundação.

# Piratas e corsários no litoral do Brasil

Não eram somente os franceses que contestavam a divisão do Novo Mundo entre Portugal e Espanha. Holandeses e ingleses também desejavam explorar as riquezas americanas. Por esse motivo, nos séculos XVI e XVII, navios corsários e piratas passaram a ameaçar e a invadir vilas e cidades no litoral do Brasil, em busca de mercadorias e riquezas, como ouro, madeira e alimentos.

Os ataques constantes à população costeira estimularam a construção de fortes e fortalezas, equipados com poderosos canhões, cuja função era defender a entrada das vilas e cidades no litoral. No entanto, essa estratégia nem sempre foi bem-sucedida, como veremos mais adiante.

**Corsário:** navegador particular autorizado pelo seu governo a se apoderar da carga das embarcações inimigas.
**Pirata:** ladrão do mar que não respeita leis nem acordos nacionais e internacionais.

**Brasil – Fortes e fortalezas**

Sonia Vaz

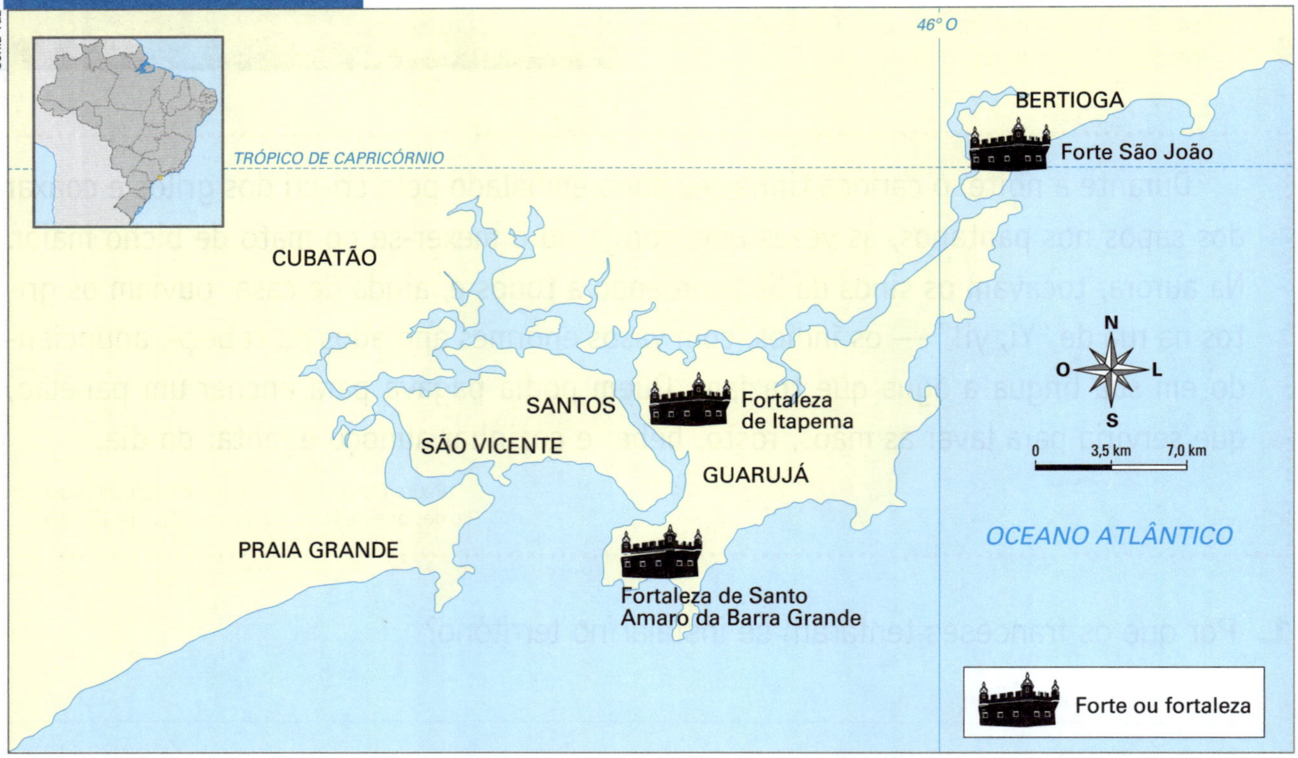


**Fonte:** Elaborado pelos autores com base em: Ana Maria de Moraes e Maria Efigênia Lage de Resende. *Atlas histórico do Brasil.* Belo Horizonte: Vigília, 1987.

Fortaleza é um conjunto de construções sólidas que visam a guarda de uma área. Já o forte é uma estrutura mais simples e com menor poder de fogo.

**1.** Sublinhe no texto a frase que se relaciona ao Tratado de Tordesilhas.

**2.** Por que foram construídos no Brasil centenas de fortes e fortalezas?

## Revisitando o passado: o forte de Santo Antônio

Os fortes e as fortalezas eram construções sólidas e robustas, o que garantiu a permanência dessas edificações militares ao longo do tempo. Durante 250 anos, os portugueses ergueram cerca de 350 fortificações no território brasileiro. Ainda hoje, grande parte está concentrada em Belém, Recife, Salvador, Rio de Janeiro e Santos.

A construção do forte de Santo Antônio da Barra, em Salvador, foi iniciada em 1534, pelo primeiro donatário da Capitania da Bahia, Francisco Coutinho. O farol original foi instalado no ano de 1698. A construção já foi restaurada várias vezes até ser eletrificada.

Rubens Chaves/Pulsar Imagens

Forte de Santo Antônio da Barra, 2013. Considerado a primeira fortaleza erguida no Brasil, hoje abriga o Museu Náutico, com acervo constituído de mapas, equipamentos de navegação e maquetes de antigas naus, caravelas portuguesas e espanholas.

**3.** Em uma folha à parte produza um pequeno texto a partir do roteiro indicado.

Um vigia está no alto da torre na guarda do Forte de Santo Antônio da Barra. De repente ele avista a aproximação de navios.

a) Descreva a situação observada pelo vigia, relatando os sentimentos dele diante da situação.

b) Explique como ele dá o alerta para o restante dos encarregados da defesa que estão no forte.

c) Escreva um desfecho para a situação.

# Gente que faz!

## Piratas e aventureiros atacam o Brasil

Os relatos de piratas e aventureiros são documentos históricos que nos ajudam a entender como viviam essas pessoas e quais eram suas estratégias de pilhagem.

O famoso corsário inglês Thomas Cavendish atacou o litoral do Brasil mais de uma vez. Em uma delas, aportou primeiro em Cabo Frio, no atual estado do Rio de Janeiro, onde se apossou de um navio português e de seu comandante, que passou a servir de piloto no navio pirata. Logo em seguida, atacou de surpresa a vila de Santos (em São Paulo) na noite de Natal, quando quase todos os moradores se encontravam no interior da igreja matriz. Quem relata essa história é o inglês Anthony Knivet, um aventureiro que havia embarcado com Cavendish em uma viagem pelo mundo em 1591.

The Bridgeman Library/Grupo Keystone

Irmãos Barbarossa, gravura do século XVII. Coleção particular.

**Pilhagem:** ato de furtar ou roubar indiscriminadamente bens alheios.

[...] Como o vento era bom, mais ou menos às seis horas chegamos à ilha de São Sebastião, a cinco léguas de Santos, onde ancoramos. [...]

[...] nos aproximamos da praia, onde aguardamos nosso barco por uma hora, até que ouvimos um sino. Justo então Gaspar Jorge, o piloto português, contou-nos que aquele era o momento certo para desembarcar pois, pelo tocar do sino, estavam todos na metade da sua missa [...].

Assim que ele nos deu o sinal desembarcamos e marchamos até a igreja, onde tomamos todas as espadas sem resistência. [...] Na vila havia um bom estoque de alimentos, doces cristalizados, açúcar e farinha de mandioca, com a qual fizemos ótimo pão. Na igreja havia trezentos homens, além de mulheres e crianças. Tão logo saqueamos a vila e posicionamos nossos homens, mandamos notícias ao capitão-mor sobre tudo o que havia sido feito. Depois que o capitão-mor nos enviou a resposta, [...] nos fortificamos na cidade [...].

Anthony Knivet. *As incríveis aventuras e estranhos infortúnios de Anthony Knivet*: memórias de um aventureiro inglês que em 1591 saiu de seu país com o pirata Thomas Cavendish e foi abandonado no Brasil, entre índios canibais e colonos. Rio de Janeiro: Jorge Zahar, 2008. p. 39-42.

Knivet escreveu seu livro em 1625, anos depois do ocorrido. Nele, relatou ter sido abandonado por Cavendish e aprisionado pelos portugueses na capitania de São Vicente, onde permaneceu por dez anos. Nesse período, conviveu com os indígenas e assimilou seus hábitos. Contou também as atrocidades e o genocídio dos Tamoio cometidos pelos portugueses.

**Genocídio:** destruição total ou parcial de populações ou grupos étnicos.

1. Preencha o quadro com as informações sobre a viagem com Cavendish.

| | |
|---|---|
| Objetivo da viagem | |
| Quem participou | |
| Quando ocorreu a viagem | |
| Onde ancoraram | |
| Nome do narrador | |
| O que aconteceu | |

2. Faça a conta:
   - Há quanto tempo aconteceu essa história?

3. Observe a tirinha do cartunista Laerte.

*Piratas do Tietê*, de Laerte.

   - Descreva o que acontece na tirinha. ORAL

4. Destaque o quadro da página 5 do **Material Complementar** e crie uma história em quadrinhos (HQ) a partir do relato de Knivet.
   - Releia o texto e anote a sequência das ações da história.
   - Anote o nome das personagens.
   - Escreva os diálogos e faça os desenhos.
   - Ao final, exponha o resultado na classe.

## Capítulo 2

# O Brasil holandês

Na sua opinião, que razões levaram os holandeses, no passado, a planejar ataques ao Brasil? **ORAL**

Os holandeses invadiram o Brasil duas vezes. Na primeira, em 1624, ocuparam a cidade de Salvador por um ano. Na segunda vez, em 1630, estabeleceram-se em Pernambuco e dominaram quase todo o Nordeste brasileiro durante 24 anos.

Nesse período, a capitania de Pernambuco tinha a maior produção de açúcar do mundo. Isso despertou o interesse dos holandeses em invadir e controlar o comércio dessa mercadoria.

**Brasil – Ocupação holandesa (século XVII)**

**Fonte:** Ana Maria de Moraes e Maria E. L. de Resende. *Atlas histórico de Brasil*. Belo Horizonte: Vigília, 1987. p. 26.

# Cotidiano de Recife

Mas como aconteceu a invasão? O que houve com a população que vivia no local?

O invasor dominava o porto, o mar e a cidade; os colonos luso-brasileiros [...] dominavam o interior, as roças de mantimentos e todo o sistema produtivo. Esse impasse manteve-se até 1632. A partir de então, os holandeses conseguiram romper as linhas da resistência e dominaram todo o nordeste do Estado do Brasil, da foz do rio São Francisco até o Rio Grande.

Carlos Guilherme Mota e Adriana Lopez. *História do Brasil*: uma interpretação. São Paulo: Senac, 2008. p. 131.

No início do século XVII, o porto de Recife era considerado o mais movimentado do Brasil, e o povoado que ali se formou contava com cerca de 200 habitantes.

Durante a conquista do território, os holandeses incendiaram Olinda, que era o local de moradia da "nobreza" local. O resultado desse episódio foi o crescimento de Recife.

João Teixeira Albernaz I/Instituto Histórico e Geográfico Brasileiro, Rio de Janeiro

Perspectiva do Recife e da vila de Olinda, feita por João Teixeira Albernaz I, por volta de 1616. Instituto Histórico e Geográfico Brasileiro, Rio de Janeiro, Brasil. A presença dos fortes e da paliçada erguida ao redor de Recife e parte de Olinda revela a preocupação dos portugueses com a defesa do território, especialmente depois da invasão do Rio de Janeiro. A grande quantidade de navios evidencia o elevado movimento do porto de Recife.

1. Por que os holandeses invadiram a região nordeste do Brasil?

_______________________________________________

_______________________________________________

2. Reescreva o texto "Cotidiano de Recife" e substitua as palavras sublinhadas sem alterar o seu sentido. Use a folha da página 5 do **Material Complementar** e as palavras dos **Adesivos**.

# Maurício de Nassau: um nobre holandês no Brasil

No ano de 1637, aportou em Recife (Pernambuco) o conde Maurício de Nassau. Sua missão era governar e consolidar o domínio holandês no Brasil. Mas Nassau não veio sozinho: trouxe consigo uma comitiva de homens ilustres, que ajudaram a transformar e a modernizar a cidade de Recife, construindo novas fortalezas, pontes, jardins, palácios e até fundando uma cidade chamada Maurícia.

- Observe a imagem e complete o quadro.

Frans Post. Obra extraída de "Rerum per Octennium in Brasilia", de Gaspar Barleus, 1647.

*Boa Vista*, de Frans Post, 1647. Gravura em cobre. Fundação Biblioteca Nacional, Rio de Janeiro. O artista holandês fazia parte da comitiva de Maurício de Nassau. Nesta obra, retratou o Palácio de Boa Vista, à beira do rio Capibaribe, junto à ponte que ligava a ilha ao continente. Ao fundo, a cidade Maurícia, símbolo da administração de Nassau.

| | |
|---|---|
| Autor da obra | |
| Ano em que foi feita | |
| Construção dá título à obra | |
| Elementos que revelam a modernidade da região | |

## Ampliando horizontes...

### livro

***Cidades e florestas – Os artistas viajantes entre os séculos XVII e XIX***, de Nereide Schilaro Santa Rosa, Pinakotheke.
Este livro discute o desenvolvimento da cultura artística no Brasil e apresenta as obras dos mais importantes artistas viajantes europeus entre os séculos XVII e XIX: Frans Post e Albert Eckhout (holandeses), José Joaquim Freire e Joaquim José Codina (portugueses), Nicolas-Antoine Taunay e Jean-Baptiste Debret (franceses).

# Atividades

1. Franceses e holandeses cobiçavam diferentes produtos brasileiros. Que produtos eram esses?

_______________________________________________

2. Qual era a função dos fortes e das fortalezas durante o período colonial?

_______________________________________________

_______________________________________________

Stefan Kolumban/Pulsar Imagens

Vista aérea do Forte dos Reis Magos, em Natal, Rio Grande do Norte, 2012.

3. Explique a presença de corsários e piratas no litoral brasileiro.

_______________________________________________

_______________________________________________

4. Quem foi Maurício de Nassau? Que papel ele desempenhou no período em que esteve no Brasil?

_______________________________________________

_______________________________________________

_______________________________________________

# rede de ideias

## Ciência e arte no Brasil

Artistas holandeses, como Frans Post e Albert Eckhout, viveram no Brasil no período da dominação holandesa e contribuíram com registros importantes sobre a flora, a fauna e os hábitos e costumes do Brasil nesse período.

Esses registros passaram a circular em publicações como livros, mapas e relatórios e, dessa forma, ajudaram a difundir informações sobre o Brasil e seus habitantes no século XVII.

Coleção Ruy Souza e Silva/W Piso, G. Marcgraf e I. de Laet. *Historia Naturalis Brasiliae*. Leiden Franciscus Hack.

Capa do livro *Historia Naturalis Brasiliae*, escrito por George Marcgraf e Willem Piso em 1648. O livro, escrito em latim no século XVII, foi resultado da investigação de cientistas que viveram no Brasil no período holandês.

Albert Eckhout

*Dança dos Tapuias*, de Albert Eckhout, século XVII. Óleo sobre tela. Museu Nacional da Dinamarca, Copenhague.

**Flora:** conjunto das espécies vegetais de meio ambiente ou época específicos.
**Fauna:** conjunto das espécies animais de meio ambiente ou época específicos.

**1** Observe a pintura de Albert Eckhout e complete o quadro.

| | |
|---|---|
| Título da obra | |
| Data/período | |
| Artista | |
| Técnica | |

Willem Piso, *Historia Naturalis Brasiliae*, 1648.

C

CAP. IV.

*Tamandua guacu. Tamandua-î.*

TAMANDVA-GVACV Braſilienſibus, Congenſibus (ubi & frequens eſt) *Vmbulu*; Belgæ appellant **de Groote Miereneter**: Animal magnitudine canis Lanionum: Capite tereti, promuſcide longiſſima, & ore acuminato, edentulo; lingua tereti & longa inſtar ſubulæ: longitudo linguæ plerumque viginti quinque aut ſeptem digitorum; imo inveni interdum duos pedes & ſemis longam: hanc in ore gerit duplicatam & quando formicis vult veſci, exſerit illam, & formicarum tumulo tam diu imponit, donec plena ſit formicis, quas deglutit. Oculos habet parvos, nigros. Aures ſubrotundas: Caudam hirtam inſtar muſcarii, qua diducta ſe totum poteſt tegere. Capitis cum promuſcide longitudo unius pedis, vel etiam major: craſſitudo promuſcidis in medio (nam magis magiſque attenuatur) plus quatuor digitorum. Colli longitudo quinque digitorum, craſſities circiter novem. Corporis longitudo ad initium caudæ, duorum pedum & trium digitorum: craſſities unius pedis & novem digitorum:

Claude Perrault/*Mémoires pour servir à l'histoire naturelle des animaux*. Paris: De l'Imprimerie Royale, 1676.

D

Páginas do livro de Piso e Perrault. Os dois cientistas estudaram e classificaram mais de 700 espécies da fauna e da flora, além de planetas e estrelas presentes no hemisfério sul.

**2** Observe as imagens **B**, **C** e **D**, leia as legendas e responda.

**a)** As imagens fazem parte de qual fonte importante de divulgação de ideias e de aprendizagem?

___

**b)** Por que essa fonte de informação foi tão importante no passado?

___

___

___

**c)** Que animal é retratado na imagem **C**? O que você sabe sobre ele?

___

**d)** A imagem **D** traz o registro de estudo de um animal da fauna brasileira. Descreva esse animal pelo que você observa na imagem. O que você imagina que estavam pesquisando sobre ele?

___

___

**3** Expedições científicas ainda hoje são importantes para investigação da flora e da fauna de uma região. Agora você e seus colegas farão uma expedição. Siga as orientações do professor.

GRUPO

Marc Ferrez / Coleção Gilberto Ferrez / Acervo do Instituto Moreira Salles

Indígenas Carajás, Marc Ferrez, 1888. Ilha do Bananal, Mato Grosso. Acervo do Instituto Moreira Salles. Expedições de bandeirantes paulistas, vindos do sul, e de missionários jesuítas, vindos do norte, mapearam o território goiano no século XVII. A exploração desse território permitiu a descoberta da imensa ilha fluvial do rio Paraupava (atual rio Araguaia).

Norman B. Leventhal Center/Boston Public Library

# UNIDADE 7

# Ocupando o sertão

Mapa de 1636 da América do Sul, elaborado por Johannes Janssonius e gravado por seu parceiro de negócios Henricus Hondius. Biblioteca Pública de Boston, Estados Unidos.

Benedito Calixto

*Rancho Grande de Tropeiros*, de Benedito Calixto, 1921. Pinacoteca Benedito Calixto, Brasil. O pintor paulista retratou, no século XX, as expedições históricas rumo aos caminhos do sertão.

Observe as imagens e converse com os colegas.

**1.** Leia o título da unidade e observe as imagens. O que significa "ocupar o sertão"?

**2.** As expedições pelo sertão estão relacionadas à descoberta de novos territórios? Explique.

**3.** Pela pintura de Benedito Calixto, podemos dizer que o autor testemunhou esses acontecimentos? Explique.

## Capítulo 1

# Entradas e bandeiras

Como o interior do território brasileiro foi ocupado? Quem participou dessa ocupação? Troque ideias com os colegas sobre suas hipóteses. **ORAL**

Em 25 de janeiro de 1554, um grupo de jesuítas fundou um colégio no planalto de Piratininga. Entre esses jesuítas estavam José de Anchieta e Manuel da Nóbrega. Em torno do Colégio dos Jesuítas, foram sendo construídas casas de taipa que deram origem ao povoado de São Paulo de Piratininga.

Desse povoado, que muito mais tarde viria a ser a cidade de São Paulo, partiram muitas expedições para explorar o sertão, encontrar metais preciosos e escravizar indígenas, causando a morte de milhares deles.

Essas expedições chamavam-se **bandeiras**, e os homens envolvidos nelas ficaram conhecidos como **bandeirantes**. Eles são ancestrais de muitos paulistas. Andavam longos períodos pelo sertão em busca de riquezas para si mesmos e suas famílias. Também eram contratados para recuperar escravos fugitivos.

**Ancestral:** familiar antepassado.

**Brasil – Expedições ao sertão (séculos XVI a XVIII)**

**Fonte:** José Arruda e Nelson Piletti. *Toda a história*. 3. ed. São Paulo: Ática. Disponível em: <https://almanaque.abril.com.br/historia_do_brasil>. Acesso em: fevereiro de 2015.

As expedições partiam em várias direções, ao Sul, ao Centro-Oeste, à região das minas e chegaram até a bacia Amazônica. Elas ajudaram a expandir os limites do território brasileiro, pois exploraram áreas desconhecidas, onde foram fundados vilas e povoados. Foi por meio dessas expedições que o ouro e outros metais preciosos foram descobertos.

O governo também organizava expedições, chamadas de **entradas**, que aproveitavam as trilhas indígenas para adentrar o sertão.

**1.** Observe o mapa da página anterior e complete o quadro.

| | |
|---|---|
| O maior número de expedições partiu de... | |
| A expedição que percorreu o caminho mais longo | |
| Qual a relação das rotas das expedições de captura de indígenas com a localização das missões? | |

**2.** Observe a imagem e responda no caderno.

Johann Moritz Rugendas/Godefroy Engelmann (Casa litográfica)

*Guerrilha*, de Johann Moritz Rugendas, 1835. Litografia que integra a obra *Viagem Pitoresca através do Brasil*. Coleção particular.

**a)** O que o autor retrata na imagem?

**b)** Quem são os homens que atacam os indígenas?

**c)** Como os indígenas se defendem?

**d)** Qual a intenção dos ataques feitos aos indígenas?

# Como funcionavam essas expedições?

As bandeiras eram formadas por homens brancos, indígenas e mamelucos. Organizados em filas, esses homens abriam caminho pelo sertão andando a pé, com um deles na frente empunhando uma bandeira. Levavam baús carregados de armas, redes para dormir, cobertores e provisões, como o pão de farinha de guerra. Essa farinha era feita de mandioca, e o pão podia durar meses. A alimentação era complementada com mel, peixe e caça obtida durante a viagem.

**Mameluco:** quem nasceu da união de branco com indígena.

Albert Eckhout

*Homem mulato* (mameluco), de Albert Eckhout, 1641. Óleo sobre tela. Museu Nacional da Dinamarca, Copenhague.

Henrique Bernardelli/Museu Paulista/USP

Também havia mulheres indígenas nessas expedições. Elas ficavam encarregadas da comida, das cuias, dos potes e de fazer os remédios com ervas para curar as feridas e as mordidas de animais, quando necessário.

As expedições eram muito arriscadas, pois a selva era desconhecida e perigosa, e havia o risco de doenças e de fome. A marcha podia durar muitos meses e até anos. Antes de partir, os sertanistas pediam proteção nas igrejas e deixavam suas casas sob o comando de suas mulheres.

*Retirada do Cabo de São Roque*, de Henrique Bernardelli, 1927. Óleo sobre tela. Museu Paulista, Universidade de São Paulo, Brasil.

Um dos objetivos dessas expedições era aprisionar indígenas, na época chamados de "negros da terra". Uma das táticas que utilizavam era atacar as missões jesuíticas, pois era mais fácil capturar os indígenas já catequizados e reunidos em um mesmo local. A mão de obra indígena era utilizada nas mais diversas tarefas na sociedade colonial.

> Uma vez escravizado, o índio era submetido a todo tipo de trabalho: nas lavouras, na derrubada das matas, no preparo das roças, nos engenhos, nos moinhos, nas casas, no transporte de mercadorias, equipamentos e alimentos, na construção de casas e edifícios, na caça, na pesca, no combate a outros povos.
>
> Antonio Ferreira e Rogério Ivano. *A conquista do sertão*. São Paulo: Atual, 2002. p. 19.

**1.** Associe as palavras às frases ao lado de acordo com o texto.

| | | |
|---|---|---|
| **a)** Bandeirantes | ☐ | Cuidavam da comida, das cuias e dos remédios. |
| **b)** Indígenas | ☐ | Homens brancos, indígenas e mamelucos. |
| **c)** Mulheres | ☐ | Ficavam em casa e tomavam decisões cotidianas nas vilas. |

**2.** Imagine que você é um bandeirante que acaba de voltar de uma expedição. Em uma folha à parte, escreva uma carta contando a um familiar ou a um amigo o que aconteceu durante essa viagem. Lembre-se de dizer: GRUPO

- Quais caminhos percorreu e quanto tempo durou a expedição.
- Quais perigos enfrentou: doenças, animais selvagens, fome.
- Como conseguiu sobreviver e retornar para casa.
- Quem cuidou de seus interesses durante a viagem.

**Você sabia?**

As bandeiras contribuíram para a ocupação do território brasileiro. Partindo do rio Tietê, em São Paulo, os bandeirantes percorriam distâncias que chegavam a milhares de quilômetros seguindo o curso dos grandes rios. Foi assim que chegaram, rumo ao sul, até o atual Uruguai e, rumo ao norte, ao atual estado do Pará.

# Tropeiros abastecem o interior do Brasil

Ao longo do tempo, a penetração dos mamelucos paulistas no sertão gerou um comércio interno em função da necessidade de abastecer as novas vilas e cidades que nasciam no interior do Brasil.

No século XVIII, a descoberta de ouro trouxe muitas mudanças para a Colônia. Só no ano de 1711 foram criadas três novas vilas na região das Minas: Vila Rica de Sabará, Ribeirão do Carmo (atual Mariana) e Vila Rica (atual Ouro Preto).

As tropas, comboio formado por mulas, foram responsáveis pelo abastecimento de todo o mercado do interior do Brasil. Na lista dos produtos mais comercializados estavam sal e carne, armas e escravos, vestimentas e calçados e também animais, tabaco e cachaça. Instrumentos de trabalho utilizados na mineração e nos engenhos também eram transportados no lombo de mulas.

> Sertanejos, guascas e tropeiros estiveram por trás do funcionamento de engenhos de açúcar, do desenvolvimento das atividades mineiras e do abastecimento do interior do Brasil. A circulação interna da colônia, assim como o transporte de produtos e bens só podiam ser feitos em lombo de mula. [...] A dívida do sertão em relação ao tropeiro estendeu-se até a chegada do trem, na segunda metade do século XIX.
>
> Mary del Priore e Renato P. Venâncio. *Uma breve história do Brasil*. São Paulo: Planeta, 2010. p. 60.

Os tropeiros, condutores de mulas, viviam de "tropear", ou seja, de comprar e vender diferentes tipos de produtos. Percorriam longos caminhos no interior do Brasil interligando lugares isolados. Em função desses trajetos, nasceram os "pousos" dos tropeiros e um movimentado comércio, que deram origem a diversas cidades no interior do Brasil.

Por fim, para o desenvolvimento do comércio interno foi fundamental a abertura de novas rotas e caminhos que ligavam regiões até então isoladas.

Johann Jacob Steinmann a partir de aquarela do suíço Friedrich Salathé

*Caminho da Serra dos Órgãos*, de Johann Jacob Steinmann, a partir de aquarela do suíço Friedrich Salathé, década de 1830. Coleção particular.

## O cotidiano dos tropeiros

Os tropeiros percorriam longos caminhos durante o ano. Da região Sul eles partiam entre setembro e outubro, época propícia ao pasto, e chegavam a Sorocaba (São Paulo) entre janeiro e março do ano seguinte. No século XVIII, a cidade de Sorocaba abrigava a mais importante feira de muares. Quando paravam para descansar, os tropeiros descarregavam, armavam a fogueira e preparavam alimentos como feijão com carne-seca, angu de milho e café bem quente.

Ainda hoje pratos semelhantes ou iguais a esses fazem parte da alimentação de brasileiros.

- Observe a imagem e responda.

Johann Moritz Rugendas/Godefroy Engelmann (Casa litográfica)

*Repouso de uma caravana*, de Johann Moritz Rugendas, gravura do século XIX. Coleção particular.

**a)** O que a imagem representa?

______________________________________________

**b)** O que as pessoas estão fazendo?

______________________________________________

______________________________________________

**c)** Descreva a instalação do pouso da tropa.

______________________________________________

______________________________________________

Capítulo 2

# Vida sertaneja

No século XVIII, o termo **sertão** era usado para nomear todos os locais distantes do litoral do Brasil. Era no sertão que viviam os vaqueiros ou sertanejos criadores de gado, em grandes extensões de terra, no Nordeste do Brasil.

A vida no sertão não era fácil, o tempo era quente e seco e a comida era pouco variada. Também era comum o conflito entre indígenas e vaqueiros em função da posse da terra, já que ocupar o sertão significava também se apossar de territórios indígenas.

A pecuária nordestina e o comércio de gado empregavam vaqueiros, homens livres, escravos libertos (forros) e agregados. O gado tinha várias funções, dentre elas:

- abastecer as cidades da Bahia e de Pernambuco e também a região das Minas;
- ser usado como força motriz nos engenhos;
- seu couro era aproveitado para ensacar mercadorias e também enviado em grande quantidade para a metrópole (Portugal).

As fazendas de criação de gado supriam as necessidades dos habitantes dos engenhos, das cidades e das vilas no litoral. O trabalho do sertanejo no interior era complementar ao dos engenhos de açúcar no litoral.

## O vaqueiro hoje

No interior do Nordeste, a vida dos vaqueiros hoje não difere muito do passado colonial. Montados a cavalo e vestidos com roupas de couro grosso, os vaqueiros têm a tarefa de conduzir rebanhos de gado por estradas de terra, riachos e pastos.

Os vaqueiros percorrem as fazendas de gado garantindo a segurança dos rebanhos. Entre suas responsabilidades estão fiscalizar pastagens e cercas, levar o gado até uma lagoa ou riacho para beber água e conduzir os animais até o caminhão, que os levará para serem vendidos.

### Cultura sertaneja

Todos os anos, em diversos locais do Nordeste, é realizada a Festa do Vaqueiro. Durante a festa, centenas de vaqueiros se reúnem com roupas de couro típicas e seus cavalos para celebrar e preservar os valores da cultura sertaneja.

Uma das mais importantes acontece no sertão de Araripe, em Pernambuco. Essa festa teve origem em uma tragédia que aconteceu no local em 1954, ano em que Raimundo Jacó, considerado um dos melhores vaqueiros de sua época, foi morto por um rival. Segundo a história, o fiel cachorro de Raimundo teria acompanhado o enterro do dono e ficado em seu túmulo até morrer.

Marco Antônio Sá/Pulsar Imagens

Vaqueiros no Parque Nacional do Vaqueiro, Serrita, Pernambuco, 2012.

- A história de Raimundo foi imortalizada na voz de Luiz Gonzaga, na música *A morte do vaqueiro*.

Ilustrações: Luis Matuto

Numa tarde bem tristonha
Gado muge sem parar
Lamentando seu vaqueiro
Que não vem mais aboiar
Não vem mais aboiar
Tão dolente a cantar [...]

Ei, gado, oi
Bom vaqueiro nordestino
Morre sem deixar tostão
O seu nome é esquecido
Nas quebradas do sertão
Nunca mais ouvirão
Seu cantar, meu irmão [...]

Ei, gado, oi
Sacudido numa cova
Desprezado do Senhor
Só lembrado do cachorro
Que inda chora
Sua dor
É demais tanta dor
A chorar com amor

Luiz Gonzaga. *A morte do vaqueiro*. Disponível em: <http://letras.mus.br/luiz-gonzaga/82383/>. Acesso em: fevereiro de 2015.

**a)** Pesquise no dicionário o significado do verbo **aboiar**, citado no quarto verso.

**b)** Releia a música e reconte, em uma folha à parte, a história de Raimundo Jacó e seu fiel cachorro no formato de HQ (história em quadrinhos). Atenção para o que você não pode deixar de incluir na sua história.

- Nome da festa e local.
- Personagens da história.
- O que aconteceu.
- Título para a HQ.

# Gente que faz!

## Museu do Sertão

Para conhecer hábitos e costumes do passado, podemos visitar um museu. O acervo dos museus, acumulado, doado ou adquirido ao longo do tempo, nos ajuda a entender o cotidiano das pessoas, do trabalho, do lazer, das vestimentas e dos objetos que eram usados antigamente. Podemos dizer que a visita ao museu torna concreta a nossa imaginação sobre o passado.

Que tal agora conhecermos o Museu do Sertão?

Charles Landseer

*Vaqueiro do Sertão de Pernambuco*, de Charles Landseer. Acervo Instituto Moreira Salles, Rio de Janeiro, Brasil. A vestimenta típica do vaqueiro nordestino é feita de peças de couro grosso e curtido; inclui a perneira (calça), o gibão (jaqueta), o chapéu de abas largas dobradas, o peitoral (espécie de avental). Sua finalidade é proteger o vaqueiro do sol e dos espinhos da caatinga.

### Museu do Sertão

O Museu do Sertão, em Petrolina, foi oficialmente criado em 21 de novembro de 1985 para resgatar e preservar a história dos sertanejos. O acervo é constituído por mais de três mil objetos sobre o ambiente, a cultura indígena, o artesanato, a moradia e os valores da sociedade sertaneja.

Mesa de encostar pernas, Museu da Inconfidência, Brasil.

Oratório de madeira, símbolo da fé e da religiosidade do sertanejo. Museu Mariano Procópio, Minas Gerais, Brasil.

**1** Converse com os colegas. ORAL

a) Explique o que é um museu.

b) Dê exemplos de materais que fazem parte dos museus.

______________________________________________

c) Qual é a importância do museu?

______________________________________________

**2** Observe as imagens, reflita e responda no caderno.

a) Que tipo de material está presente no cotidiano do sertanejo: nos objetos, nas roupas e no trabalho? Explique.

b) Por que a pecuária era importante no Brasil colonial?

**3** Reúna os colegas e organize uma exposição na classe, como se fosse a sala de um museu. O tema é **Histórias de família**.

a) Selecionem um acervo de fotografias, objetos, vestimentas e depoimentos escritos ou orais dos seus familiares (desta e de outras gerações).

b) Organizem o acervo e criem legendas para cada material recolhido. As legendas devem conter informações como: nome da família, data e a história do objeto, entre outras.

c) Selecionem o local para montar o museu; organizem os objetos pelo tipo de suporte ou pela função: papel, tecido, metal, ferramentas, brinquedos, vestimentas.

d) Façam convites para visita à exposição e entreguem aos colegas da escola.

e) Documentem o resultado e publiquem em *blog*, *site* ou redes sociais.

# Rede do conhecimento: a arte no Brasil

## Séculos XVI e XVII

**O Brasil antes dos brasileiros**
A arte dos povos indígenas é anterior à chegada dos europeus ao território do Brasil e reflete as tradições da comunidade na qual está inserida. O povo marajoara dominava técnicas sofisticadas de trabalho com cerâmica. As peças criadas traziam decoração elaborada e desenhos em relevo.

Peça de cerâmica marajoara.

Museu de Arqueologia e Etnologia da USP

**O encontro de europeus e indígenas**
Povos indígenas expressam uma elaborada arte de pintura corporal. Pintam o corpo com desenhos simétricos e detalhados traçados com tinta obtida da mistura do jenipapo com o pó de carvão. Os primeiros registros dessa pintura, que causou forte impressão nos europeus, datam do século XVI.

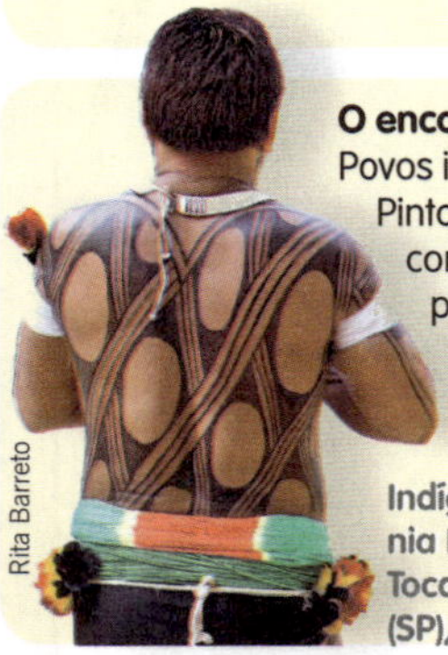

Rita Barreto

Indígena da etnia Kuikuro, na Toca da Raposa (SP), 2010.

**O Brasil holandês**
No Brasil Colônia do século XVII, pintores holandeses como Frans Post e Albert Eckhout retrataram um mundo exótico e desconhecido pelos europeus.

Museu Nacional de Copenhague, Dinamarca

*Dança dos Tapuias*, de Albert Eckhout, 1641. Óleo sobre tela.

Coleção particular

*Jogar capoeira (ou Dança da guerra)*, desenho de Johann Moritz Rugendas, litografado por Fréres e Engelman, 1835.

Enio Berwanger/SambaPhoto

Atabaque utilizado para marcar o ritmo da capoeira.

O tráfico negreiro tornou cativos africanos, que mantiveram no Brasil seus valores, costumes e tradições, como, por exemplo, os batuques e a arte da capoeira.

[...]
Ô marinheiro, marinheiro
Marinheiro só
Ô quem te ensinou a nadar
Marinheiro só
Ou foi o tombo do navio
Marinheiro só
Ou foi o balanço do mar
Marinheiro só

(Cantiga popular de capoeira.)

Mauritshuis, Haia

*Vista de Itamaracá*, de Frans Post, 1637. Óleo sobre tela. Coleção particular. Frans Post foi o primeiro artista a pintar paisagens brasileiras durante sua permanência no Nordeste entre 1637 e 1644, período de dominação holandesa.

## Século XVIII

**O Barroco em Minas Gerais**
A arte barroca brasileira está associada à religião católica e ao intenso comércio do açúcar e do ouro no Brasil colonial. Igrejas ricamente decoradas com esculturas talhadas em madeira e ouro caracterizam esse estilo, presente principalmente nas Minas Gerais, no Rio de Janeiro, na Bahia e em Pernambuco.

Pedro Ladeira/SambaPhoto

Teto da Igreja de São Francisco de Assis, em Ouro Preto (MG). Foto de 2005.

Ricardo Azoury/Pulsar

Dentre os artistas mais importantes do Barroco brasileiro, destacam-se: Antonio Francisco Lisboa (Aleijadinho) e Manuel da Costa Ataíde (o mestre Ataíde).

Escultura do profeta Amós, de Aleijadinho, em Congonhas, Minas Gerais. Foto de 2008.

University of Virginia Library

*Calundu, a dança de Luzia Pinta*, de Zacharias Wagener, 1630. Gravura em cobre. O Calundu é um tipo de dança cerimonial que era praticada pelos africanos e afro-brasileiros que viviam no Brasil colonial. A prática do calundu no passado está ligada ao candomblé no presente.

No século XVIII, na região das Minas e no Rio de Janeiro, a cultura negra dos escravos e homens livres ganhava espaço nas festas das irmandades religiosas.

A arte é uma das formas fundamentais de expressão humana. As obras de arte produzidas ou que retratam cada época da história nos ajudam a compreender valores, ideais e costumes de um povo.

## Século XIX

**A formação da nação brasileira**

Em 1808, a chegada da família real portuguesa provocou mudanças e inovações. Destaca-se a criação de instituições culturais, como o Museu Real, a Biblioteca Real e a Imprensa Régia. A cultura europeia exerceu forte influência na cultura do Brasil. Os marcos são a chegada da Missão Artística Francesa ao Rio de Janeiro, em 1816, e a fundação da Imperial Academia e Escola de Belas Artes, cujo objetivo era ensinar e formar novos artistas no Brasil.

Reprodução

**O Império no Brasil**

O reinado de dom Pedro II marcou a preocupação com a expansão da cultura no Brasil. O imperador procurou incentivar a literatura, as ciências e as artes.

Museus Castro Maya, RJ

*Primeiras ocupações da manhã*, de Jean-Baptiste Debret, 1826. Aquarela sobre papel. Antoine Taunay e Jean-Baptiste Debret documentaram as paisagens, os costumes e a presença do trabalho escravo no Brasil.

Artistas como Victor Meirelles, Pedro Américo e Almeida Júnior refletem a formação acadêmica europeia aprendida na Academia de Belas Artes. Nesse período, destacam-se a presença do indígena como símbolo da nação brasileira e a pintura histórica e do cotidiano.

Museu Nacional de Belas Artes, Rio de Janeiro

*Batalha dos Guararapes*, de Victor Meirelles, 1879. Óleo sobre tela.

## Século XX

**O Movimento Modernista**

A década de 1920 foi um período marcante para a história das artes e da literatura no Brasil. O objetivo era expressar a cultura genuinamente brasileira por meio da valorização de temas populares e do folclore em uma linguagem artisticamente moderna. Destacam-se a Semana de Arte Moderna (1922) e artistas como Lasar Segall, Tarsila do Amaral, Anita Malfatti e Di Cavalcanti. Em literatura, destacam-se Oswald de Andrade e Mário de Andrade.

Acervo da Pinacoteca do Estado de São Paulo

*Bananal*, de Lasar Segall, 1927. Óleo sobre tela.

MAC/USP

*Pescadores*, de Emiliano Di Cavalcanti, 1951. Óleo sobre tela.

Acervo Artístico-Cultural do Palácio do Governo do Estado de São Paulo

*Operários*, de Tarsila do Amaral, 1933. Óleo sobre tela.

Ricardo Matsukawa/Futura Press

Monumento do centenário da imigração japonesa no Brasil, obra de Tomie Ohtake, em Guarulhos (SP).

**Arte brasileira moderna (1950 até o presente)**

Na década de 1950 o Brasil já tinha encontrado uma linguagem artística própria e original, que expressava a riqueza e a diversidade da cultura brasileira. Os mais variados temas e linguagens conquistaram espaço a partir desse momento, revelando a plena expressão e o amadurecimento da arte brasileira.

Coleção Ricard Akagawa

*Pintura n. 11 - Roma*, de Rubem Valentim, 1965. Têmpera sobre tela.

Museu de Arte de São Paulo Assis Chateaubriand

*Enterro na Rede*, de Candido Portinari, 1944. Óleo sobre tela.

Releia a seção **Rede do conhecimento: a arte no Brasil** das páginas 118 e 119. Troque ideias com os colegas e o professor. Depois faça as atividades.

**Identificar**

**1.** Que segmento da arte é o mais destacado nesse Rede do conhecimento?

______________________________________________________________

**2.** Que obras retratam elementos da cultura africana?

______________________________________________________________

______________________________________________________________

**3.** Quais artistas se destacaram na Semana de Arte Moderna em 1922?

______________________________________________________________

______________________________________________________________

**Refletir**

**4.** É correto afirmar que a arte no Brasil surgiu após a chegada dos europeus? Explique sua resposta.

______________________________________________________________

______________________________________________________________

______________________________________________________________

______________________________________________________________

**Ampliar** GRUPO

**5.** Escolham um dos artistas destacados na seção **Rede do conhecimento** e façam uma pesquisa sobre sua vida e sua obra.

- Onde e quando ele nasceu.
- Se não era brasileiro, quando e como chegou ao Brasil.
- Imagem das obras.
- Temas retratados pelo artista.

# Atividades

**1.** Complete a ficha sobre as bandeiras.

- O que eram as bandeiras. ______________________________
______________________________________________
- Quem participava delas. ______________________________
______________________________________________
- Duração das expedições. ______________________________
- De onde partia a maior parte das expedições. ______________
- Dificuldades enfrentadas nelas. ________________________
______________________________________________

**2.** Leia o texto.

A modorra da vidinha do dia a dia era imediatamente quebrada por uma grande agitação: todos queriam ver, apalpar, mexer, comprar as novas mercadorias que os tropeiros traziam. E saber das novidades, saber se traziam cartas e notícias dos parentes, e o que estava acontecendo nos outros cantos da Colônia.

A tropa, naquele tempo, era uma espécie de grande loja ambulante, e também o elo entre uma vila e outra, entre uma e outra região. Era ainda o correio. Sua chegada alvoroçava completamente o lugar.

**Modorra:** grande desânimo.

Maria José Silveira. *Ana Preciosa e Manuelim e o roubo das moedas na época do ciclo do ouro.* Belo Horizonte: Formato, 2004. p. 34.

**a)** Pinte o tipo de mercadoria que as tropas traziam.

| | | | |
|---|---|---|---|
| armas e escravos | vestimentas e calçados | instrumentos de trabalho | |
| tabaco | cachaça | animais | sal e carne |
| celular | refrigerante | bola | violão |

**b)** Como eram transportadas as mercadorias? ______________________

# rede de ideias

## Ciência e arte no sertão

**1** Observe a imagem e responda.

Joaquim José de Miranda (atribuição)

*A Expedição do Tenente-Coronel Afonso Botelho e Souza aos Sertões do Tibagi*, atribuída a Joaquim José de Miranda, século XVIII. Guache e aquarela. Coleção Beatriz e Mário Camargo, São Paulo, Brasil. Esta parte dos 40 episódios que compõem o painel retrata a conquista dos campos de Guarapuava (atual Paraná).

**a)** Qual é o tema da imagem?

______________________________

**b)** Quando ela foi pintada?

______________________________

**c)** Crie outro título para a imagem usando as palavras:

Bandeirantes | Indígenas | Sertão

______________________________

**d)** Discuta com os colegas e o professor: é possível afirmar que a conquista do sertão do Brasil foi pacífica? ORAL

**2** A importância da pecuária no interior do Brasil no passado e ainda no presente fez florescer uma cultura do boi que se expressa em diferentes festas e comemorações ao longo do ano. A festa do bumba meu boi é uma das mais conhecidas e celebradas no Brasil.

Marco Antônio Sá/Pulsar Imagens

Festa do bumba meu boi de Guimarães, em São Luís, Maranhão, 2013.

**a)** Leia e complete a história com os **Adesivos**.

A história é de um casal de escravos, Pai Francisco e Mãe Catirina. Ela fica grávida e, então, começa a ter desejos por língua de boi. Para atender suas vontades, seu marido tem de matar o boi mais bonito de seu senhor. O dono descobre a morte do animal e na fazenda convoca curandeiros e pajés para ressuscitá-lo. Quando o boi volta à vida, toda a comunidade celebra.

**b)** Discuta com os colegas e o professor: Qual é a ligação entre essa festa e a importância da pecuária no Brasil? ORAL

**c)** Faça uma breve pesquisa, destaque o mapa do Brasil no **Material Complementar**, página 3, e registre os vários nomes que recebe esse festejo em diferentes estados do Brasil.

**3** O longo processo de desbravamento do sertão, que teve início no século XVII, permanece no presente. Nas últimas décadas, mais de uma centena de sertanistas (muitos cientistas e pesquisadores do sertão) morreu na selva. Os perigos vão desde os riscos de doenças até ataques de cobras, onças e conflitos entre pessoas. A malária é uma das doenças infecciosas que mais ataca os pesquisadores.

- Faça uma pesquisa sobre a malária e escreva, no caderno, um pequeno texto com as seguintes informações sobre a doença: transmissão, sintomas, formas de prevenção e de tratamento.

Gerson Gerloff/Pulsar Imagens

A. Baêta/OIMP/D.A Press

J. Duran Machfee/Futura Press

# UNIDADE 8

# Brasil: um povo de muitos povos

Marco Antônio Sá/Pulsar Imagens

FC FC-65374

Indígenas e descendentes de alemães, de portugueses, de japoneses e de africanos... O Brasil é um país formado por influências de muitos povos e culturas.

Observe as imagens e converse com os colegas.

1. Se você tivesse de deixar o Brasil com sua família, do que sentiria falta?

2. Na sua opinião, que motivos levam as pessoas a mudarem de um país para outro? E que dificuldades podem enfrentar em um novo país?

3. O que significa dizer "Brasil: um povo de muitos povos"?

Capítulo 1

# Os primeiros imigrantes chegam ao Brasil

Você sabe a origem da sua família? Que povos habitaram, no passado, a região em que você vive? Que outros povos você conhece e que regiões do Brasil os receberam?

ORAL

Por volta de 1870, uma séria crise econômica atingiu parte da Europa. Na Itália, em Portugal, na Espanha e na Alemanha muitos trabalhadores tiveram de abandonar suas terras e não tinham mais como sustentar a si e a sua família. Começaram então a buscar ocupação em países distantes, onde chegavam com toda a família como imigrantes.

**Mundo – Principais rotas de imigração da Europa para o Brasil – século XIX e XX**

**Fonte:** IBGE. *Atlas geográfico escolar*. Rio de Janeiro: IBGE, 2011.

No mesmo período, o regime de trabalho escravo no Brasil estava em crise, pois não era mais tolerado por parte da população dentro e fora do país. A fim de substituir a mão de obra escrava, o Brasil acolheu esses trabalhadores imigrantes, que se tornaram a nova força de trabalho livre no campo e também na cidade.

No período entre 1884 e 1940, imigrantes europeus e asiáticos de diferentes países entraram no Brasil. O processo migratório foi bem intenso nesse período, mas continuou existindo durante o restante do século XX. Os imigrantes trouxeram sua força de trabalho e também sua cultura, seus valores e tradições para o nosso país.

Desembarque de imigrantes no porto de Santos, em 1907.

**1.** Que acontecimentos históricos contribuíram para a entrada de imigrantes no Brasil no final do século XIX e início do século XX?

______________________________________________

**2.** Analise os dados da tabela e responda.

| Entrada de imigrantes no Brasil de 1884 a 1940 | |
|---|---|
| Alemães | 170 700 |
| Espanhóis | 581 720 |
| Italianos | 1 412 200 |
| Japoneses | 185 800 |
| Poloneses | 47 800 |
| Portugueses | 1 204 400 |
| Russos | 108 120 |
| Turcos* | 78 500 |

*Árabes com passaporte turco.

Zuleika Alvim. Imigrantes – A vida privada dos pobres no campo. Em: *História da vida privada no Brasil*, v. 3. São Paulo: Companhia das Letras, 1998. p. 233.

**a)** Qual o título da tabela e a que período ela se refere?

______________________________________________

______________________________________________

**b)** Quais os continentes de origem dos imigrantes desse período?

______________________________________________

**c)** De que nação veio a maior parte dos imigrantes nesse período?

______________________________________________

**d)** O que aconteceu com a população do país nesse período?

______________________________________________

**3.** Pesquise se algum antepassado seu chegou ao Brasil durante essa onda de imigração. Depois, conte para os colegas suas descobertas sobre a origem da família. ORAL

# Enfim, a libertação dos escravos...

Depois de muitos anos de lutas e discussões, o movimento abolicionista, que lutava pelo fim da escravidão, ganhou força.

Em 1888, foi assinada a **Lei Áurea**, que decretou o fim do regime escravo no Brasil. A partir desse momento, todos os trabalhadores eram pessoas livres.

E o que aconteceu com as pessoas que haviam sido escravizadas? Algumas migraram do campo para a cidade. Aquelas que já tinham um ofício foram incorporadas como trabalhadores livres nas cidades. Muitas não encontraram trabalho nem moradia e tiveram de conviver com a discriminação. Outras permaneceram no campo trabalhando livremente e recebendo baixos salários.

Acervo Iconographia

O abolicionista Luís Gama foi vendido como escravo pelo próprio pai, mesmo sendo filho de mãe livre. Ao longo da vida conseguiu se formar advogado e ajudou a libertar muitos escravos usando os tribunais. Sua história e luta continuam inspirando muitas pessoas no presente.

**1.** Muitas pessoas que haviam sido escravizadas tiveram de conviver com a discriminação. O que significa isso? **ORAL**

**2.** Observe e compare as imagens. Depois, responda no caderno.

**A**

Reprodução

Cartaz de comemoração da Lei Áurea, de 13 de maio de 1888.

**B**

Correio Paulistano, 10.8.1899

Propaganda de café veiculada pelo jornal *Correio Paulistano*, em 10 de agosto de 1899.

**a)** O que a imagem A representa?

**b)** O que a imagem B representa?

**c)** Escreva uma frase que destaque o contraste entre essas imagens.

**3.** Converse com os colegas e registre as conclusões no caderno. ORAL

O que significa deixar de ser escravo e se tornar um trabalhador livre?

**4.** Leia o texto e responda.

Após a abolição, devido a algumas dificuldades que enfrentaram e à falta de iniciativas governamentais para inclusão social dos ex-escravos, muitos deles juntaram-se às populações dos quilombos espalhados pelo território brasileiro.

Passados mais de cem anos do final do regime escravocrata, há inúmeras comunidades quilombolas presentes e atuantes. Essas comunidades lutam pelo direito de posse da terra onde vivem e para preservar sua identidade e a memória de seus antepassados.

Apu Gomes/Folhapress

Quilombo Ivaporunduva em Eldorado, no Vale do Ribeira, estado de São Paulo, 2010.

a) Por que alguns ex-escravos buscaram os quilombos para viver?

___

___

___

b) Escolha uma comunidade da sua região e faça uma pesquisa para conhecer seu modo de vida, suas tradições e suas reivindicações no cotidiano. Ao final, em uma folha à parte, produza um parágrafo contando o que você descobriu.

# A vida dos imigrantes europeus no Sul do Brasil

Por volta de 1824, chegaram os primeiros imigrantes alemães à região Sul do Brasil. Eles foram os fundadores do núcleo colonial de São Leopoldo, no atual estado do Rio Grande do Sul. Mais tarde, outros colonos alemães foram atraídos para a região do Vale do Itajaí, em Santa Catarina.

Em aproximadamente 1875, em um local chamado Campos dos Bugres, formou-se um núcleo colonial de italianos. Essa colônia de imigrantes italianos originou a atual cidade de Caxias do Sul, no Rio Grande do Sul.

Os imigrantes alemães e italianos foram para a região Sul a fim de trabalhar como agricultores em pequenas propriedades familiares. O objetivo deles era povoar terras públicas e plantar para abastecer as cidades vizinhas, como Porto Alegre, capital do Rio Grande do Sul.

Autoria desconhecida

Na imagem, cidade de Caxias do Sul, Rio Grande do Sul, cerca de 1885.

Marcos André/Opção Brasil Imagens

A cidade de Caxias do Sul, localizada na região serrana do Rio Grande do Sul, abriga a tradicional festa da uva, cultura tradicional dos imigrantes italianos que se fixaram nessa região. Fotografia de 2012.

**1.** Observe a propaganda, leia a legenda e responda.

**a)** De acordo com a propaganda, quais eram os atrativos do Brasil para os imigrantes europeus?

______________________________________________

______________________________________________

______________________________________________

______________________________________________

______________________________________________

**b)** Na sua opinião, os imigrantes encontraram aqui boas condições para construir no Brasil os seus sonhos, como divulgava a propaganda? Explique. ORAL

Autoria desconhecida

Panfleto estimulando a imigração para o Brasil. Lê-se "Na América. Terras no Brasil para os italianos. Navios partindo toda semana do porto de Gênova. Venham construir seus sonhos com a família. Um país de oportunidades. Clima tropical e abundância de riquezas minerais. No Brasil vocês podem ter o seu castelo. O governo dá terras e ferramentas para todos".

**2.** Leia o texto, observe a imagem e responda no caderno.

Autor desconhecido/Acervo Arquivo Histórico de Jaraguá do Sul "Eugênciop Victopr Schmöckel"

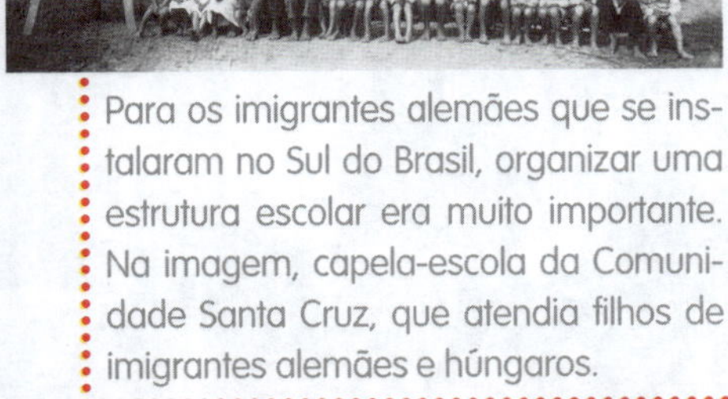

Para os imigrantes alemães que se instalaram no Sul do Brasil, organizar uma estrutura escolar era muito importante. Na imagem, capela-escola da Comunidade Santa Cruz, que atendia filhos de imigrantes alemães e húngaros.

Após o assentamento, os alemães começaram a organizar uma estrutura comunitária que incluía basicamente a construção da Igreja e da Escola. [...] O debate entre os integrantes da Escola Alemã realçava o dilema de ensinar ou não o português.

Aqui no Brasil se encontra a pátria de nossos filhos; aqui no Brasil irão viver, trabalhar e morrer. E sem entender a língua da terra? [...] Caso não queiram sucumbir na luta pela vida, eles têm que saber Português e devem saber bem o Português.

Disponível em: <www2.brasilalemanha.com.br/jose_luis.htm>. Acesso em: fevereiro de 2015.

**a)** Qual era o principal dilema enfrentado pelos colonos alemães no sul do Brasil?

**b)** Discuta com os colegas: Por que é importante aprender a língua da terra onde vivemos? ORAL

# São Paulo, os imigrantes e o café

Em São Paulo, onde se concentrava a produção do café, estabeleceu-se uma política de financiamento público que patrocinava a vinda dos imigrantes para trabalhar em grandes propriedades cafeeiras.

Os imigrantes embarcavam nos portos europeus em navios abarrotados e eram acomodados em porões úmidos e com pouca ventilação, na chamada terceira classe. Cerca de 20 dias depois, desembarcavam no porto do Rio de Janeiro ou de Santos (em São Paulo).

Os que desembarcavam no porto de Santos eram transportados de trem até a Hospedaria dos Imigrantes, na cidade de São Paulo, onde assinavam contrato de trabalho. De lá seguiam para as fazendas de café no interior paulista.

Os imigrantes europeus chegavam com muita vontade de trabalhar. Muitos pretendiam comprar um pedaço de terra e se transformar em pequenos proprietários. No entanto, nem sempre era assim que acontecia.

Acervo Iconographia

Italianos recém-chegados à Hospedaria dos Imigrantes, São Paulo, em cerca de 1900.

**1.** Observe a fotografia do início do século XX e responda.

Os imigrantes italianos trabalhavam intensamente nas fazendas de café, onde se ocupavam de diferentes tarefas. O contrato de trabalho exigia a participação de toda a família: homens, mulheres e crianças a partir de 6 anos. O esforço dessas famílias que trabalhavam unidas era muito grande, mas o ganho, muitas vezes, não era compensador.

a) Que tipo de atividade é realizada pelas pessoas retratadas?

_______________________________________________

b) Quem realiza o trabalho nessa fazenda?

_______________________________________________

c) Na sua opinião esse é um trabalho leve ou pesado? Explique sua resposta. ORAL

**2.** "A maioria dos imigrantes que foram trabalhar nas fazendas de café não conseguiu realizar seu sonho." Explique essa frase no caderno.

## Ampliando horizontes...

### livro

***Imigrantes no Brasil do século XIX***, de Edilene Toledo e Jefferson Cano, Atual.
O livro relata a chegada de imigrantes portugueses, alemães, espanhóis, italianos e muitos outros ao Brasil no século XIX. Aspectos importantes da vida desses imigrantes, que hoje fazem parte da história dos trabalhadores brasileiros, são retratados de forma clara e objetiva.

# Gente que faz!

## Memória de imigrante

As pessoas de diferentes lugares do mundo que vieram para o Brasil guardam na memória os sonhos, as aventuras e as dificuldades que viveram aqui.

A memória dessas pessoas e o seu depoimento são muito importantes quando queremos conhecer e compreender a nossa história, a da nossa família e a do lugar onde vivemos.

1 Leia o depoimento da escritora russa Tatiana Belinky, que imigrou para o Brasil com sua família em 1929. Ela e a família viveram em São Paulo.

Papai veio na frente. Depois mandou nos chamar. Aí viemos, mamãe e as três crianças. Sem saber a língua, sem dinheiro, sem nada. [...]

No navio havia um salão comprido reservado para o almoço. Todos comiam lá. E aquele lugar era o paraíso, sabe por quê? Porque havia bananas! Em cima da mesa! Banana nós só víamos uma vez por ano, e uma banana só.

[...]

Na minha imaginação, a banana aparecia em uma árvore grande, com dez metros de altura, e cada árvore dava apenas uma banana. Aí, quando eu via em cima da mesa um cacho de bananas, uma coisa assim, era extraordinário, a gente queria avançar. [...]

Para uma criança, aquela viagem não foi entediante, ao contrário, foi interessantíssima. Imagina, o deque, o mar, poder dar voltas... O pôr do sol, o nascer do sol, coisas maravilhosas, extraordinárias, belíssimas. O balanço do mar.

Eu não enjoava. Eu descia para comer e metade do povo nem comparecia mais, porque estava enjoado. Eu não, para mim era interessante demais para ficar enjoando, não podia perder tempo enjoando. E, voltando às bananas, meu primeiro amor brasileiro foram as bananas mesmo, porque quando o navio chegou ao Rio de Janeiro, eu olhei para baixo e eis que estava ali um cacho de bananas, da minha altura, uma coisa assim. [...] Era coisa de conto de fadas. Parecia o país mais rico do mundo. Eram tantas bananas assim, largadas ali no meio do porto. Foi extraordinário. E eu amo banana até hoje.

Jefferson Galdino

Sergio Roveri. *Tatiana Belinky*. Coleção Aplauso: perfil. São Paulo: Imprensa Oficial, 2007. p. 50-55.

Zanone Fraissat/Folhapress

Tatiana Belinky aos 93 anos. A escritora viveu no Brasil por mais de 80 anos.

Agora responda.

a) Quem é a personagem principal dessa história? De onde ela veio?

______________________________________________

______________________________________________

b) Como foi a viagem de Tatiana e sua família para o Brasil? **ORAL**

c) Por que Tatiana achou que o Brasil “parecia o país mais rico do mundo”?

______________________________________________

______________________________________________

**2** Observe a imagem do documento e responda no caderno.

a) O documento é atual ou antigo? Como você descobriu?

b) Você sabe dizer que documento é esse e para que serve?

Reprodução/Acervo do Museu da Imigração, São Paulo, SP

Passaporte de cerca de 1924.

**3** Entreviste uma pessoa que veio do exterior ou de outra região do país para a cidade em que você mora. Siga um roteiro de perguntas.

- Como você chegou à cidade?
- Você veio sozinho(a) ou com outras pessoas?
- Que motivos trouxeram você para a cidade?
- Conte como foi a sua viagem.
- Do que mais gostou quando chegou? E do que não gostou?

■ Registre as informações em uma folha à parte e leia para os colegas.

Capítulo 2

# Novos imigrantes

Converse com os colegas: O que significa dizer que o Brasil é um país multicultural? ORAL

Imigrantes de culturas e hábitos muito diferentes vieram para o Brasil: alemães, espanhóis, italianos, japoneses, poloneses, portugueses, sírio-libaneses, entre outros. Assim, europeus, africanos e asiáticos passaram a conviver no país.

Alguns imigrantes não se adaptaram e acabaram retornando ao seu país de origem. Com o tempo, os que ficaram se integraram ao país e adotaram hábitos brasileiros, bem como influenciaram os brasileiros com seus hábitos e sua cultura, como foi o caso dos japoneses.

## A chegada dos primeiros japoneses

Os primeiros imigrantes japoneses chegaram ao Brasil a bordo do navio Kasato Maru, que atracou no porto de Santos em 1908.

O Japão passava por um momento de grande aumento populacional e não havia empregos para toda a população. O Brasil precisava de mão de obra estrangeira para a lavoura de café. Assim, foi feito um acordo entre os dois países, marcando o começo de uma história que dura até hoje.

Autoria desconhecida

Japoneses em fazenda de café em São Paulo, na década de 1930. Os japoneses foram o último grupo de imigrantes a se instalar nas fazendas de café do interior paulista. O sonho desses imigrantes era trabalhar muito, juntar dinheiro e retornar ao Japão. Contudo, isso dificilmente acontecia.

# A cultura japonesa no Brasil

Os imigrantes japoneses tiveram dificuldades para se adaptar ao Brasil. Sua cultura – língua, hábitos alimentares, vestuário – era muito diferente da encontrada aqui.

Eles trouxeram várias contribuições ao Brasil. Na agricultura, introduziram o cultivo de certas hortaliças e frutas, como a acelga, a soja e o caqui.

Outra contribuição muito importante foi para o esporte brasileiro. Os japoneses introduziram no país a prática de artes marciais, como o judô, o caratê e o kendô (luta de espadas).

Folhapress

Crianças em aula de judô, São Paulo, 2013.

■ Este texto é do inspetor J. Amâncio Sobral, da Secretaria de Agricultura, que no início do século XX era o órgão brasileiro responsável pelas relações de imigração. Sobral acompanhou os novos trabalhadores japoneses até as fazendas paulistas.

> [...] Os funcionários da alfândega se assustaram ao se deparar com o conteúdo das malas. Os imigrantes europeus nada mais traziam além de uma ou duas mudas de roupas simples. Mas no caso dos japoneses, lenços de seda, cobertores acolchoados, esquisitos travesseiros de madeira ou bambu, casacões contra o frio, tinta nanquim, alguns raros quimonos, apetrechos e objetos pessoais, que nem os proprietários de terra no Brasil possuíam.
>
> Disponível em: <http://madeinjapan.uol.com.br/2007/02/08/imigrantes-japoneses-surpreenderam-brasileiros/>. Acesso em: fevereiro de 2015.

a) O que chamou a atenção dos inspetores da alfândega?

______________________________

b) O que se pode concluir a partir do "estranho conteúdo" que os japoneses traziam em sua bagagem? Converse com os colegas e registre a conclusão.

______________________________

# Outras comunidades de imigrantes no Brasil

No século XX, as cidades brasileiras começaram a se expandir rapidamente, gerando riquezas e atraindo muitos imigrantes que trabalhavam no campo. Nas cidades eles exerciam variadas profissões, como comerciantes e trabalhadores da indústria.

A vida cotidiana do imigrante não era fácil. No novo local de moradia, disputavam empregos menos valorizados com os segmentos mais pobres da população local, sobretudo mestiços e negros, que depois da abolição também foram viver nas cidades. Trabalhavam como estivadores, operários, artesãos e pequenos comerciantes.

Por outro lado, havia imigrantes que logo ao chegar já conseguiam um bom trabalho, pois o Brasil estava crescendo e precisava de diferentes profissionais. Eram ferreiros, carpinteiros, comerciantes, cientistas e professores. Alguns desses imigrantes fizeram fortuna no Brasil.

Fundação Pró-Memória, São Caetano do Sul, São Paulo

Operários imigrantes trabalhando em olaria em São Paulo, 1911.

## Contribuição dos imigrantes

Desde a chegada dos primeiros portugueses, os imigrantes fazem parte da história do Brasil. Sua presença resultou em muitas contribuições importantes para a economia, a sociedade e a cultura brasileiras.

Muitos imigrantes continuaram a chegar ao Brasil nas últimas décadas, vindos principalmente de países da América Latina, da Ásia e da África. Eles buscam uma vida mais digna, fugindo, muitas vezes, de conflitos, catástrofes naturais e crises econômicas.

- Escreva as diferenças entre a imigração que aconteceu no início do século XX e a que acontece atualmente.

# Atividades

**1.** Assinale as afirmativas que explicam o movimento de imigração de europeus para o Brasil ocorrido no final do século XIX e início do século XX.

- [ ] As passagens para o Brasil eram muito baratas.
- [ ] Parte da Europa enfrentava uma grave crise econômica.
- [ ] Os brasileiros eram muito alegres e recebiam muito bem os imigrantes.
- [ ] O regime de escravidão estava em crise e buscavam-se trabalhadores livres.

**2.** Associe a coluna da esquerda com a da direita.

**a)** Imigrantes do sul do Brasil

**b)** Imigrantes do interior de São Paulo

- [ ] A viagem e a hospedagem eram financiadas pelo governo brasileiro.
- [ ] O imigrante pagava os custos da viagem.
- [ ] Ocupavam pequenas propriedades, plantavam e abasteciam as cidades.
- [ ] Trabalhavam na lavoura em grandes propriedades de café.

**3.** Por que os imigrantes japoneses tiveram dificuldades para se adaptar ao Brasil? Explique no caderno.

**4.** Observe o monumento, leia a legenda e responda.

- Por que em muitas cidades brasileiras existem monumentos aos imigrantes?

_______________________________

_______________________________

_______________________________

_______________________________

_______________________________

Monumento aos imigrantes na Praça das Flores, em Nova Petrópolis, Rio Grande do Sul, 2012.

G. Evangelista/Opção Brasil Imagens

# rede de ideias

## Influências: arte e culinária imigrantes

Lasar Segall

O artista de origem judaica Lasar Segall nasceu em 1891, na comunidade judaica de Vilna (Lituânia), no Leste Europeu. Em 1923, mudou-se para o Brasil, onde se casou e, mais tarde, se naturalizou brasileiro. O artista retratou a cultura do Brasil em várias de suas obras. Ele faleceu em 1957.

*Navio de emigrantes*, de Lasar Segall, 1939-1941. Óleo com areia sobre tela. Museu Lasar Segall, São Paulo, Brasil.

**1** Observe a pintura e responda.

**a)** Qual o título da pintura e o nome do artista?

______________________________

**b)** O artista pintou nessa obra uma experiência que ele viveu? Explique.

______________________________

______________________________

**c)** O que podemos perceber sobre as condições da viagem dos imigrantes para o Brasil?

______________________________

______________________________

**2** Observe as imagens na página seguinte, que representam uma festa, leia a legenda e responda.

Julio Costa/Futura Press

Andre Stefano/Fotoarena

Paduardo/Futura Press

As contribuições dos imigrantes para o Brasil são muitas e variadas nos campos das artes, da ciência, das práticas agrícolas, da culinária, do esporte, das técnicas construtivas, dos hábitos, das festas e das tradições. É difícil apontar toda a variedade de contribuições dos imigrantes, mas podemos dizer que a cultura brasileira ficou mais rica e importante com esse legado. Vamos conhecer um pouco mais?

A Festa de Nossa Senhora Achiropita é realizada todos os anos durante os fins de semana de agosto no bairro do Bixiga, em São Paulo. Comemorada desde 1926, originalmente por imigrantes italianos, hoje é uma festa tradicional da capital paulistana. Segundo a organização, são consumidas 11 toneladas de macarrão e 5 toneladas de muçarela. A equipe das *fogazzas*, com mais de 130 pessoas, produz cerca de 10 mil unidades por noite.

**a)** Qual é o nome da festa e sua origem?

______________________________

**b)** Faça os cálculos: Há quanto tempo essa festa é comemorada no Brasil?

______________________________

**3** Converse com sua família sobre uma receita passada de geração em geração.

**a)** Anote a receita e conte a história dela para os colegas. GRUPO

**b)** Monte um caderno com todas essas receitas.

**4** Pesquise a presença da cultura de imigrantes europeus e asiáticos no cotidiano do Brasil: arte, tipo de construções, escola, comércio, festas e tradições, culinária, entre outros.

**a)** Selecione textos, imagens ou faça desenhos.

**b)** Monte um painel coletivo e exponha em sala de aula.

# QUAL É A PEGADA?
## Multicultural

Reconhecer e valorizar a cultura de um povo é uma forma de desenvolvimento sustentável, pois o conhecimento de suas raízes permite a compreensão do passado e visualização do futuro. As comunidades crescem e se aprimoram a partir da preservação de suas manifestações e heranças culturais.

Fernando Chaves, autor do texto a seguir, idealizou um movimento para valorizar o resgate de cantigas, brincadeiras, contação de histórias e outras manifestações da cultura popular.

A brincadeira de roda é tradicional e muito antiga no Brasil. Ela se expressa de diferentes jeitos, revelando o aspecto multicultural do nosso país.

**1.** Leia a letra da música *Rodaciranda*, do Amapá, região norte do Brasil.

Biry Sarkis

Eu levo a vida a cantarolar
Porque cantar só faz bem
Diz o ditado quem canta
Espanta os males também

Cantarolando na vida
Eu aprendi a lição
Que remédio de tristeza
É cantar uma canção

Numa canção eu lembro você
Em todas as outras também
Mas é você entre elas
A que eu mais quero bem

Na roda gira ciranda
Como o tempo passou
No gira-gira da roda
O mundo gira girou

Fernando Chaves. Em: *Canções do Brasil*: o Brasil cantado por suas crianças. São Paulo: Palavra Cantada, 2001.

**a)** Que mensagem a música nos transmite?

**b)** A que brincadeira a música se refere?

**c)** Que males você gostaria de espantar cantando?

**2.** Você já sabe que o Brasil abriga diferentes culturas. A sociedade brasileira é o resultado dessa mistura cultural: europeia, indígena, africana, judia, sírio-libanesa, japonesa, sul-americana... Cada uma delas com seus costumes, seus valores e seu modo de vida. Todas juntas ajudaram a formar o povo brasileiro.

- Em grupo, elaborem coletivamente um texto com o tema diversidade cultural no Brasil. Sigam as orientações do professor.

**3.** Leia o texto e responda às questões.

## Convite à brincadeira

A brincadeira de roda é muito antiga, ela existe há muito tempo dentro e fora do Brasil. Ela é brincadeira, é canção e é dança, tudo ao mesmo tempo. E assim foi passando de geração em geração...

Na roda brincam crianças e adultos de muitos jeitos diferentes: roda aos pares, roda com gente ao centro, roda só em roda, duas rodas, uma de dentro e outra de fora e muitas outras. Brincar de roda é bom, alegra o coração e nos ajuda a ser mais companheiro dos amigos e colegas. Então, vamos brincar?

Cesar Diniz/Pulsar Imagens

**a)** O que é a brincadeira de roda?

______________________________________________

**b)** Existem diferentes jeitos de brincar? Explique.

______________________________________________

______________________________________________

**c)** Que brincadeira de roda você conhece? Explique essa brincadeira.

______________________________________________

______________________________________________

______________________________________________

# Ligados.com
## História 4

Alexandre Alves
Letícia Fagundes de Oliveira
Regina Nogueira Borella

# Material Complementar

Editora Saraiva

# Unidade 7 – página 123 – atividade 2c

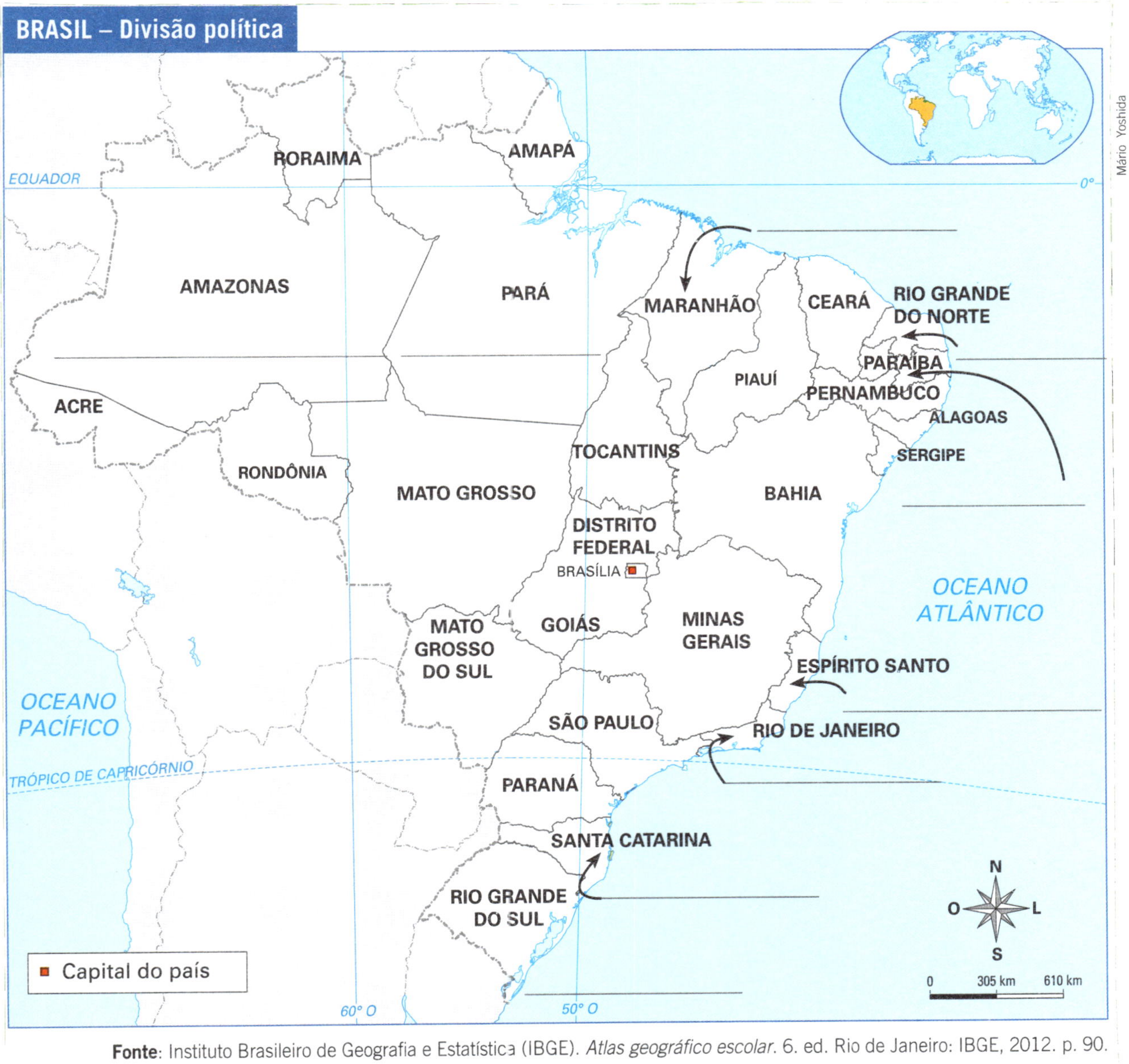


**Fonte**: Instituto Brasileiro de Geografia e Estatística (IBGE). *Atlas geográfico escolar*. 6. ed. Rio de Janeiro: IBGE, 2012. p. 90.

## Unidade 6 – página 101 – atividade 2

Os __________ dominavam o porto, o mar e a cidade; os __________ dominavam o interior, as __________ de mantimentos e todos os __________. Esse __________ manteve-se até 1632. A partir de então, os holandeses conseguiram romper as linhas da resistência e dominaram todo o nordeste do Estado do Brasil, da foz do rio São Francisco até o Rio Grande.

## Unidade 6 – página 99 – atividade 4

# Unidade 6 – página 95 – atividade 3

Antonio Firmino

Cidade do Rio de Janeiro, cerca de 1565.

## Unidade 5 – página 91 – atividade 3

**Geração de energia**

Tipo de energia: ______________________________

Como ocorre a produção dessa energia:

______________________________

______________________________

Que impacto essa forma de energia causa ao meio ambiente?

______________________________

______________________________

Cole aqui imagens das seguintes formas de energia:

| Eólica | Solar | Nuclear |
| --- | --- | --- |

## Unidade 5 – página 79 – atividade 5

| | |
| --- | --- |
| **Tipo de texto** | |
| **Tema** | |
| **Data da publicação** | |
| **Função da escrava** | |
| **Exigências** | |

## Unidade 3 – página 49 – atividade 1

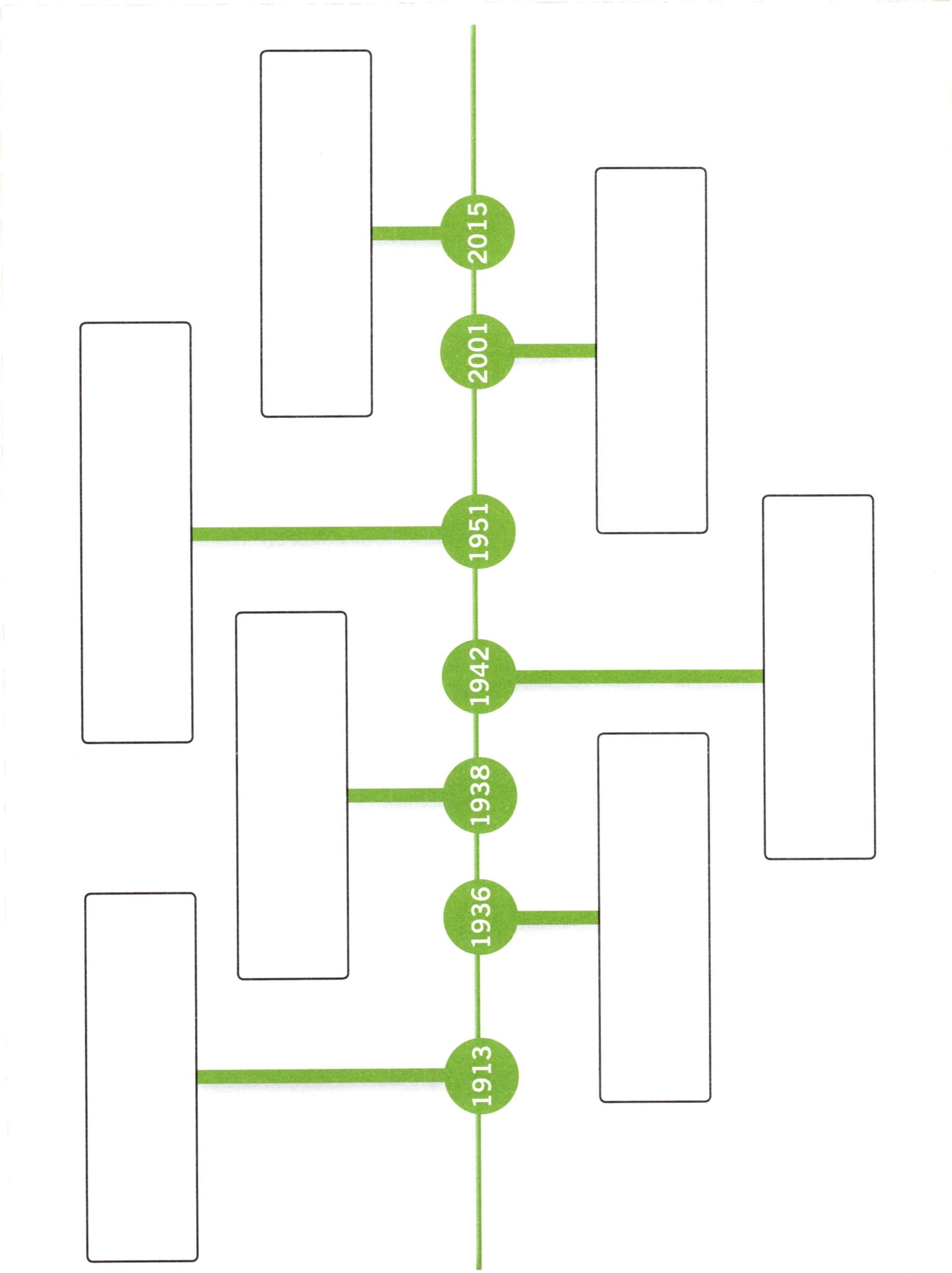

## Unidade 1 – página 25 – atividade 4

| | |
|---|---|
| **Bem escolhido** | |
| **Tipo de bem** | |
| **Localização** | |
| **Por que é importante para a comunidade** | |
| **Estado de preservação** | |
| **Observações** | |

## Unidade 3 – página 47 – atividade 2

| |
|---|
| **Animal:** |
| **Principais características:** |
| |
| |
| |
| |
| |
| |
| |
| |
| |

## Unidade 1 – página 23 – atividade 1b

Ligados.com História

# Adesivos

## Unidade 5 – página 91 – atividade 3

João Prudente/Pulsar Imagens

Alex Uchôa/Opção Brasil Imagens

Ricardo Azoury/Pulsar Imagens

## Unidade 6 – página 101 – atividade 2

holandeses

engenhos

plantações

moradores locais

conflito

## Unidade 7 – página 123 – atividade 2

Ilustrações: George Tutumi

# Unidade 2 – páginas 40 e 41 – atividade 1

A bússola é um instrumento de orientação que tem como base os pontos cardeais. Possui uma agulha magnética que se posiciona sempre no eixo Norte-Sul magnético da Terra; há uma indicação na ponta da agulha que indica o Norte. Na imagem, bússola azimutal, com rosa dos ventos, do século XVI.

O astrolábio náutico é um instrumento que mede a altura dos astros acima do horizonte para ajudar a localização em alto-mar. Seu manejo exigia a participação de duas pessoas: uma suspendia o astrolábio na altura dos olhos, alinhando a régua com o astro, enquanto outra lia os graus marcados no círculo. Na imagem, astrolábio de Michel Piquer (1542-1580).

Alamy/JGlow Images

Alamy/JGlow Images

A caravela era um tipo de embarcação mais leve e veloz que utilizava a força dos ventos. Ela permitia mudar o curso da navegação rapidamente e velejar, inclusive com o vento contrário. Chegava a percorrer 250 quilômetros por dia. Como era uma embarcação leve, corria menos risco de encalhar.

# Unidade 5 – página 90

Frans Post

Delfim Martins/Pulsar Imagens

# Ligados.com
## História
# 5

**Alexandre Alves**
Doutor em História pela Universidade de São Paulo (USP)
Autor-colaborador de coleções didáticas do Ensino Fundamental
e do Ensino Médio

**Letícia Fagundes de Oliveira**
Mestre em História Social pela Universidade de São Paulo (USP)
Autora-colaboradora de coleções didáticas do Ensino Fundamental
e do Ensino Médio

**Regina Nogueira Borella**
Bacharel em Psicologia pela Pontifícia Universidade Católica de
São Paulo (PUC-SP)
Coordenadora educacional e pedagógica de Educação Infantil e
Ensino Fundamental

Editora Saraiva

Ligados.com História – 5º ano (Ensino Fundamental – Anos iniciais)


**Dados Internacionais de Catalogação na Publicação (CIP)**
**(Câmara Brasileira do Livro, SP, Brasil)**

Alves, Alexandre
Ligados.com : história, 5º ano / Alexandre Alves, Letícia Fagundes de Oliveira, Regina Nogueira Borella. – 1. ed. – São Paulo : Saraiva, 2015.

Suplementado pelo manual do professor.
Bibliografia
ISBN 978-85-02-63018-5 (aluno)
ISBN 978-85-02-63022-2 (professor)

1. História (Ensino fundamental) I. Oliveira, Letícia Fagundes de. II. Borella, Regina Nogueira. III. Título.

15-02505 CDD-372.89

Índices para catálogo sistemático:
1. História: Ensino fundamental 372.89

| | |
|---|---|
| **Gerente editorial** | M. Esther Nejm |
| **Editor responsável** | Luciana Leopoldino |
| **Editor** | Edgar Costa Silva |
| **Coordenador de revisão** | Camila Christi Gazzani |
| **Revisores** | Diego Carbone, Ricardo Miyake, Tássia de Carvalho |
| **Coordenador de iconografia** | Cristina Akisino |
| **Pesquisa iconográfica** | Cesar Atti |
| **Gerente de artes** | Ricardo Borges |
| **Coordenador de artes** | Aderson Oliveira |
| **Design** | Homem de Melo & Troia Design |
| **Capa** | Luis Vassalo c/ imagem de Venki Talath/ Illustration Works/ Getty Images |
| **Diagramação** | Benedito Reis, Edilson Pauliuk, Elis Regina, Josiane Batista de Oliveira, Lisandro Paim Cardoso, Simone Zupardo |
| **Ilustrações** | Petra Elster, Biry Sarkis, Cecilia Andrade, Studio Caparroz, Luis Matuto |
| **Cartografia** | Sonia Vaz |
| **Produtor Gráfico** | Robson Cacau Alves |
| **Impressão e acabamento** | Ricargraf |

076809.001.001



**Editora Saraiva**

SAC 0800-0117875
De 2ª a 6ª, das 8h30 às 19h30
www.editorasaraiva.com.br/contato

Rua Henrique Schaumann, 270 – Cerqueira César – São Paulo/SP – 05413-909

# CONHEÇA O SEU LIVRO

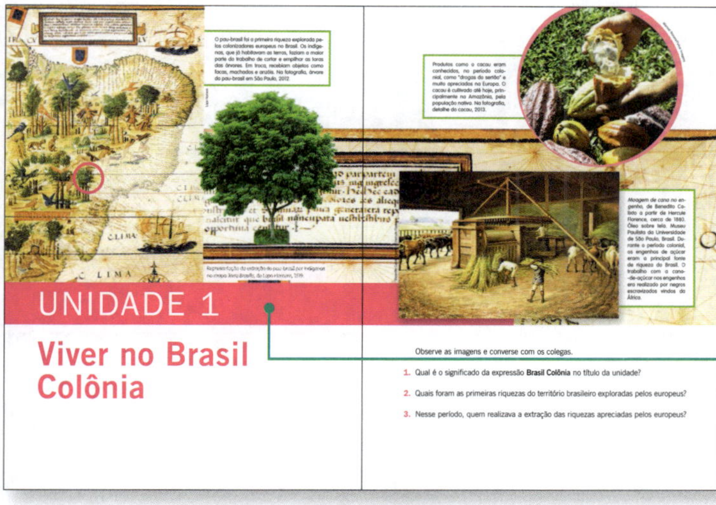


## Unidade

Seu livro tem oito unidades. As páginas de abertura introduzem o trabalho que será desenvolvido em cada unidade. Nelas, você é convidado a observar os elementos da imagem e relacioná-los com seus conhecimentos sobre o tema ou com seu dia a dia.

## Capítulo

Cada unidade apresenta dois capítulos que exploram e desenvolvem os conteúdos e conceitos estudados. Cada capítulo é composto de seções, nas quais você desenvolve atividades variadas, escritas e orais, individuais, em dupla ou em grupo.

Muitos temas começam com questões para que você tenha oportunidade de pensar sobre o assunto que será tratado e trocar ideias com seus colegas a respeito dele.

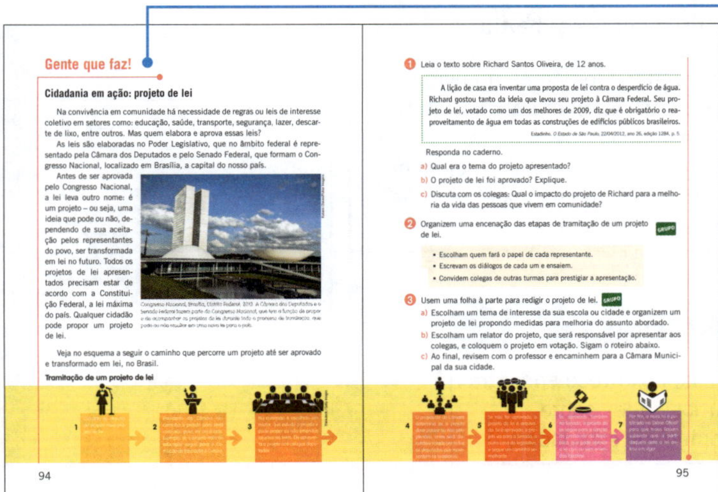


## Gente que faz!

Nesta seção, os textos, as imagens e as atividades foram planejados para que você conheça alguns procedimentos que caracterizam o trabalho do historiador.

## Glossário

Algumas expressões ou termos considerados mais complexos são explicados próximo do texto correspondente.

## Fontes e testemunhos históricos

Ao longo do livro você vai entrar em contato com muitas fontes e testemunhos históricos: mapas, fotografias, depoimentos, objetos, artigos de jornais e revistas e internet, além de obras de escritores, especialistas e historiadores.

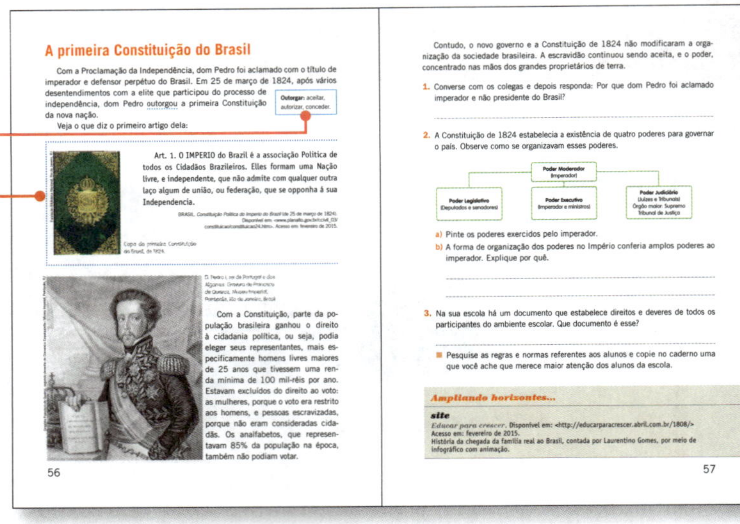


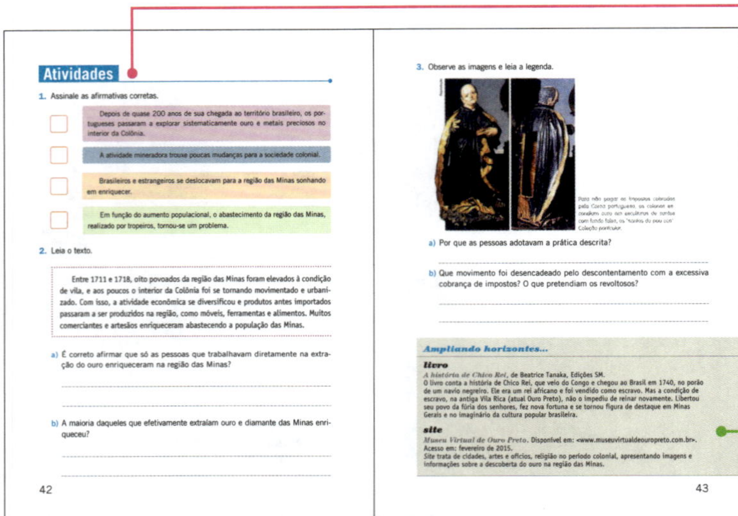


## Atividades

As atividades vão ajudar você a retomar e ampliar os principais assuntos estudados na unidade.

## Ampliando horizontes...

Cada unidade apresenta sugestões de livros, revistas, músicas ou *sites* que permitem enriquecer ou ampliar os assuntos abordados.

## Rede do conhecimento

Em alguns momentos do livro você vai entrar em contato com um tipo de rede do conhecimento que traz imagens e textos que relacionam de forma esquemática e em rede os temas estudados.

## Você sabia?

Neste boxe você encontra curiosidades sobre conteúdos estudados.

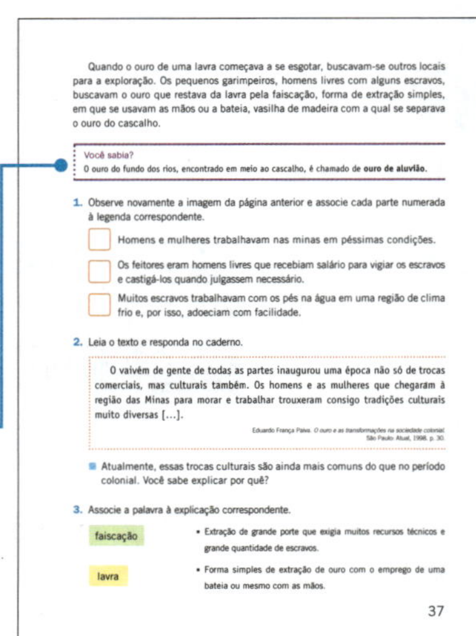

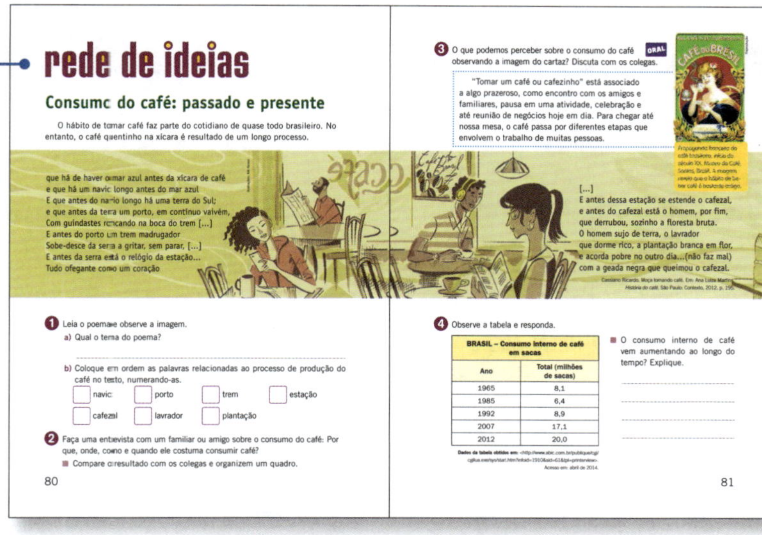


## Rede de ideias

Esta seção retoma conceitos trabalhados na unidade e os desenvolve em conexão com outras áreas do saber.

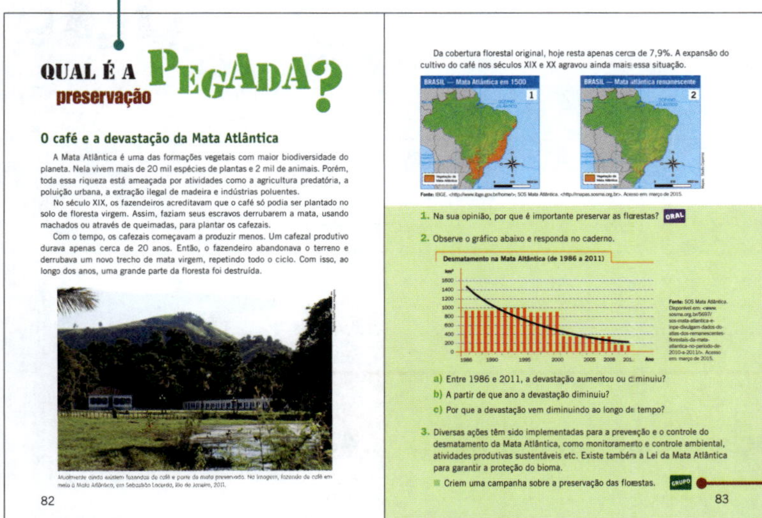


## Qual é a pegada?

Nesta seção você vai perceber que atitudes no dia a dia podem ajudar a preservar o lugar em que vivemos e construir um futuro melhor. Você também vai refletir sobre valores e atitudes que contribuem para sua formação como cidadão.

## Significados dos ícones

Ao longo do livro, você vai ser convidado a realizar várias atividades. Em algumas delas, fique atento às orientações dadas por estes ícones:

ORAL DUPLA GRUPO

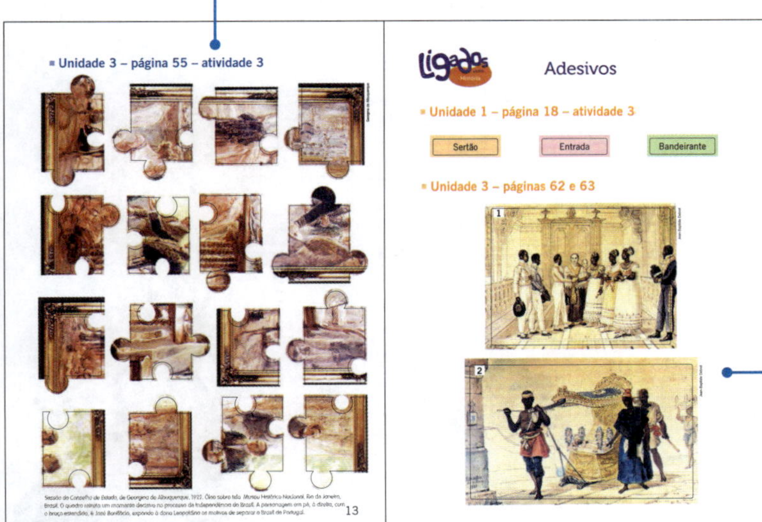


## Material Complementar e Adesivos

O livro traz um encarte com imagens e quadros para serem destacados e utilizados em algumas atividades.

# SUMÁRIO

Hagaquezart estúdio

Jefferson Galdino

## UNIDADE 5



## UNIDADE 6

Giz de cera

## UNIDADE 7



## UNIDADE 8

Lopo Homem

O pau-brasil foi a primeira riqueza explorada pelos colonizadores europeus no Brasil. Os indígenas, que já habitavam as terras, faziam a maior parte do trabalho de cortar e empilhar as toras das árvores. Em troca, recebiam objetos como facas, machados e anzóis. Na fotografia, árvore do pau-brasil em São Paulo, 2012.

Haroldo Palo Jr.

Representação da extração de pau-brasil por indígenas no mapa *Terra Brasilis*, de Lopo Homem, 1519.

# UNIDADE 1

# Viver no Brasil Colônia

Manoel Novaes/Pulsar Imagens

Produtos como o cacau eram conhecidos, no período colonial, como "drogas do sertão" e muito apreciados na Europa. O cacau é cultivado até hoje, principalmente na Amazônia, pela população nativa. Na fotografia, detalhe do cacau, 2013.

*Moagem de cana no engenho*, de Benedito Calixto a partir de Hercule Florence, cerca de 1880. Óleo sobre tela. Museu Paulista da Universidade de São Paulo, Brasil. Durante o período colonial, os engenhos de açúcar eram a principal fonte de riqueza do Brasil. O trabalho com a cana-de-açúcar nos engenhos era realizado por negros escravizados vindos da África.

Observe as imagens e converse com os colegas.

1. Qual é o significado da expressão **Brasil Colônia** no título da unidade?

2. Quais foram as primeiras riquezas do território brasileiro exploradas pelos europeus?

3. Nesse período, quem realizava a extração das riquezas apreciadas pelos europeus?

## Capítulo 1

# O Brasil era de Portugal

Como você imagina que ocorreram a exploração e o povoamento quando os portugueses chegaram ao território brasileiro? **ORAL**

No fim do século XV e início do XVI, o governo português havia conquistado um imenso império marítimo e comercial, estabelecendo colônias e feitorias na Ásia, África e América.

O Brasil era a parte americana desse império. Quando os portugueses chegaram ao território brasileiro, em 1500, buscavam riquezas e recursos naturais que pudessem ser explorados para aumentar a renda da Coroa portuguesa e gerar lucro para os mercadores. Na época, as riquezas mais cobiçadas eram metais preciosos como o ouro e a prata.

**Feitoria:** local estratégico, escolhido pelos portugueses, para troca de mercadorias entre nativos e mercadores portugueses.

**MUNDO – Império colonial português (fim do século XV e início do século XVI)**

**Fonte:** Georges Duby. *Atlas historique mondial*. Paris: Larousse, 2006. p. 40.

O governo português dominava áreas na África, na Ásia, em ilhas do oceano Atlântico e no continente americano. Esse domínio favoreceu relações comerciais e trocas culturais entre diferentes sociedades.

Contudo, os portugueses ainda desconheciam a dimensão do território brasileiro, seus recursos naturais e sua população nativa. Para a exploração dessas riquezas, os colonizadores portugueses negociaram com os indígenas a utilização de seus conhecimentos sobre a mata nativa e de seu trabalho.

# A exploração do pau-brasil

O pau-brasil era a principal riqueza extraída das terras brasileiras nos primeiros 30 anos da ocupação portuguesa. A árvore frondosa, nativa da Mata Atlântica, crescia no litoral brasileiro, desde o Rio Grande do Norte até o Rio de Janeiro.

O chamado "pau-de-tinta", ou "ibirapitanga", como o denominavam os indígenas que habitavam o território, era muito valorizado na Europa.

A exploração do pau-brasil era feita pelos indígenas, que trocavam seu trabalho por objetos como facas, machados e anzóis. Os indígenas faziam a parte mais pesada do trabalho, como cortar, empilhar e transportar as toras para os navios. A madeira era armazenada nas feitorias portuguesas, de onde era embarcada para a Europa.

Lopo Homem

Detalhe do mapa *Terra Brasilis*, Lopo Homem, 1519.

# As drogas do sertão

Outra riqueza também explorada pelos portugueses no período da colonização foram as "drogas do sertão", nome dado a produtos que não existiam na Europa, como cacau, canela, baunilha e guaraná.

Esses produtos tinham bons preços no continente Europeu e eram utilizados principalmente no preparo de remédios e como tempero de alimentos. Eram encontrados na região amazônica e extraídos pelas missões jesuíticas, que utilizavam a mão de obra indígena para esse trabalho. Os bandeirantes também adentravam o sertão em busca desses produtos, enfrentando muitas vezes conflitos com jesuítas e indígenas das missões.

**1.** O Império Colonial Português começou a se formar no século XV. Que anos compreendem esse século?

---

**2.** Que riquezas os portugueses esperavam encontrar inicialmente no território brasileiro? **ORAL**

**3.** De acordo com o mapa da página 10, que áreas o império português dominava no período da colonização? O que o domínio português favoreceu?

______________________________________________

______________________________________________

**4.** Observe a imagem, converse com os colegas e responda.

Theodore de Bry

*Descrição da minha primeira viagem de navio de Lisboa, Portugal*, de Theodore de Bry, século XVI. Gravura em metal. Serviço histórico na marinha, França. Era pelo porto de Lisboa, capital de Portugal, que as mercadorias e especiarias trazidas do Oriente e das Colônias portuguesas entravam na Europa. Esses produtos interessavam a pessoas de todo o mundo, que circulavam pela cidade em busca de bons negócios.

**a)** Que elementos da imagem indicam tratar-se de um porto?

______________________________________________

**b)** Por que os produtos entravam em Portugal pelo porto?

______________________________________________

______________________________________________

**c)** Qual a relação entre o porto da imagem e os produtos explorados no Brasil nessa época?

______________________________________________

**5.** Relacione cada imagem ao nome da riqueza explorada no território brasileiro.

Fotografias: Fabio Colombini

☐ guaraná ☐ cacau ☐ canela ☐ pau-brasil

**6.** Atualmente esses produtos estão presentes na culinária brasileira. Abaixo um exemplo do uso da canela.

## Bolo de canela

**Ingredientes**

- 1 colher (sopa) de fermento
- 1 xícara de manteiga derretida
- 1 xícara de açúcar
- 3 ovos
- 1 xícara de amido de milho
- 1 xícara de farinha de trigo
- 2 colheres (sopa) de canela em pó
- 1 xícara de leite

Thinkstock/Getty Images

A canela é uma especiaria bastante apreciada em pratos doces, como bolos e biscoitos, e também em bebidas, como chás.

■ Pesquise e responda: Como esses produtos continuam utilizados e valorizados na atualidade? ORAL

# As capitanias hereditárias

Após a conquista, o governo português tinha a posse do território brasileiro, que era uma **Colônia** de Portugal. Na época, a principal função das colônias era produzir riquezas para a **metrópole** (Portugal).

Contudo, o governo português não tinha recursos para explorar o território conquistado. Além disso, o território era constantemente ameaçado por ataques de piratas e por interesses de outras nações, como França e Holanda.

Diante da ameaça constante de invasão do Brasil por estrangeiros que queriam aventurar-se na exploração das riquezas do Brasil e não reconheciam o Tratado de Tordesilhas, em 1534 o rei de Portugal decidiu dividir o território brasileiro em **capitanias hereditárias**.

O território foi então dividido em 15 faixas horizontais. Cada donatário recebia a sua capitania com a condição de explorá-la com seus próprios recursos. Entre suas obrigações estavam: defender a terra contra invasões estrangeiras, garantir o povoamento e organizar as atividades econômicas.

**BRASIL – Capitanias hereditárias**

**Fonte:** Manuel Maurício de Albuquerque e outros. *Atlas histórico escolar*. Rio de Janeiro: MEC, 1991.

As capitanias hereditárias foram o primeiro sistema de ocupação e exploração do território do Brasil. No entanto, houve donatários que jamais estiveram no Brasil, outros poucos se interessavam por suas propriedades e somente as capitanias de São Vicente, ao sul, e de Pernambuco, ao norte, se desenvolveram.

# O governo-geral

Com o fracasso do sistema de capitanias hereditárias, o governo português encontrou outra solução para garantir o controle e a defesa do território e estabeleceu o governo-geral. O primeiro governador-geral do Brasil, Tomé de Sousa, chegou em 1549. Ele era encarregado de defender a costa e o interior do território contra invasores, garantir o cumprimento da lei, instalar colonos e organizar a administração da Colônia. Para isso, ele fundou a cidade de Salvador, primeira capital do Brasil.

Com a comitiva de Tomé de Sousa, vieram os jesuítas, padres missionários que tinham a missão de catequizar os indígenas, ou seja, convertê-los à fé católica. Uma das funções da religião era facilitar a submissão da população nativa à administração portuguesa.

**1.** Por que o governo português dividiu o Brasil em capitanias hereditárias?

______________________________________________

______________________________________________

**2.** Quem tinha a posse da capitania hereditária? E qual era sua função?

______________________________________________

______________________________________________

**3.** Diante do fracasso do sistema de capitanias, foi estabelecido o sistema de governo-geral. Assinale somente as medidas que o primeiro governador-geral deveria tomar.

- [ ] Cuidar da defesa da costa e do interior do território.
- [ ] Avançar nas terras que pertenciam à Espanha.
- [ ] Garantir o cumprimento da lei.
- [ ] Organizar engenhos de açúcar.
- [ ] Organizar a administração da Colônia.
- [ ] Proibir o comércio de especiarias.
- [ ] Assentar colonos.

**Capítulo 2**

# A sociedade colonial

Converse com os colegas: Como vocês imaginam a divisão da sociedade no período do Brasil colonial? Será que os direitos e deveres eram iguais para todos? Que funções desempenhavam as mulheres?

**ORAL**

## Caçada aos "negros da terra"

A parceria entre indígenas e colonos não durou muito. Naquela época, os indígenas eram chamados de "negros da terra". Os colonos da capitania de São Vicente necessitavam de mão de obra para os trabalhos em suas propriedades. Para isso, começaram a escravizar os indígenas, que eram aprisionados pelos bandeirantes no sertão e depois vendidos como escravos para cumprir diversas funções.

> Uma vez escravizado, o índio era submetido a todo tipo de trabalho: nas lavouras, na derrubada das matas, no preparo das roças, nos engenhos, nos moinhos, nas casas, no transporte de mercadorias, equipamentos e alimentos, na construção de casas e edifícios, na caça, na pesca, no combate a outros povos.[...]
>
> Antonio Celso Ferreira e Rogério Ivano. *A conquista do sertão.* São Paulo: Atual, 2002. p. 19.

Jean Baptiste Debret/Thierry Frères (lith.)

*Soldados índios de Curitiba levando selvagens cativas,* litografia de Thierry Frères a partir de desenho de Jean-Baptiste Debret, 1834. Os bandeirantes rumavam sertão adentro em busca de metais preciosos e especiarias. Mas uma de suas atividades mais lucrativas era aprisionar indígenas.

# Cana-de-açúcar e escravidão dos negros africanos

Entre os séculos XVI e XVII, nas capitanias de Pernambuco e Bahia se desenvolveu a cultura da cana-de-açúcar. Os donatários buscavam recursos para construir os engenhos e produzir o açúcar, que depois seria exportado para a Europa.

Vinham da Europa as mudas de cana-de-açúcar, a maior parte dos equipamentos necessários à produção e muitos dos produtos utilizados no cotidiano. Também chegavam os escravos trazidos pelos navios negreiros vindos da África. Os engenhos de açúcar dependiam do trabalho dos africanos escravizados, responsável por quase todas as fases do processo de produção do açúcar.

Jean Baptiste Debret

*Engenho manual que faz caldo de cana*, de Jean-Baptiste Debret, 1822. Museus Castro Maya, Rio de Janeiro, Brasil. Um engenho em pleno funcionamento precisava, em média, de 80 trabalhadores. Os maiores engenhos chegaram a ter 200 escravos trabalhando.

**1.** Converse com os colegas: Por que os indígenas eram chamados "negros da terra"?

**2.** Observe a imagem acima e responda.

a) Que produto está sendo processado na moenda?

______________________________

b) Que tipo de mão de obra é utilizada nesse trabalho?

______________________________

**3.** Leia o texto e faça as atividades.

A mãe de Iamê era uma índia guarani e havia sido apresada em uma das entradas de Dom Miguel pelo sertão. Era assim naquela época: os paulistas – que habitavam as colinas e os campos de São Paulo de Piratininga – passavam sua vida em viagens pelo sertão para procurar ouro, prata e aprisionar os índios. Iam a pé [...] conquistando o país. Eram homens fortes, ambiciosos, acostumados a viver no desconforto das matas.

**Apresar:** aprisionar, capturar, tomar como presa.

Na maioria das vezes, não achavam nem ouro nem prata, mas encontravam muitos índios que, também na maioria das vezes, conseguiam aprisionar, porque tinham a grande vantagem de carregar as poderosas armas de fogo que os índios nem sabiam bem o que eram. [...]

Os que não morriam eram feitos prisioneiros e levados para trabalhar nas roças, ou eram vendidos como escravos para outros paulistas. Quase todo colono paulista, mesmo pobre, tinha um nativo para trabalhar por ele: os indígenas que caçavam, pescavam, plantavam, cozinhavam, cuidavam das crianças e ainda serviam de guia pelas matas do sertão.

Maria José Silveira. *Iamê e Manuel Diogo nos campos de Piratininga na época dos bandeirantes.* Belo Horizonte: Formato, 2004. p. 13-14.

**a)** Cole a palavra relacionada a cada definição. Use os **Adesivos**.

- Expedição que visava aprisionar indígenas e buscar metais e pedras preciosas. [ ]
- Corresponde à região interior de um território. [ ]
- Participante de expedições no período colonial que partiam em busca de indígenas e riquezas. [ ]

**b)** Que tipo de trabalho era feito pelos indígenas capturados?

_______________________________________________

_______________________________________________

# A mulher no período colonial

No período colonial, a mulher era vista como propriedade do homem. A ela cabia basicamente os afazeres domésticos e o cuidado com os filhos.

As mulheres que tinham acesso à educação exerciam funções de interesse dos homens: lidar com o comércio e ensinar os filhos dos senhores.

Mulheres negras e mulatas, escravas ou livres, assumiam outras tarefas. Era comum a presença de mulheres no pequeno comércio, como vendeiras, quituteiras e vendedoras ambulantes. A forte presença feminina no comércio de gêneros alimentícios refletia a influência de duas tradições: a africana e a portuguesa. Lá, como aqui, cabia às mulheres comercializar e distribuir produtos essenciais no cotidiano da população, como doces, frutas, hortaliças, queijos e outros.

Carlos Julião/Fundação Biblioteca Nacional, Rio de Janeiro, RJ

*Negras vendedoras de rua*, de Carlos Julião, século XVIII. Aquarela. Fundação Biblioteca Nacional, Rio de Janeiro, Brasil. O comércio de alimentos comandado pelas mulheres aqui chamadas de "negras de tabuleiro" era vital para abastecer a região das Minas nas vilas e cidades coloniais.

**1.** Leia o texto sobre as mulheres no período colonial.

> A partir de 1550 começaram a chegar ao Brasil as mulheres europeias. Eram órfãs educadas em associações portuguesas que deveriam casar-se com os colonos, ter filhos e educá-los de acordo com a sua religião.

**a)** No processo de colonização, o que se pretendia com a vinda de mulheres europeias para o Brasil?

______________________________

______________________________

**b)** Analisando o contexto atual, o papel da mulher na sociedade brasileira mudou em comparação ao período colonial? Explique. **ORAL**

## *Ampliando horizontes...*

***livro***

***Viver e morrer no Brasil colônia***, de Sheila de Castro Faria, Moderna.

Neste livro é possível entender o cotidiano no Brasil colonial: as habitações, as relações familiares, as doenças, os tratamentos e as formas de sepultar os mortos.

# Uma sociedade de escravos, homens livres e senhores

A colonização do Brasil foi marcada pelo conflito entre os interesses dos indígenas e dos colonos europeus que passaram a ocupar o território. No período colonial, a expansão das plantações levou à expulsão dos indígenas de suas terras e à sua utilização como mão de obra escrava, assim como a dos negros trazidos da África.

A sociedade brasileira estava dividida entre escravos, homens livres e senhores de terra. Os escravos, fossem indígenas ou africanos, eram considerados instrumentos de trabalho e mercadorias que podiam ser vendidos, alugados ou trocados. Já os homens livres (roceiros, artesãos, pequenos comerciantes) eram, em sua maioria, mestiços e de baixa renda.

Apenas brancos e donos de terra ou grandes comerciantes podiam ser eleitos para as câmaras municipais, ter cargos ou títulos na administração colonial ou pertencer às principais irmandades religiosas. Eles eram chamados de "homens bons" e formavam a elite da sociedade colonial.

Enfim, era uma sociedade dividida de modo muito diferente do que estamos acostumados nos dias de hoje. A maior parte da população colonial, composta de escravos (indígenas ou africanos) e mestiços, era marginalizada e excluída de participação nas instituições administrativas ou religiosas da colônia.

**Sociedade colonial brasileira**

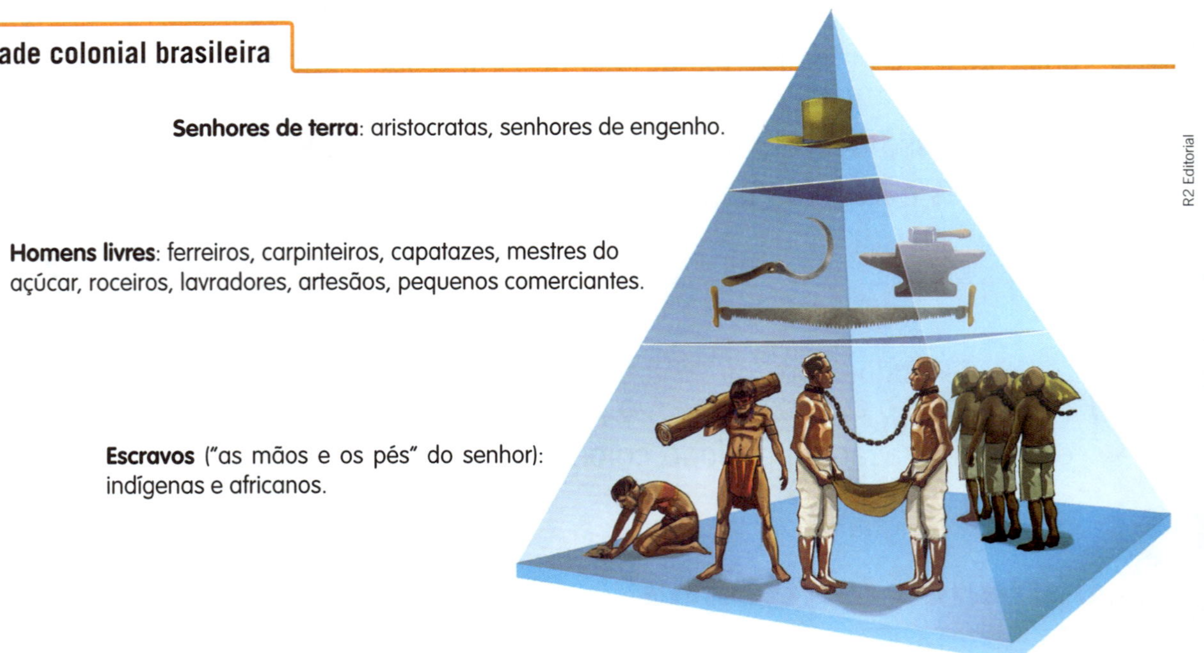


Elaborado pelos autores.

**1.** Observe a pirâmide social e responda no caderno.

**a)** Quem está no topo da pirâmide?

**b)** Quem compunha a maior parcela da sociedade colonial?

**2.** Observe a pintura e faça as atividades.

*Instituição da Câmara Municipal de São Paulo*, de Antonio Parreiras, 1913. Acervo da Câmara Municipal de São Paulo. Esta Câmara foi instalada em 1560, mas não era fácil encontrar homens dispostos a assumir a administração das vilas.

Antonio Parreiras

**a)** Quem participa efetivamente da cerimônia?

---

**b)** Qual a posição dos indígenas na imagem?

---

**c)** O que sugerem a postura e a posição da mulher na cena? ORAL

**3.** Leia o texto e depois um artigo da Constituição brasileira em vigor atualmente.

Hoje, a Constituição do Brasil garante a igualdade de todas as pessoas, independentemente de suas origens étnicas, gênero, língua, religião, estado social ou conjugal, crença religiosa, opinião política etc. Mas não era assim que funcionava a sociedade na época em que o Brasil era colônia de Portugal.

**Constituição:** conjunto de leis, normas e regras que regem um país. A Constituição define a organização do Estado, assim como os direitos e deveres do cidadão.

Art. 5º Todos são iguais perante a lei, sem distinção de qualquer natureza, garantindo-se aos brasileiros e aos estrangeiros residentes no País a inviolabilidade do direito à vida, à liberdade, à igualdade, à segurança e à propriedade [...]

Brasil. *Constituição da República Federativa do Brasil de 1988.*
Disponível em: <www.planalto.gov.br/ccivil_03/Constituicao/Constituicao.htm>. Acesso em: fevereiro de 2015.

**Inviolabilidade:** que não se pode desrespeitar, deixar de reconhecer.

**a)** Sublinhe a frase que explica esse artigo de lei.

**b)** Converse com os colegas e defenda sua opinião: É justo que todos os brasileiros tenham os mesmos direitos e deveres? GRUPO

# Gente que faz!

## Direito indígena: a luta pelas terras

O Brasil é um país multicultural, pois nele há diferentes culturas que se relacionam. Essa convivência beneficia a todos quando resulta em trocas de saberes e respeito às diferenças no jeito de ser, de pensar e de agir de cada povo.

Os povos indígenas do Brasil conquistaram o direito de manter e defender o seu modo de vida, suas crenças, tradições e costumes. É o que garante a Constituição de 1988, a lei maior do nosso país.

> Art. 231. São reconhecidos aos índios sua organização social, costumes, línguas, crenças e tradições, e os direitos originários sobre as terras que tradicionalmente ocupam, competindo à União demarcá-las, proteger e fazer respeitar todos os seus bens.
>
> Brasil. *Constituição da República Federativa do Brasil de 1988.* Disponível em: <www.planalto.gov.br/ccivil_03/Constituicao/Constituicao.htm>. Acesso em: fevereiro de 2015.

A lei garante aos povos indígenas liberdade para lutar por seus direitos, aprender sua língua na escola e manter a posse da terra na qual tradicionalmente vivem.

Renato Soares/Pulsar Imagens

Professor e alunos na escola da aldeia Kuikuro, em Gaúcha do Norte, Mato Grosso, 2012.

Dida Sampaio/AE

Indígenas em frente ao Congresso Nacional, Brasília, protestando pela demarcação de reservas indígenas, 2013. Os conflitos e protestos pela posse da reservas ainda estão presentes no cotidiano do Brasil atual.

**1** Por que podemos dizer que o Brasil é um país multicultural? Dê exemplos. ORAL

**2** Converse com os colegas e responda no caderno.

a) Qual o principal direito garantido aos indígenas pela Constituição brasileira de 1988? O que representa a garantia desse direito?

b) De que forma os indígenas podem lutar por seus direitos?

**3** Observe o mapa e responda.

**BRASIL – Terras indígenas atuais**

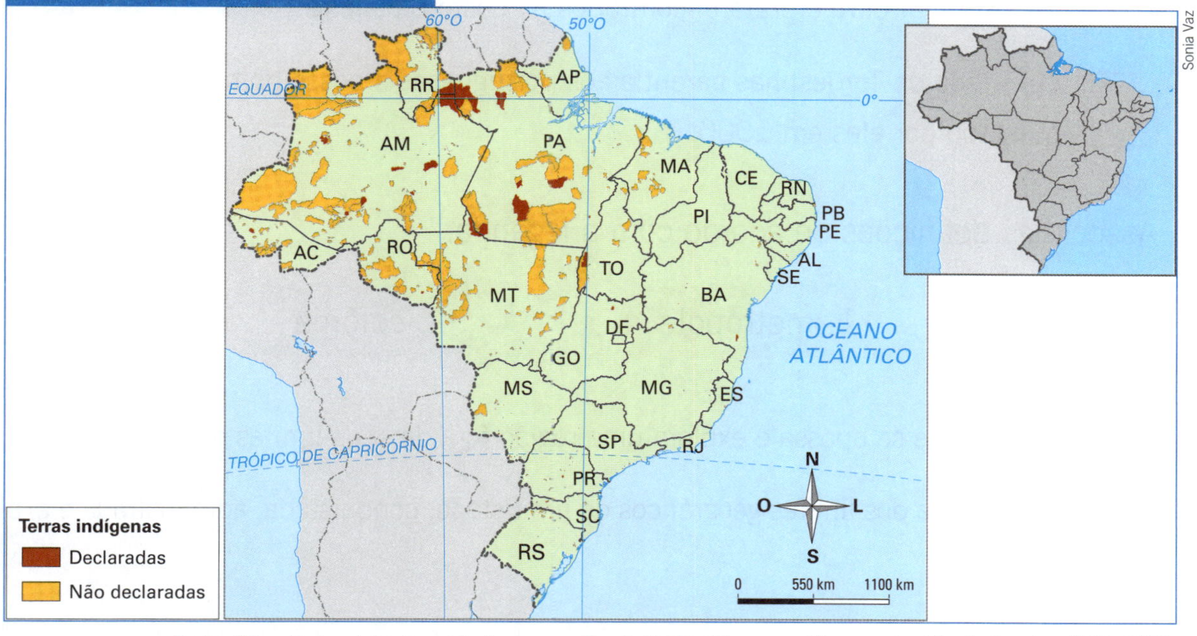


**Fonte:** Situação legal das terras indígenas no Brasil. IBGE. *Atlas geográfico escolar*. Rio de Janeiro: IBGE, 2009. Dados sobre os povos indígenas disponíveis em: <http://pib.socioambiental.org/pt/c/0/1/2/populacao-indigena-no-brasil>. Acesso em: fevereiro de 2015.

a) Em que regiões do Brasil está localizada a maior parte das terras indígenas reconhecidas pelo governo?

_______________________________________________

b) Sabendo que no período colonial os portugueses concentraram as atividades de colonização basicamente no litoral, proponham uma hipótese para explicar por que a maioria das terras indígenas está situada no interior. DUPLA

_______________________________________________

_______________________________________________

_______________________________________________

# Atividades

**1.** Assinale somente as afirmativas verdadeiras.

☐ Na época da chegada dos europeus ao continente americano, os portugueses construíram um enorme império marítimo.

☐ No início da exploração do Novo Mundo, os portugueses interessaram-se pelo pau-brasil e pelas drogas do sertão, mercadorias valorizadas na Europa.

☐ Piratas, franceses e outros europeus invadiam constantemente o território brasileiro para traficar ouro e prata encontrados na costa brasileira.

☐ O Tratado de Tordesilhas garantia aos portugueses a posse do território brasileiro conquistado por eles em 1500.

**2.** Associe as definições de acordo com a legenda.

1. metrópole     2. colônia

☐ Estado que se apossa e explora uma região fora de seus limites geográficos.

☐ Região fora dos limites geográficos de um Estado, conquistada, administrada e explorada por ele.

**3.** A afirmativa abaixo é verdadeira? Justifique.

> Apesar de as sociedades indígenas viverem no território brasileiro há muito tempo, os portugueses decidiram ocupar a terra e organizar um novo sistema de administração do Brasil: as **capitanias hereditárias.**

_______________________________________________

_______________________________________________

■ Qual a medida tomada pelo governo português em função do fracasso desse sistema de administração do território?

_______________________________________________

_______________________________________________

4. A cidade representada na imagem foi a primeira capital do Brasil. Que cidade é essa?

___

*Vista panorâmica da cidade de Salvador*, aquarela de Eduard Hildebrandt, 1844. Museu Nacional de Berlim, Alemanha. Na imagem está representada a cidade de Salvador, fundada por Tomé de Sousa em 1549.

- Tomé de Sousa, primeiro governador-geral e fundador dessa cidade, deveria cumprir no Brasil várias determinações do governo português. Escreva quais eram elas.

___

___

___

5. Escreva uma frase usando algumas palavras abaixo para explicar quem eram os jesuítas.

padres | catequizar | engenho | missão

___

___

___

6. Destaque o esquema da página 15 do **Material Complementar** e complete-o usando os **Adesivos**.

# rede de ideias

## Amazônia e suas riquezas

A Amazônia — maior região florestal e maior bacia hidrográfica do mundo – cobre cerca de 49% do território brasileiro. A riqueza de sua fauna e de sua flora desperta atenção desde o século XVII, quando a exploração das drogas do sertão, especiarias da região, tornou-se intensa. A exploração durou um longo período em razão dos interesses econômicos.

### Andiroba

A andiroba é uma árvore que chega a atingir 30 metros de altura. Em meados do século XIX, o óleo extraído de suas sementes era utilizado na iluminação das moradias e na fabricação de velas e sabão. Na última década do século XX, sua importância cresceu para a indústria cosmética e farmacêutica. Também serve como repelente contra insetos.

Fabio Colombini

Sementes de andiroba.

Silvestre Silva/SambaPhoto

### Mogno

O mogno pode atingir 30 metros de altura e seu tronco, 50 a 80 centímetros de diâmetro. A madeira dessa árvore serve para fabricação de móveis, enfeites, painéis e acabamentos internos em construção civil, como rodapés, molduras e assoalhos. Sua exploração comercial começou na primeira metade do século XX. A partir da década de 1970, regiões ricas em mogno na Amazônia foram intensamente exploradas. Atualmente, a exploração, o transporte e a comercialização do mogno brasileiro estão proibidos.

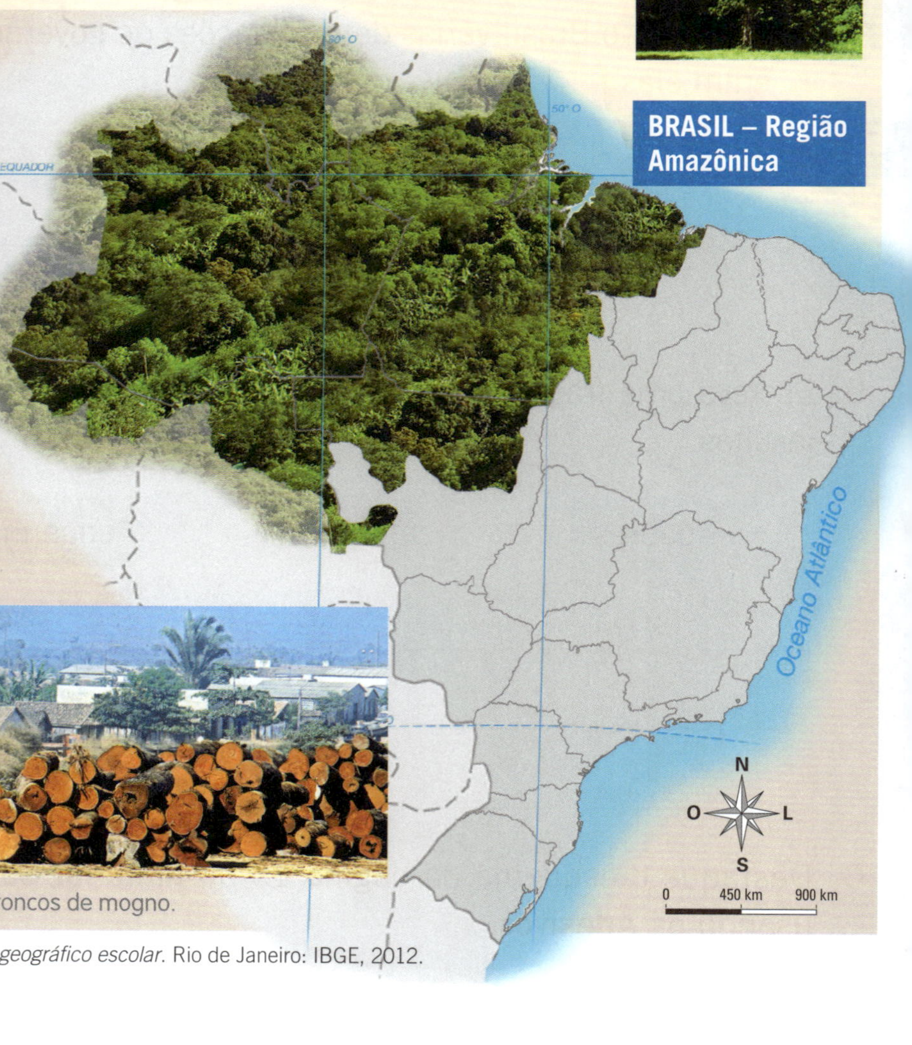

Fabio Colombini

Juca Martins/Olhar Imagem

Troncos de mogno.

**Fonte do mapa:** IBGE. *Atlas geográfico escolar*. Rio de Janeiro: IBGE, 2012.

Atualmente, há um conjunto de ações que ainda causam a perda da biodiversidade e afetam a vida das populações locais. São elas: desmatamento, queimadas, conversão de terras para agricultura e pecuária, biopirataria, além de obras viárias e outras de grande porte, como no caso das hidrelétricas.

Veja algumas espécies da flora e da fauna amazônica ameaçadas de extinção.

**1** Converse com os colegas: O que significa que determinada espécie corre o risco de extinção? **ORAL**

**2** Copie em uma folha à parte e complete o quadro com as informações das fichas.

| Espécie | Flora/Fauna | Causa do risco de extinção |
|---|---|---|
| | | |

## Castanheira-do-pará

A castanheira-do-pará é uma árvore que mede de 30 a 50 metros de altura. As suas sementes são utilizadas como alimento e o óleo extraído delas pode ser utilizado na fabricação de tintas e cosméticos. O risco de extinção é decorrente do desmatamento. No Brasil, castanhais são derrubados para a construção de estradas e barragens, para os assentamentos de reforma agrária e para a criação de gado.

J. L. Bulcão/Pulsar Imagens

As sementes da castanheira-do-pará são conhecidas como castanhas-do-pará.

Fabio Colombini

Diomedia

## Sauim-de-manaus

O sauim-de-manaus é uma espécie de macaco de pequeno porte, também conhecido como sagui-de--duas-cores ou sauim-de-coleira. Atualmente a espécie existe apenas nas imediações da capital do Amazonas. Costuma viver em bandos e anda em grupos de mais ou menos dez macacos. Alimenta-se de insetos, frutos e néctar de árvores. Seus predadores naturais são o gavião e a jiboia. Está ameaçado de extinção por diversos motivos: um deles é o crescimento urbano de Manaus, que vem ocupando as áreas verdes com construções.

## Arara-azul

A arara-azul está entre as espécies mais inteligentes do grupo das aves. Vive em bandos e apresenta certa fidelidade aos lugares de alimentação e reprodução. Sua alimentação é constituída basicamente de sementes de palmeira, que consegue quebrar facilmente com a potência de seu bico. Os principais fatores que levaram a arara-azul à ameaça de extinção foram: a captura ilegal para o comércio nacional e internacional de aves de estimação, que foi intensa até a década de 1980; a destruição do seu *habitat*; a caça e coleta de penas para artesanato (atividade que no Brasil está proibida desde 2005, sendo permitida apenas para cerimônias e outros usos nas reservas indígenas).

Diomedia

1

Painel do Museu do Ouro em Sabará, Minas Gerais. Na imagem estão representados três homens extraindo ouro de aluvião ou de faisqueira.

Martha Conrad Loutsch. Mural dos Garimpeiros (década de 1940)

# UNIDADE 2

# A corrida do ouro

2

*Entrada para as Minas*, de Oscar Pereira da Silva, s/d. Óleo sobre tela. Museu Paulista da Universidade de São Paulo, Brasil.

1. O que fazem as pessoas representadas na imagem 1?

2. Na sua opinião, o que buscam as pessoas representadas nas imagens 1 e 2?

3. Qual a condição social dessas pessoas?

## Capítulo 1

# A economia do ouro no Brasil

No século XVIII houve um grande movimento de população em direção ao sertão do Brasil. Na sua opinião, que razões levaram a esse movimento? **ORAL**

As **bandeiras** foram expedições que desbravaram o interior do Brasil nos séculos XVI e XVII. Um dos objetivos dos bandeirantes era encontrar metais preciosos, como ouro e prata. Os bandeirantes fizeram muitas expedições por regiões desconhecidas do território brasileiro. Foi assim que eles localizaram as primeiras grandes jazidas de ouro, em 1695, próximo da cidade de Sabará, atual estado de Minas Gerais.

Novas jazidas foram logo descobertas. Em 1718, foi encontrado ouro na região de Mato Grosso e, em 1722, também na região de Goiás. No ano de 1729, foram descobertas jazidas de diamantes no Arraial do Tijuco (atual Diamantina, em Minas Gerais).

**BRASIL – Região das Minas (século XVIII)**

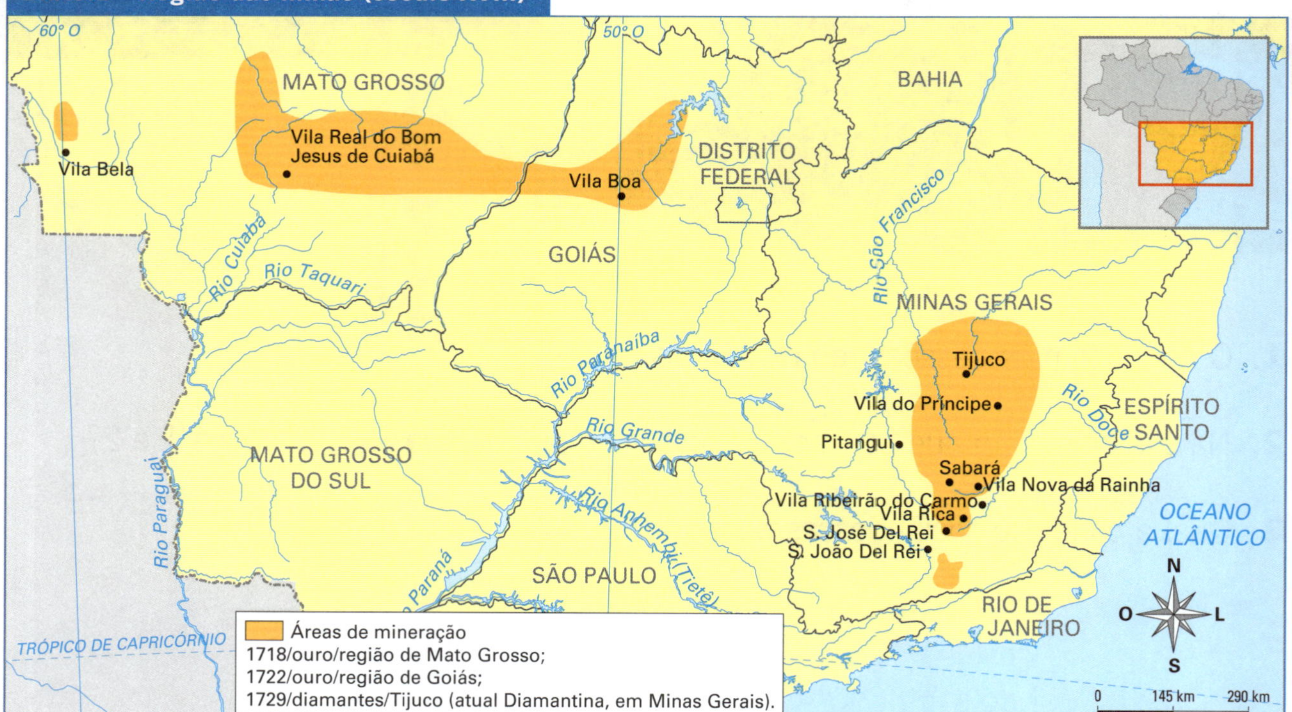


**Fonte**: Eduardo França Paiva. *O ouro e as transformações sociais na sociedade colonial*. Coord. Marly Rodrigues e Maria Helena Simões Paes. São Paulo: Atual, 2010. p. 5.

A notícia logo se espalhou e atraiu pessoas de Portugal e de outras localidades do Brasil para as Minas. Entre 1700 e 1760, a região das Minas recebeu cerca de 600 mil portugueses.

Leia o relato do padre jesuíta André João Antonil, que testemunhou a corrida do ouro no século XVIII.

> Cada ano, vêm nas frotas [de embarcações] quantidade de portugueses e de estrangeiros, para passarem às minas. Das cidades, vilas, recôncavos e sertões do Brasil, vão brancos, pardos e pretos, e muitos índios [...]. A mistura é de toda a condição de pessoas: homens e mulheres, moços e velhos, pobres e ricos, nobres e plebeus [...].
>
> André João Antonil. *Cultura e opulência do Brasil.* Belo Horizonte. Rio de Janeiro: Itatiaia, 1997. p. 167.

Johann Moritz Rugendas/Engelmann (lith.)

*Villa Ricca* (atual Ouro Preto, Minas Gerais), litografia de Engelmann a partir de desenho de Johann Moritz Rugendas, publicada no livro *Viagem pitoresca ao Brasil*, 1835. Coleção particular. Pessoas de todas as condições sociais chegavam às Minas na esperança de enriquecer com a extração e o comércio de ouro e diamante.

- Copie a frase no caderno, substituindo o trecho sublinhado por uma expressão adequada.

  **Atenção:** a frase deve continuar verdadeira.

> No final do século XVII, uma nova atividade estimulou o deslocamento de pessoas para as Minas, uma região no sertão do Brasil sem infraestrutura.

# A corrida do ouro e a fome no sertão

Nos primeiros anos da corrida do ouro, a chegada de grande contingente de pessoas ao sertão – região afastada do litoral, interior do território, com pouca infraestrutura – acarretou sérios problemas.

**Infraestrutura:** conjunto de instalações e serviços públicos de um lugar, que hoje incluem rede de esgotos, abastecimento de água, energia elétrica, rede telefônica, gás canalizado.

Logo que chegavam à região das Minas, os forasteiros se punham a trabalhar na mineração, preocupados apenas com a extração do ouro. Não havia mantimentos para todos e, por isso, os alimentos eram disputados, fazendo os preços dispararem. Leia o que nos conta um pesquisador:

> [...] tudo era cotado literalmente a peso de ouro. Um boi, que valia na Bahia o equivalente a 10 gramas do metal, era vendido nas minas a 359 gramas, quantidade de ouro obtida por um homem depois de um ano e nove meses de trabalho, em média. [...] Quem quisesse comer um queijo ou uma galinha, precisava desembolsar o correspondente a 25 dias de trabalho.
>
> Lucas Figueiredo. *Boa ventura! A corrida do ouro no Brasil (1697-1810)*: a cobiça que forjou um país, sustentou Portugal e inflamou o mundo. Rio de Janeiro: Record, 2011. p. 137.

## Crescimento populacional e urbanização

A localização das jazidas de ouro e diamantes modificou muito o cotidiano na Colônia. Até então, o interior do território brasileiro era pouco povoado e as regiões praticamente não tinham ligação entre si. Antes da descoberta das Minas, calcula-se que a população das vilas e cidades brasileiras fosse de cerca de 242 mil pessoas. Em 1766, essa população já era estimada em mais de 1,5 milhão de pessoas.

**Crescimento populacional no período da corrida do ouro**

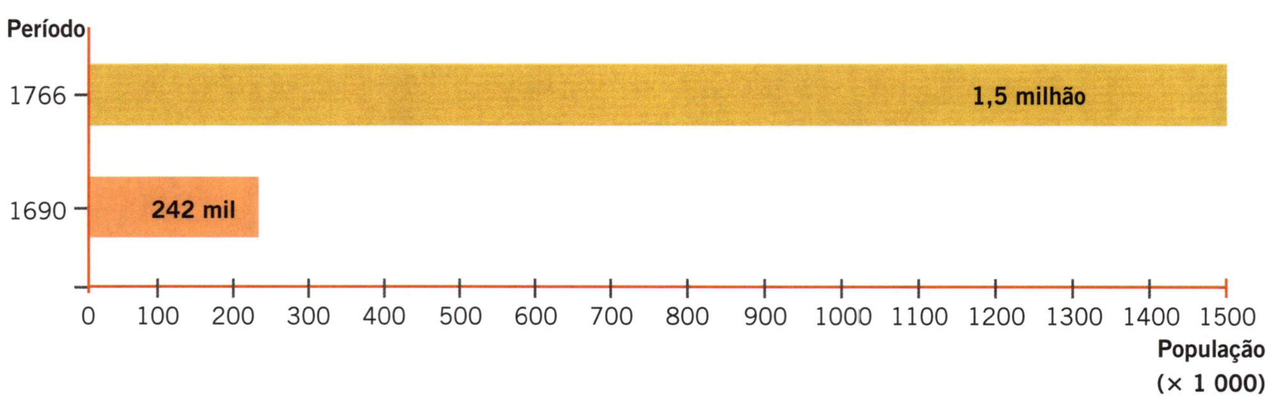


**Fonte:** Elaborado pelos autores para esta obra.

O crescimento da população no interior levou à criação de novas vilas e cidades, que eram abastecidas pelos tropeiros com produtos vindos da Europa e de regiões da Colônia, como sal, carne-seca, toucinho, tabaco, tecidos, couros e outros artigos.

Devido ao aumento da população, o custo de alimentos, instrumentos de trabalho e escravos subia constantemente. Tudo passou a custar muito caro:

> Os preços eram exorbitantes, chegando a ser cinco vezes superiores aos vigentes no litoral: as Minas haviam se tornado o maior centro de inflação da Colônia.
>
> Laura de Mello e Souza; Maria F. B. Bicalho. *1680-1720:* o império deste mundo. São Paulo: Companhia das Letras, 2000. p. 31.

**Inflação:** aumento contínuo e generalizado dos preços de bens e serviços.

**1.** Complete o quadro com as frases adequadas.

O abastecimento da região mineira tornou-se um problema e o preço das mercadorias era elevado.

Minas de ouro foram localizadas nos atuais estados de Minas Gerais, Mato Grosso e Goiás.

| Abastecimento na região das Minas | | |
|---|---|---|
| Causa | Fato | Consequência |
| | No século XVIII, muitas pessoas se deslocaram para o interior do território. | |

**2.** Releia o primeiro parágrafo da página 31.

**a)** De que maneira essa notícia pode ter se espalhado, na época, atraindo pessoas de diferentes localidades?

______________________________________________

______________________________________________

**b)** Imagine que uma descoberta tenha ocorrido hoje. De que forma essa notícia poderia se espalhar? Quanto tempo levaria para se tomar conhecimento dela?

______________________________________________

______________________________________________

# Rotas e caminhos dos tropeiros

Para a expansão do comércio interno, isto é, entre os povoados e as vilas da Colônia, foi fundamental a abertura de novas rotas e caminhos, que ligavam regiões até então isoladas.

Os tropeiros enfrentavam perigos e atravessavam longas distâncias com suas tropas de mulas. Eles contribuíram para a integração do território brasileiro.

O grande crescimento da região levou o governo português, em 1720, a criar a Capitania de Minas Gerais, separada da Capitania de São Paulo.

**Mapa da Estrada Real**

**Localização:** De Minas Gerais ao Rio de Janeiro, são três caminhos: o velho (de Ouro Preto a Paraty), o novo (de Ouro Preto ao Rio de Janeiro) e o dos diamantes (de Diamantina a Ouro Preto).

**Cidades:** São 179 cidades, 169 em Minas Gerais, 8 no Rio de Janeiro e 2 em São Paulo.

**Extensão:** 1 630 km.

**Turismo:** O projeto para transformar a rota em caminho turístico é de 1999. Hoje, cerca de 2,5 milhões de pessoas visitam a Estrada Real por ano.

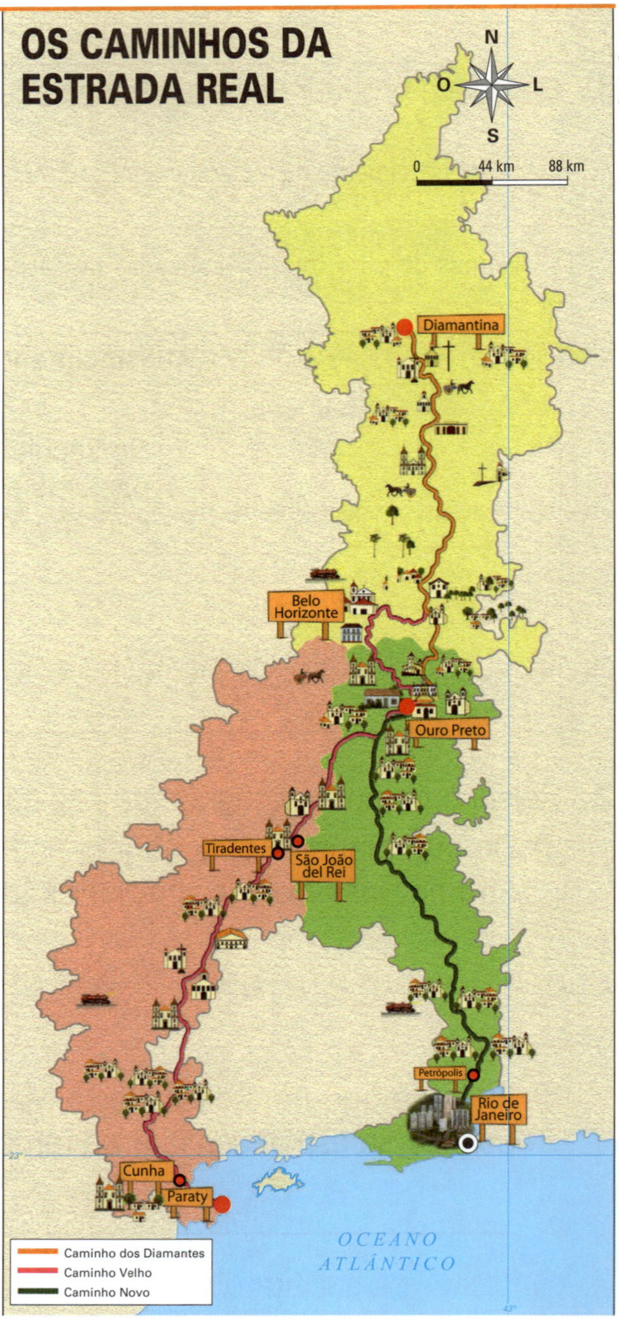


A estrada que ligava o Rio de Janeiro às Minas de ouro começou a ser aberta em 1698 e foi inaugurada em 1702. A obra foi concluída em 1725. Com o novo caminho, a jornada, que antes levava cerca de 45 dias, foi reduzida para cerca de 15 dias, facilitando a entrada de pessoas e produtos nas Minas e também o escoamento do ouro para o porto do Rio de Janeiro.

**Fonte:** Elaborado pelos autores com base em: Maria Efigênia Lage de Resende; Ana Maria de Moraes. *Atlas histórico do Brasil.* Rio de Janeiro: Vigilia, 1987.

## A mudança da capital

A cidade do Rio de Janeiro, que era a porta de entrada das mercadorias que vinham da Europa para abastecer a região mineradora, teve um grande desenvolvimento urbano nesse período.

Em 1763, devido a sua proximidade das áreas mineradoras, que necessitavam de um porto marítimo, o Rio de Janeiro tornou-se sede do governo, a nova capital da Colônia.

No final do século XVIII, ainda se importavam produtos para o consumo nas Minas, mas grande parte do abastecimento já era garantido pela produção local.

**1.** Assinale as frases que indicam as consequências das descobertas de ouro e diamantes no sertão do Brasil.

- [ ] Houve um grande aumento da população brasileira.
- [ ] A cidade de Salvador tornou-se a nova capital do Brasil em razão de sua proximidade com a região das Minas.
- [ ] Foi criada a capitania das Minas Gerais, separada da Capitania de São Paulo.
- [ ] Foram criadas rotas e vias de acesso entre diferentes regiões da Colônia.

■ Agora, copie e corrija a afirmativa errada.

______________________________________________

**2.** A maior parte do trabalho nas Minas era feita pelos escravos. Leia a quadrinha e responda.

comida de negro brabo:
quatro laranjas num gaio
uma cuia de farinha,
cinco pontas de vergalho.

**Vergalho:** um tipo de chicote.

Andréa L. Gonçalves e Íris Kantor (Apud). *O trabalho em Minas colonial.* São Paulo: Atual, 1996. p. 19.

**a)** A que tipo de castigo a quadrinha se refere?

______________________________________________

**b)** Compare a dieta dos escravos com o que você come no dia a dia. Você considera essa dieta suficiente para alimentar uma pessoa? **ORAL**

Capítulo 2

# Ouro: riqueza para poucos

Converse com os colegas e o professor: Que mudanças você imagina que a economia do ouro provocou na sociedade colonial? ORAL

Muitos aventureiros chegaram às Minas na esperança de enriquecer rapidamente. Porém, a Coroa portuguesa concedia licença apenas a quem tivesse patrimônio e escravos suficientes para explorar as jazidas. Além disso, o mineiro também deveria pagar parte do minério encontrado como imposto ao governo português.

Mas nem todos vinham para as Minas para explorar o ouro. Muitos chegaram para atender às necessidades de uma região em crescimento: comerciantes, artesãos, carpinteiros, sapateiros, alfaiates, padres, entre outros.

## O duro trabalho nas minas

A exploração das minas era feita em lavras, que eram extrações de grande porte, por empreendedores que utilizavam grande quantidade de escravos. No início, esse metal precioso era facilmente encontrado no fundo e nas margens de rios, e também em pontos de encostas de pouca profundidade.

Johann Moritz Rugendas/Engelmann (lith.)

*Lavagem do minério do ouro: a montanha de Itacolomi*, litografia de Thierry Frères sobre desenho de Johann Moritz Rugendas, 1835. Coleção particular. O trabalho nas minas era muito duro e as condições para sua realização, extremamente precárias. Por exemplo, os trabalhadores passavam o dia inteiro com os pés dentro da água, em uma região de clima frio. Testemunhos da época relatam que escravos das minas viviam no máximo 12 anos após iniciar a atividade de extração de metais preciosos.

Quando o ouro de uma lavra começava a se esgotar, buscavam-se outros locais para a exploração. Os pequenos garimpeiros, homens livres com alguns escravos, buscavam o ouro que restava da lavra pela faiscação, forma de extração simples, em que se usavam as mãos ou a bateia, vasilha de madeira com a qual se separava o ouro do cascalho.

Você sabia?

O ouro do fundo dos rios, encontrado em meio ao cascalho, é chamado de **ouro de aluvião.**

**1.** Observe novamente a imagem da página anterior e associe cada parte numerada à legenda correspondente.

- ☐ Homens e mulheres trabalhavam nas minas em péssimas condições.
- ☐ Os feitores eram homens livres que recebiam salário para vigiar os escravos e castigá-los quando julgassem necessário.
- ☐ Muitos escravos trabalhavam com os pés na água em uma região de clima frio e, por isso, adoeciam com facilidade.

**2.** Leia o texto e responda no caderno.

> O vaivém de gente de todas as partes inaugurou uma época não só de trocas comerciais, mas culturais também. Os homens e as mulheres que chegaram à região das Minas para morar e trabalhar trouxeram consigo tradições culturais muito diversas [...].
>
> Eduardo França Paiva. *O ouro e as transformações na sociedade colonial.* São Paulo: Atual, 1998. p. 30.

- Atualmente, essas trocas culturais são ainda mais comuns do que no período colonial. Você sabe explicar por quê?

**3.** Associe a palavra à explicação correspondente.

faiscação

lavra

- Extração de grande porte que exigia muitos recursos técnicos e grande quantidade de escravos.
- Forma simples de extração de ouro com o emprego de uma bateia ou mesmo com as mãos.

# Revoltas contra o governo português

No século XVIII, começaram a surgir movimentos que questionavam a dominação de Portugal sobre o Brasil. Na sua opinião, o que motivou esses movimentos? Por que razões essa dominação era questionada?

ORAL

O mais importante dos movimentos que surgiram no século XVIII ficou conhecido como **Conjuração Mineira**. Para compreender esse movimento, é importante entender como a Coroa portuguesa se apoderava de parte do ouro produzido no Brasil.

Em troca da concessão para explorar as Minas, a Coroa portuguesa cobrava uma série de impostos e taxas. A principal delas era o **quinto**, pelo qual os colonos deviam pagar a quinta parte de todo ouro encontrado. Se o total pago à Coroa fosse menor do que 100 arrobas de ouro por ano (equivalente a 1500 quilogramas), era decretada a **derrama**. A derrama significava o confisco dos bens daqueles que estivessem devendo à Coroa portuguesa.

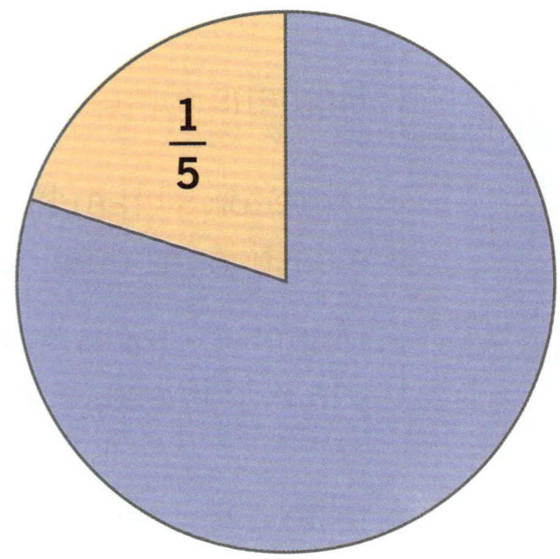


O problema é que o ouro estava se esgotando nas Minas, que já não produziam a mesma quantidade do metal. Contudo, a administração portuguesa não levou isso em conta e endureceu ainda mais sua cobrança aos colonos.

## Conjuração Mineira

Revoltados com essa situação, um grupo de representantes da elite mineira se rebelou em 1789. Seu objetivo era tornar a capitania de Minas Gerais independente de Portugal e transformá-la em uma República. Porém, o movimento foi logo descoberto pelo governo português e seus líderes foram punidos. Entre esses líderes, Joaquim José da Silva Xavier, apelidado Tiradentes em razão de sua habilidade em tratar os dentes, foi o único dos condenados que assumiu a responsabilidade pela conspiração e, por isso, foi enforcado em praça pública. Os outros participantes do movimento foram mandados para a África.

**República:** forma de governo em que o chefe de Estado é escolhido pelo povo.

Os conjurados, como ficaram conhecidos, também defendiam a democracia, a fundação de universidades, a liberdade de imprensa e o estabelecimento de manufaturas.

Antônio Parreiras

*Prisão de Tiradentes*, de Antonio Parreiras, 1914. Óleo sobre tela. Museu Julio de Castilhos, em Porto Alegre, Brasil. Tiradentes foi preso no Rio de Janeiro, onde procurava seguidores para seu plano de Independência. Mais tarde, ele passou a ser visto como uma figura heroica na história do Brasil em razão de sua luta para romper os laços do Brasil com Portugal. A cidade mineira de Tiradentes, antiga Vila de São José do Rio das Mortes, foi renomeada em sua homenagem.

**1.** Observe a pintura de Antonio Parreiras.

**a)** Quem é a personagem que aparece em destaque?

______________________________________________

**b)** Qual é a situação retratada?

______________________________________________

**c)** Pinte as palavras que, na sua opinião, mais se relacionam com a impressão que o artista buscou atribuir à postura de Tiradentes.

| medo | altivez | tristeza | coragem | humilhação |
|---|---|---|---|---|

- Agora pesquise em um dicionário os significados delas e copie no caderno.

**d)** Explique a relação entre a imagem e a Conjuração Mineira.

______________________________________________

______________________________________________

# Gente que faz!

## O patrimônio de Minas Gerais

A descoberta do ouro no século XVIII trouxe muitas mudanças para a Colônia. A prosperidade desse período incentivou a criação artística. Hoje se mantêm importantes igrejas, esculturas e pinturas do barroco brasileiro, um estilo artístico marcado por contrastes de luz e sombra, formas retorcidas e grande dramaticidade.

**Cativo:** indivíduo que foi forçado à escravidão.

Silvestre Silva/Opção Brasil Imagens

A **Igreja de São Francisco de Assis**, em Ouro Preto, foi projetada por Antônio Francisco Lisboa, o Aleijadinho, um dos principais artistas desse período. Seu interior foi pintado por Manuel da Costa Ataíde. Participaram também da construção e decoração das igrejas coloniais pedreiros, canteiros (entalhadores de pedra), rebocadores, ferreiros, serralheiros, latoeiros, oleiros, ladrilheiros e telheiros. Era comum também o emprego de cativos. Aleijadinho possuía quatro escravos e repartia igualmente com um deles o dinheiro ganho com as obras feitas em parceria. Fotografia de 2012.

David Santos Jr/Fotoarena

Interior de igreja em Ouro Preto, 2013. A produção artística e cultural mineira era caracterizada pelas trocas culturais entre portugueses, africanos e seus descendentes nascidos no Brasil.

Nesse período, as cidades também cresceram e se desenvolveram em função da riqueza do ouro concentrada nessa região. Casarões, chafarizes, pontes de pedra, ruas, praças e igrejas representam o modo de vida das pessoas, a arquitetura, a arte e a cultura que ali floresceram.

Algumas cidades mineiras, como Sabará, Congonhas, Diamantina, Mariana, São João del Rei, entre outras, foram declaradas patrimônio cultural pela Organização das Nações Unidas para a Educação, Ciência e Cultura (Unesco), pois representam a memória desse período para as próximas gerações.

Rubens Chaves/Pulsar Imagens

Pelourinho em frente à Igreja de São Francisco de Assis, em Mariana, Minas Gerais, 2011.

**1** Leia o texto e responda.

> Art. 215. O Estado garantirá a todos o pleno exercício dos direitos culturais e acesso às fontes da cultura nacional, e apoiará e incentivará a valorização e a difusão das manifestações culturais.
>
> BRASIL. *Constituição da República Federativa do Brasil de 1988*. Disponível em: <www.planalto.gov.br/ccivil_03/Constituicao/Constituicao.htm>. Acesso em: fevereiro de 2015.

■ Do que trata esse artigo de lei? ______________________________

______________________________

**2** Pesquisem sobre a função da Unesco e como esse órgão atua na questão dos patrimônios históricos. GRUPO

- Escolham um patrimônio (bem cultural ou natural) da sua região que consideram importante e que deveria ser preservado para as gerações futuras.
- Escrevam uma carta solicitando à Unesco o reconhecimento desse patrimônio.

# Atividades

**1.** Assinale as afirmativas corretas.

- [ ] Depois de quase 200 anos de sua chegada ao território brasileiro, os portugueses passaram a explorar sistematicamente ouro e metais preciosos no interior da Colônia.
- [ ] A atividade mineradora trouxe poucas mudanças para a sociedade colonial.
- [ ] Brasileiros e estrangeiros se deslocavam para a região das Minas sonhando em enriquecer.
- [ ] Em função do aumento populacional, o abastecimento da região das Minas, realizado por tropeiros, tornou-se um problema.

**2.** Leia o texto.

> Entre 1711 e 1718, oito povoados da região das Minas foram elevados à condição de vila, e aos poucos o interior da Colônia foi se tornando movimentado e urbanizado. Com isso, a atividade econômica se diversificou e produtos antes importados passaram a ser produzidos na região, como móveis, ferramentas e alimentos. Muitos comerciantes e artesãos enriqueceram abastecendo a população das Minas.

**a)** É correto afirmar que só as pessoas que trabalhavam diretamente na extração do ouro enriqueceram na região das Minas?

______________________________________________

______________________________________________

**b)** A maioria daqueles que efetivamente extraíam ouro e diamante das Minas enriqueceu?

______________________________________________

______________________________________________

**3.** Observe as imagens e leia a legenda.

Para não pagar os impostos cobrados pela Coroa portuguesa, os colonos escondiam ouro em esculturas de santos com fundo falso, os "santos do pau oco". Coleção particular.

**a)** Por que as pessoas adotavam a prática descrita?

________________________________________

**b)** Que movimento foi desencadeado pelo descontentamento com a excessiva cobrança de impostos? O que pretendiam os revoltosos?

________________________________________

________________________________________

## Ampliando horizontes...

### livro

*A história de Chico Rei*, de Beatrice Tanaka, Edições SM.
O livro conta a história de Chico Rei, que veio do Congo e chegou ao Brasil em 1740, no porão de um navio negreiro. Ele era um rei africano e foi vendido como escravo. Mas a condição de escravo, na antiga Vila Rica (atual Ouro Preto), não o impediu de reinar novamente. Libertou seu povo da fúria dos senhores, fez nova fortuna e se tornou figura de destaque em Minas Gerais e no imaginário da cultura popular brasileira.

### site

*Museu Virtual de Ouro Preto*. Disponível em: <www.museuvirtualdeouropreto.com.br>. Acesso em: fevereiro de 2015.
*Site* trata de cidades, artes e ofícios, religião no período colonial, apresentando imagens e informações sobre a descoberta do ouro na região das Minas.

# rede de ideias

## Imposto: para que serve?

O principal imposto sobre o ouro brasileiro criado pelo governo português era o chamado **quinto**. Em 1719, para assegurar o pagamento do quinto e evitar o contrabando, como os realizados em santos do pau-oco, foram criadas as casas de fundição. Nessas casas, o ouro era derretido e transformado em barras de tamanho variável, que recebiam o selo real.

**Contrabando:** comércio proibido por lei.

| Produção de ouro em Minas Gerais – século XVIII | |
|---|---|
| **Período** | **Produção (kg)** |
| 1730-1739 | 18 137 |
| 1740-1749 | 19 759 |
| 1750-1759 | 16 796 |
| 1760-1769 | 14 058 |
| 1770-1779 | 11 697 |
| 1780-1789 | 8 395 |

**Dados extraídos de:** Laura de Mello e Souza. *Desclassificados do ouro*: a pobreza mineira no século XVIII. Rio de Janeiro: Graal, 1986. p. 48.

Giz de cera

Fotografias: Reprodução

Ouro fundido em barras. Museu Histórico Nacional, Rio de Janeiro, Brasil.

**1** Leia a definição e discuta com os colegas: Por que os impostos são importantes?

> Imposto é o dinheiro obrigatoriamente cobrado de cidadãos e empresas com o objetivo de financiar as obras e os serviços públicos de educação, saúde, assistência social, entre outros, de modo a beneficiar toda a sociedade de maneira igualitária.
>
> *Portalzinho CGU (Controladoria-Geral da União)*. Disponível em: <www.portalzinho.cgu.gov.br/portalzinho/glossario/i>. Acesso em: fevereiro de 2015.

■ Façam uma pesquisa sobre obras, serviços e programas de sua cidade que são financiados com o dinheiro de impostos. Sigam o roteiro do professor e registrem as informações em um cartaz. GRUPO

**2** Observe a tabela da página anterior e faça as atividades. DUPLA

**a)** Quanto ouro foi produzido no total em Minas Gerais entre os anos 1730 e 1789? Dê a resposta em toneladas, sabendo que 1 tonelada (t) = 1 000 quilos (kg)

______________________________________________

**b)** Que relação podemos estabelecer entre a diminuição da produção de ouro e a Conjuração Mineira?

______________________________________________

______________________________________________

**3** Observando as roupas e os acessórios de ouro da mulher da pintura, o que se pode concluir sobre a condição social dela? ORAL

Autoria desconhecida

*Baiana*, cerca de 1850. Óleo sobre tela. Autor desconhecido. Museu Paulista da Universidade de São Paulo, Brasil. No século XIX, na Bahia, havia muita preocupação com a aparência e as pessoas valorizavam trajes bem ornamentados, pois eles representavam uma condição social. A imagem de uma mulher negra ricamente vestida é bem rara.

# QUAL É A PEGADA?
## mineração

**Explosões de minas:** podem lançar fragmentos e desestabilizar as margens dos rios.

**Dragas para mineração de areia e cascalho:** aumentam os sedimentos em suspensão na água.

**Consequência:** bloqueio do fluxo do rio por camadas de terra, pedras ou areia.

**Medidas a serem adotadas:** lonas de proteção nas margens dos rios; explosão precisa.

**Condições de trabalho:** falta de equipamentos de segurança, higiene, alimentação e moradia, além da exposição aos gases tóxicos etc.

**Consequência:** morte de trabalhadores nos desabamentos das encostas ou por inalação de gases tóxicos.

**Mineração subterrânea:** pode gerar alteração do curso natural de um lençol freático para alcançar locais onde há minérios.

**Consequência:** rios que dependem do lençol freático podem sofrer redução no volume de água.

Observe o infográfico e converse com os colegas. Depois, responda no caderno.

1. Qual a importância da mineração em nossa sociedade?
2. Como são as condições de trabalho em um garimpo?
3. Que impactos sociais e ambientais podem ser causados pela mineração descontrolada?

Atividades de extrativismo em busca de metais preciosos no nosso território ocorrem há muito tempo, desde as expedições bandeirantes no século XVI.

Atualmente, os minérios, minerais ou rochas de interesse econômico são usados na fabricação de uma série de produtos do nosso cotidiano: automóveis, eletrodomésticos, computadores, celulares etc. Porém, a mineração pode gerar profundos impactos no meio ambiente e na sociedade, como poluição sonora, da água e do ar, incêndios, desgaste do solo, degradação da paisagem natural, da fauna, da flora, entre outros. Mas há algumas saídas para diminuir os impactos provocados pela mineração.

**Árvores e grandes florestas:** são derrubadas para abrir área de exploração.

**Consequência:** vegetação devastada.

**Medida a ser adotada:** reflorestamento.

**Explosões e escavadeiras:** podem acarretar o desaparecimento de um morro.

**Consequência:** possibilidade de alterações microclimáticas.

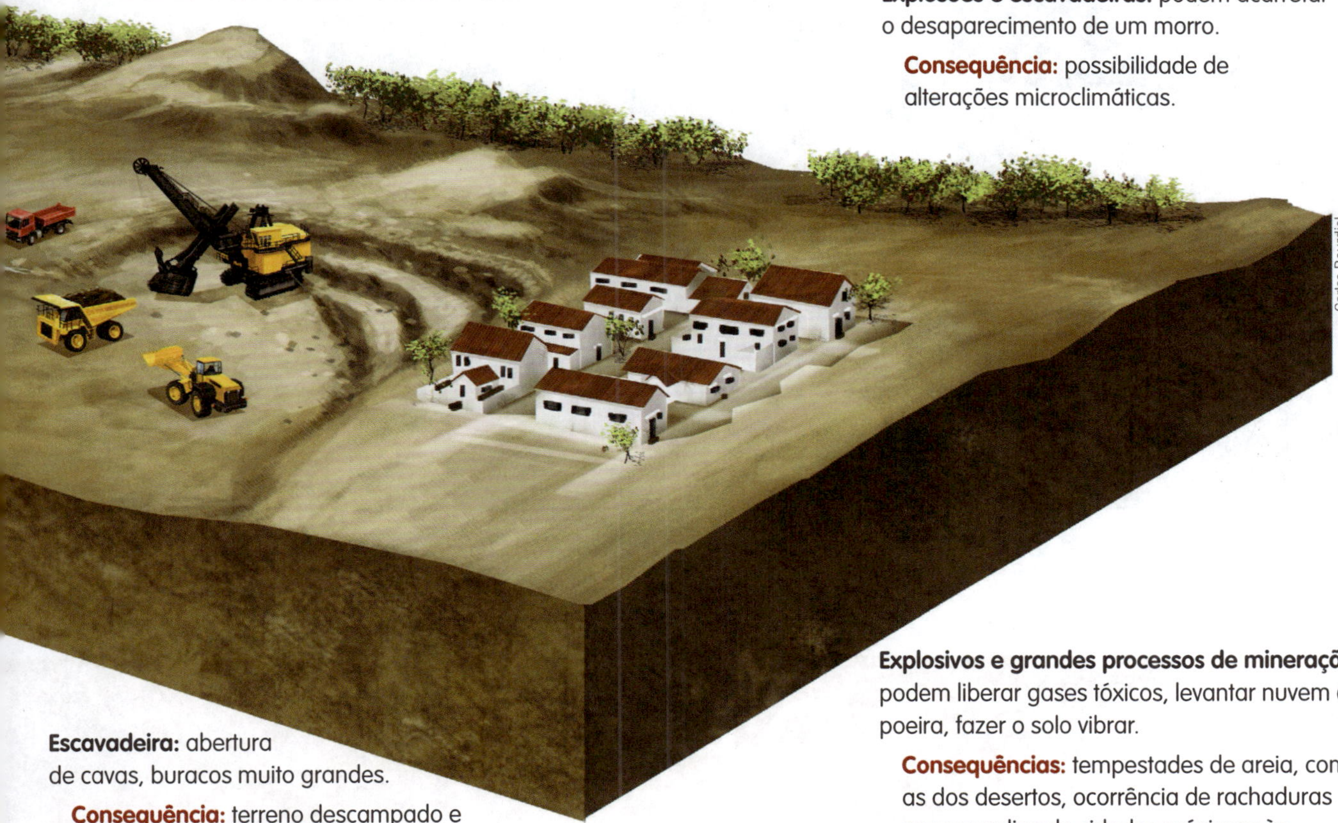

Carlos Bourdiel

**Explosivos e grandes processos de mineração:** podem liberar gases tóxicos, levantar nuvem de poeira, fazer o solo vibrar.

**Consequências:** tempestades de areia, como as dos desertos, ocorrência de rachaduras nas moradias de cidades próximas às jazidas, risco de deslizamentos.

**Escavadeira:** abertura de cavas, buracos muito grandes.

**Consequência:** terreno descampado e sem potencial ecoturístico.

**Medidas a serem adotadas:** urbanização; aproveitamento de algum potencial turístico.

Infográfico feito com base nos dados disponíveis em: <http://planetasustentavel.abril.com.br/InfoMundo/>. Acesso em: fevereiro de 2015.

**4.** Que medidas sustentáveis são tomadas para diminuir o impacto provocado pela mineração? GRUPO

**5.** Pesquisem sobre problemas ambientais causados pela mineração ou outra atividade descontrolada em sua região. Depois, organizem um cartaz com textos e imagens. Siga as orientações do professor.

- Exponham os cartazes nos murais da escola para compartilhar a pesquisa.

*Coroação de dom Pedro I*, de Jean-Baptiste Debret, 1828. Óleo sobre tela. Museu Nacional de Belas Artes, Rio de Janeiro, Brasil. A coroação de dom Pedro I, em 12 de outubro de 1822, foi uma cerimônia que contou com a presença da elite do Império.

# UNIDADE 3

# O Brasil independente: nasce uma nação

2

*Vista do morro de São Bento*, litografia de Engelmann a partir de desenho de Johann Moritz Rugendas, 1835. Coleção particular. A imagem representa a diversidade da população do Rio de Janeiro na época da Independência.

Observe as imagens e converse com os colegas.

1. Que acontecimentos são retratados nas imagens 1 e 2?

2. Dom Pedro I foi coroado Imperador do Brasil em 1822. Por que essa é uma cerimônia marcante na nossa história?

3. A imagem 2 retrata uma cena cotidiana dos habitantes da capital da nova nação. Identifique nela alguns grupos que viviam no Rio de Janeiro.

Capítulo 1

# A família real portuguesa no Brasil

Converse com os colegas: O que é uma nação? O Brasil deixou de ser uma colônia de Portugal. Como você imagina ter sido esse processo? ORAL

No início do século XIX, Portugal estava em uma situação bastante difícil. O reino era economicamente dependente da Inglaterra. Os ingleses compravam de Portugal matérias-primas vindas do Brasil, como algodão, tabaco e madeiras, e vendiam produtos manufaturados para Portugal e para o Brasil, tais como: roupas, ferramentas, pianos, carruagens etc. Esse comércio era muito mais vantajoso para a Inglaterra do que para Portugal, uma vez que a exportação de produtos manufaturados proporcionava mais lucro do que a exportação de matérias-primas.

Em 1807, Portugal estava sob ameaça de ser invadido pela França, governada pelo imperador Napoleão Bonaparte e que tinha uma política de conquista de territórios na Europa e fora dela. Os interesses do governo francês na Europa se confrontavam com os do governo inglês, e Portugal, aliado da Inglaterra, hesitava em romper com sua parceira comercial.

**Manufaturado:** o que é produzido em série, com padrão único, por processo manual ou mecânico, ou por combinação das duas formas.

## A fuga da família real para o Brasil

Portugal era governado pelo príncipe regente dom João. Ao saber da intenção francesa de invadir o país, dom João decidiu transferir toda a Corte portuguesa para o Brasil. A viagem durou pouco mais de três meses e, após uma breve parada em Salvador, a família real portuguesa desembarcou no Rio de Janeiro, em 8 de março de 1808.

A família real veio acompanhada de cerca de 15 mil pessoas, entre nobres, padres, funcionários da corte, militares, artesãos e outros profissionais a serviço da realeza.

Autoria desconhecida

*Embarque de dom João,* autor desconhecido, s.d. Museu Histórico do Itamarati, Rio de Janeiro, Brasil. Sob a proteção da marinha inglesa, a família real portuguesa embarcou para o Brasil em 29 de novembro de 1807.

**1.** Escrevam, no caderno, uma pergunta para cada resposta. DUPLA

- Porque Napoleão Bonaparte, imperador da França, ameaçava invadir Portugal.
- Porque dom João não queria romper relações com a Inglaterra, que era sua parceira comercial e inimiga da França.
- Porque Portugal vendia matéria-prima para a Inglaterra, que vendia produtos manufaturados para Portugal.
- Chegaram ao Brasil em 1808.

**2.** Observe a imagem acima, leia o texto a seguir e responda às questões no caderno.

[...]

"Uma cena terrível de confusão e aflição tomou conta de todas as classes assim que se tornou conhecida a intenção do príncipe de embarcar para o Brasil: milhares de homens, mulheres e crianças estavam constantemente na praia, empenhando-se por escapar a bordo. Muitas senhoras distintas entraram na água na esperança de alcançar os botes, mas algumas, desgraçadamente, morreram na tentativa", descreve o tenente Thomas O'Neill, que estava ao mar, em seu navio, mas ouviu a história de outro oficial britânico [...].

*Veja 1808* – Edição Especial. São Paulo: Abril, março de 2008. p. 13.

**a)** O texto e a imagem referem-se a que acontecimento?

**b)** Na sua opinião, a cena descrita está fielmente retratada na imagem?

Descreva um detalhe da pintura que justifique sua resposta.

**c)** Na imagem são retratadas embarcações estrangeiras que protegeram a esquadra portuguesa até o Brasil. A que país pertenciam essas embarcações?

# A abertura dos portos

A primeira medida tomada por dom João, assim que chegou ao Brasil, foi a abertura dos portos brasileiros às nações amigas. Isso significava que o Brasil deixava de ser uma colônia portuguesa, ficando livre para fazer comércio com qualquer outro lugar do mundo. Mas, na prática, essa medida beneficiou principalmente os ingleses, que tinham condições privilegiadas para vender seus produtos manufaturados no mercado brasileiro.

Com a transferência da Corte portuguesa, na prática o Brasil deixava de ser um território dependente de Portugal e passava a ser sede de todo o Império português. A partir desse momento, todas as decisões do Império passaram a ser tomadas em sua sede no Rio de Janeiro, e não mais em Lisboa.

Em 1815, dom João elevou o Brasil à categoria de Reino Unido a Portugal e Algarves. Apesar de ainda não ser independente, com essa decisão o Brasil já assumia características de um Estado soberano.

**Estado soberano:** país com governo próprio e não dependente de outra nação.

Em 1816, com a morte da mãe, dona Maria I, dom João tornou-se rei, assumindo o nome dom João VI.

## Mudanças no Rio de Janeiro

Apesar de ser capital do Brasil, em 1808 o Rio de Janeiro era uma cidade rústica e pacata. Com a vinda da família real, a então capital sofreu diversas modificações: novos edifícios foram construídos para abrigar os órgãos do governo; parte da população foi obrigada a ceder sua residência para nobres, criados e funcionários da Corte.

Jean-Baptiste Debret/Thierry Frères (lith.)

Vista do Largo do Palácio, litografia de Thierry Frères a partir de desenho de Jean-Baptiste Debret, 1834-1839. Coleção particular. No largo ficava o palácio real, de onde o príncipe regente dom João governava o Brasil e o Império português.

Além dos portugueses, muitos estrangeiros, entre eles cientistas, artistas, militares e arquitetos, vieram para o Rio de Janeiro. Com isso, entre 1808 e 1820, a população da cidade passou de 60 mil para 90 mil pessoas.

Para desenvolver a economia, a arte, a ciência e a cultura no Brasil, novas instituições foram criadas.

| Instituição | Ano de fundação | Principal função |
|---|---|---|
| Banco do Brasil | 1808 | Primeiro banco brasileiro. |
| Impressão Régia | 1808 | Responsável pela publicação de jornais, livros e panfletos impressos no Brasil. |
| Museu Real | 1808 | Destinado à pesquisa científica. |
| Real Teatro de São João | 1813 | Local de exibição de peças de teatro e óperas. |
| Real Biblioteca | 1814 | Primeira biblioteca pública do país. |
| Escola Real de Ciências, Arte e Ofícios | 1818 | Centro de ensino de Ciências, Arte e Ofícios, como pintura, escultura e arquitetura. |
| Real Jardim Botânico | 1819 | Espaço para o cultivo de espécies vegetais do Brasil e do oriente. |

**1.** Sublinhe no texto da página anterior uma frase que tenha relação com cada uma das expressões.

1. Fim das restrições comerciais.

2. Moradia para os membros da Corte portuguesa.

**2.** Criem e dramatizem um diálogo entre um funcionário do governo português e um morador do Rio de Janeiro na época da chegada da família real. DUPLA

- O funcionário deve explicar ao morador que sua moradia está sendo requisitada para abrigar membros da Corte.
- O morador deve mostrar preocupação com a situação e o funcionário deve enumerar as vantagens de ter a Corte morando no Brasil.

**3.** Pesquise uma das instituições indicadas no quadro acima. Escreva, no caderno, um texto contando a função e a importância dessa instituição atualmente.

Capítulo 2

# Brasil, uma nação

O que significa ser independente? Você sabe como o Brasil se tornou uma nação independente? Que mudanças a independência do Brasil trouxe para o povo? ORAL

Durante o período em que a Corte portuguesa permaneceu no Brasil, Portugal havia entrado em crise. A exclusividade do comércio com os brasileiros era a principal fonte de renda dos comerciantes portugueses, mas, com a abertura dos portos, eles perderam esse privilégio.

O descontentamento dos portugueses levou à **Revolução do Porto** em Portugal, no ano de 1820. Uma das exigências dos revolucionários era o retorno imediato do monarca a Portugal. Sem alternativa, dom João VI partiu do Brasil com sua Corte e funcionários em 1821, deixando seu filho, dom Pedro de Alcântara, como príncipe regente do Brasil.

Tentando reverter a situação de crise de seu país, os revolucionários portugueses votaram leis que tornariam o Brasil novamente uma colônia de Portugal. Entre essas leis, havia decretos que extinguiam a regência de dom Pedro e exigiam sua volta imediata para Portugal.

Descontentes com a situação, brasileiros começaram a lutar pela independência e buscaram o apoio do príncipe regente, dom Pedro, que permaneceu no Brasil, aderiu ao movimento pela independência e expulsou as tropas portuguesas do Rio de Janeiro. Em 7 de setembro de 1822, durante uma viagem para São Paulo e após ter sido informado de que uma expedição portuguesa iria desembarcar na Bahia, dom Pedro proclamou a independência do país, que passou a se chamar Império do Brasil.

Museu da Cidade, Câmara Municipal de Lisboa, Portugal

A gravura mostra a festa da população pela volta de dom João VI a Portugal. Museu da Cidade, Lisboa, Portugal. A Independência do Brasil marcou o rompimento com Portugal, mas a dinastia de Bragança (à qual pertenciam dom João e dom Pedro) continuou no poder após a Independência.

**1.** Explique a relação entre a abertura dos portos brasileiros e o empobrecimento de Portugal.

______________________________________________

______________________________________________

**2.** Complete a tabela com as intenções e ações dos portugueses revoltosos e da elite política no Brasil durante a regência de dom Pedro.

| | **Portugueses** | **Brasileiros** |
|---|---|---|
| **Intenções** | | |
| **Ações** | | |

**3.** Destaque as peças da página 13 do **Material Complementar** e monte o quebra-cabeça. Em seguida, leia o texto e responda no caderno.

**A mulher no processo de Independência do Brasil**

Em setembro de 1822, dona Leopoldina, nomeada princesa regente interina do Brasil, reuniu o Conselho de Estado e, aconselhada por esse grupo, enviou uma carta ao marido, dom Pedro, que estava em viagem a São Paulo, incentivando-o a proclamar a Independência do Brasil.

**a)** Quem era dona Leopoldina?

**b)** É correto afirmar que dona Leopoldina desempenhou importante papel na Independência do Brasil? Justifique sua resposta.

**c)** Muitas mulheres tiveram e continuam tendo importância e influência no cenário político do Brasil. Pesquise: Que mulher assumiu recentemente um cargo importante no cenário político do Brasil? Qual é o cargo e quais são as suas responsabilidades?

# A primeira Constituição do Brasil

Com a Proclamação da Independência, dom Pedro foi aclamado com o título de imperador e defensor perpétuo do Brasil. Em 25 de março de 1824, após vários desentendimentos com a elite que participou do processo de independência, dom Pedro outorgou a primeira Constituição da nova nação.

**Outorgar:** aceitar, autorizar, conceder.

Veja o que diz o primeiro artigo dela:

Fundação Biblioteca Nacional, Rio de Janeiro, RJ

Capa da primeira Constituição do Brasil, de 1824.

Art. 1. O IMPERIO do Brazil é a associação Politica de todos os Cidadãos Brazileiros. Elles formam uma Nação livre, e independente, que não admite com qualquer outra laço algum de união, ou federação, que se opponha á sua Independencia.

BRASIL. *Constituição Politica do Imperio do Brazil* (de 25 de março de 1824). Disponível em: <www.planalto.gov.br/ccivil_03/constituicao/constituicao24.htm>. Acesso em: fevereiro de 2015.

Gregório Francisco de Queiroz, segundo desenho de Domenico Esquioppetta / Museu Imperial, Petrópolis, RJ

D. Pedro I, rei de Portugal e dos Algarves. Gravura de Francisco de Queiroz, Museu Imperial, Petrópolis, Rio de Janeiro, Brasil.

Com a Constituição, parte da população brasileira ganhou o direito à cidadania política, ou seja, podia eleger seus representantes, mais especificamente homens livres maiores de 25 anos que tivessem uma renda mínima de 100 mil-réis por ano. Estavam excluídos do direito ao voto: as mulheres, porque o voto era restrito aos homens, e pessoas escravizadas, porque não eram consideradas cidadãs. Os analfabetos, que representavam 85% da população na época, também não podiam votar.

Contudo, o novo governo e a Constituição de 1824 não modificaram a organização da sociedade brasileira. A escravidão continuou sendo aceita, e o poder, concentrado nas mãos dos grandes proprietários de terra.

**1.** Converse com os colegas e depois responda: Por que dom Pedro foi aclamado imperador e não presidente do Brasil?

______________________________________________

**2.** A Constituição de 1824 estabelecia a existência de quatro poderes para governar o país. Observe como se organizavam esses poderes.

**Poder Moderador**
(Imperador)

**Poder Legislativo**
(Deputados e senadores)

**Poder Executivo**
(Imperador e ministros)

**Poder Judiciário**
(Juízes e tribunais)
Órgão maior: Supremo Tribunal de Justiça

**a)** Pinte os poderes exercidos pelo imperador.

**b)** A forma de organização dos poderes no Império conferia amplos poderes ao imperador. Explique por quê.

______________________________________________

______________________________________________

**3.** Na sua escola há um documento que estabelece direitos e deveres de todos os participantes do ambiente escolar. Que documento é esse?

______________________________________________

- Pesquise as regras e normas referentes aos alunos e copie no caderno uma que você ache que merece maior atenção dos alunos da escola.

## *Ampliando horizontes...*

***site***

*Educar para crescer*. Disponível em: <http://educarparacrescer.abril.com.br/1808/>
Acesso em: fevereiro de 2015.
História da chegada da família real ao Brasil, contada por Laurentino Gomes, por meio de infográfico com animação.

# Gente que faz!

## Monumentos da história do Brasil

As cidades apresentam monumentos históricos que simbolizam acontecimentos importantes para a história de uma nação.

A Independência do Brasil, em 7 de setembro de 1822, é um exemplo de fato marcante. Por esse motivo, há vários monumentos em homenagem a esse acontecimento histórico.

Leonardo Santos

O **monumento** é uma construção erguida para comemorar um acontecimento importante, homenagear pessoas e também criar um objeto artístico, ou seja, dotado de beleza estética. Os monumentos têm a função de preservar a memória de fatos importantes para determinadas comunidades.

O monumento da Independência foi criado em 1922 como parte das comemorações do centenário da Independência do Brasil. Localizado na praça da Independência, em Santos (São Paulo), é dedicado a José Bonifácio, conhecido como o patriarca da Independência, e a seus irmãos. Fotografia de 2011.

**1** Na sua opinião, qual é a função dos monumentos históricos? **ORAL**

**2** O que é lembrado no monumento histórico que aparece na imagem da página anterior?

______________________________________________

**3** Leia o texto, observe a imagem e responda no caderno.

Nosso patrimônio cultural e natural é frágil e está constantemente ameaçado de desaparecer. As guerras, os desastres naturais, o crescimento desordenado das cidades, a falta de investimento e o abandono colocam em risco a preservação do patrimônio em diferentes lugares do mundo.

Evelson de Freitas/AE

Fonte monumental na Praça Júlio de Mesquita em estado de destruição e pichação. São Paulo, 2012.

**a)** Dê exemplos de problemas que dificultam a preservação do patrimônio de sua cidade.

______________________________________________

______________________________________________

**b)** Discuta com os colegas: Por que é importante preservar os monumentos históricos?

______________________________________________

______________________________________________

**c)** Escolham um monumento de sua cidade, pesquisem e escrevam um pequeno texto explicando o seu significado e por que é importante que ele seja preservado. **DUPLA**

# Atividades

**1.** Complete a linha do tempo e insira, em ordem cronológica, os acontecimentos listados.

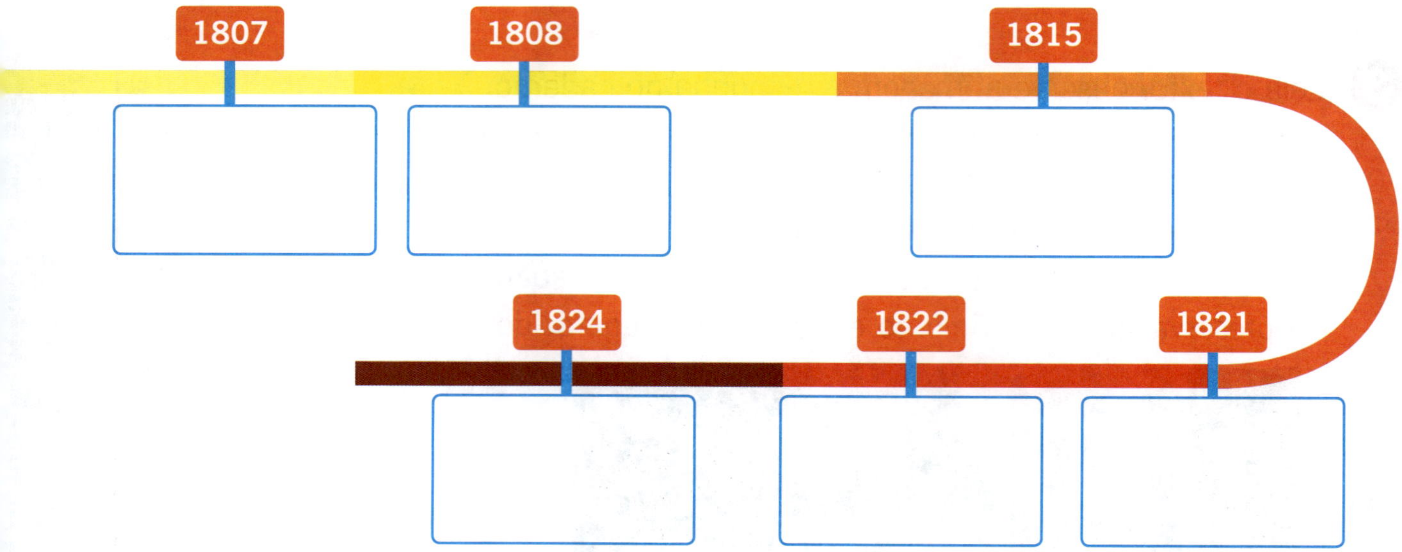


- Proclamação da Independência do Brasil.
- Retorno de D. João VI a Portugal.
- Instalação da Corte portuguesa no Brasil e abertura dos portos às nações amigas.
- Outorga da 1ª Constituição do Brasil.
- Transferência da Corte portuguesa para o Brasil.
- Elevação do Brasil a Reino Unido a Portugal e Algarves.

**2.** Leia a notícia publicada na *Gazeta do Rio de Janeiro*, em 20 de dezembro de 1815.

**a)** O que aconteceu no dia 16 de dezembro?

______________________________

**b)** Como reagiram os moradores do Rio de Janeiro diante da notícia?

______________________________

______________________________

______________________________

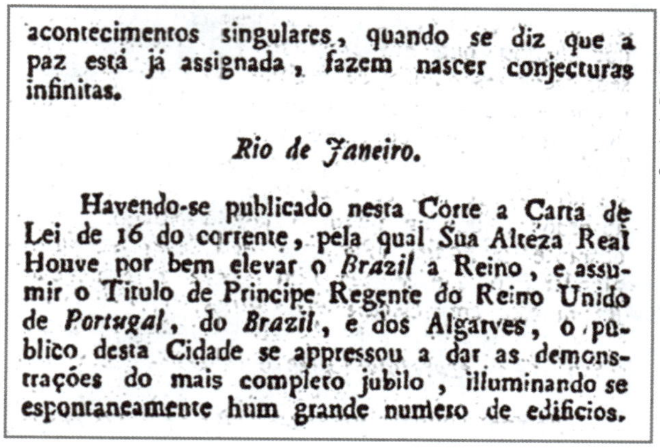
acontecimentos singulares, quando se diz que a paz está já assignada, fazem nascer conjecturas infinitas.

*Rio de Janeiro.*

Havendo-se publicado nesta Côrte a Carta de Lei de 16 do corrente, pela qual Sua Alteza Real Houve por bem elevar o *Brazil* a Reino, e assumir o Titulo de Principe Regente do Reino Unido de *Portugal*, do *Brazil*, e dos Algarves, o publico desta Cidade se appressou a dar as demonstrações do mais completo jubilo, illuminando se espontaneamente hum grande numero de edificios.

Gazeta do Rio de Janeiro

**3.** Leia o texto abaixo e responda às questões.

O pai de João, seu Olinto, tinha sido soldado da Guarda Imperial, um alferes. Mas já não era. Por uns tempos, trabalhara como ferreiro, mas não tinha dado certo, e agora trabalhava como carpinteiro.

De qualquer maneira, continuava pobre. Era branco, mas pobre. Não tinha sequer dinheiro para ter um escravo de ganho para alugar e aumentar a renda da família, ou para ajudar nos trabalhos domésticos. Sua mulher [...] era quem fazia todos os trabalhos da casa e cuidava dos cinco filhos. Os irmãos mais velhos já trabalhavam em uma coisa ou outra.

Maria José Silveira. *Brasília e João Dimas e a santa do caldeirão na época da Independência*. Belo Horizonte: Formato, 2004. p. 17.

**a)** De acordo com a Constituição de 1824, seu Olinto poderia votar?

______________________________

______________________________

**b)** Quais elementos do texto indicam que a organização social do Brasil não mudou significativamente após a Independência?

______________________________

______________________________

**4.** Grande parte da população brasileira permaneceu indiferente à Independência. Responda no caderno.

**a)** Qual a condição social das pessoas da imagem?

**b)** A ordem social retratada na imagem sofreu alguma mudança em razão da Independência?

Museus Castro Maya, Rio de Janeiro

*Oficial da Corte indo ao palácio*, aquarela de Jean-Baptiste Debret, 1822. Museus Castro Maya, Rio de Janeiro, Brasil.

# rede de ideias

## O cotidiano da escravidão no Brasil

Jean-Baptiste Debret chegou ao Brasil em 1816 e aqui permaneceu até 1831. Debret era um dos integrantes da Missão Artística Francesa, grupo de artistas e artesãos franceses que vieram ao Brasil a convite de dom João VI para fundar uma academia de belas-artes no Rio de Janeiro.

*Casamento de negros de uma casa rica*, de Jean-Baptiste Debret, 1826. Aquarela. Museus Castro Maya, Rio de Janeiro, Brasil.

**1** Qual era a importância dos africanos escravizados para a economia brasileira da época? Que tipos de trabalhos eram realizados pelos escravos?

**2** Que crítica Debret faz ao modo como os negros eram tratados?

**3** Cole as imagens de acordo com as legendas. Use os **Adesivos**.

- Com base nas imagens, analise o cotidiano da escravidão no Brasil.

**a)** Quais os costumes retratados nessas pinturas?

Tudo assenta pois, neste país, no escravo negro; na roça, ele rega com seu suor as plantações do agricultor; na cidade, o comerciante fá-lo carregar pesados fardos; se pertence ao capitalista, é como operário ou na qualidade de moço de recados que aumenta a renda do senhor. Mas, sempre mediocremente alimentado e maltratado [...]

Jean-Baptiste Debret. *Viagem pitoresca e histórica ao Brasil.* Belo Horizonte: Itatiaia/São Paulo: Edusp, 1989. t. II, p. 13.

Debret viajou pelo Brasil e registrou em suas obras as paisagens do país e o cotidiano de seus habitantes. O pintor deu atenção especial ao cotidiano dos negros que viviam no Brasil. Os negros africanos trouxeram consigo tradições e costumes religiosos da África, que se fundiram com alguns costumes dos europeus.

*Cortejo fúnebre de criança negra*, de Jean-Baptiste Debret, 1826. Aquarela sobre papel. Museus Castro Maya, Rio de Janeiro, Brasil.

**b)** Cite a imagem que retrata um costume africano e a que retrata um costume europeu. Justifique sua resposta.

______________________________________________

______________________________________________

______________________________________________

**4** Pesquisem e organizem um dossiê de imagens sobre o cotidiano dos escravos no Brasil. **GRUPO**

- Selecionem diferentes fontes, como livros, obras de referência e internet.
- Escolham imagens que documentem diferentes aspectos da escravidão (trabalho, costumes, festas, hábitos).
- Elaborem legendas e organizem as imagens selecionadas.
- Divulguem o resultado em um *blog* de imagens ou nas redes sociais.

Johann Moritz Rugendas/ Engelmann (lith.)

**Derrubada da mata:** *Derrubada de uma floresta*, litografia de Engelmann a partir de desenho de Johann Moritz Rugendas, 1835. Coleção particular.

Cesar Diniz/Pulsar Imagens

**Plantio e cultivo:** Ramos de café maduro na zona rural do povoado de Mato Grosso, Rio de Contas, Bahia, 2012.

Marc Ferrez

**Colheita:** Colheita de café, fotografia de Marc Ferrez, 1885. Coleção Ruy Souza e Silva.

Rosenhain & Meyer - São Paulo

**Secagem:** Secagem do café. Cartão-postal do início do século XX. Coleção particular.

# UNIDADE 4

# O império do café

**Abanação e catação:** Trabalhador em fase de abanação de café, em plantação de Santa Mariana, Paraná, 2013.

Ernesto Reghran/Pulsar Imagens

Antonio Ferrigno

**Ensacamento:** *Ensacamento do café, fazenda Santa Gertrudes – Araras, SP*, de Antonio Ferrigno, 1903. Óleo sobre tela. Museu Paulista da Universidade de São Paulo, Brasil.

**Exportação:** *Embarque do Café no Porto de Santos*, fotografia de Marc Ferrez, 1884. Acervo do Instituto Moreira Salles, Brasil.

Marc Ferrez/Acervo do Instituto Moreira Salles

Observe as imagens e converse com os colegas.

**1.** Que etapas de trabalho com o café são representadas nas imagens?

**2.** Quem realizava a maior parte do trabalho com o café?

**3.** O café foi chamado de "ouro verde". Explique por que isso ocorreu.

Capítulo 1

# A cultura do café

Troque ideias com os colegas: Qual a importância do café na economia brasileira no passado e no presente? ORAL

O café é um dos produtos de exportação mais importantes para a economia brasileira. Em 2012, o país foi responsável por um terço de toda a produção de café do mundo. No passado, sua importância era ainda maior. Entre a metade do século XIX e as primeiras décadas do século XX, o café correspondia a três quartos (ou 75%) de tudo o que o Brasil exportava para o exterior.

Diomedia

**BRASIL — Expansão do café (início do século XIX até 1880)**

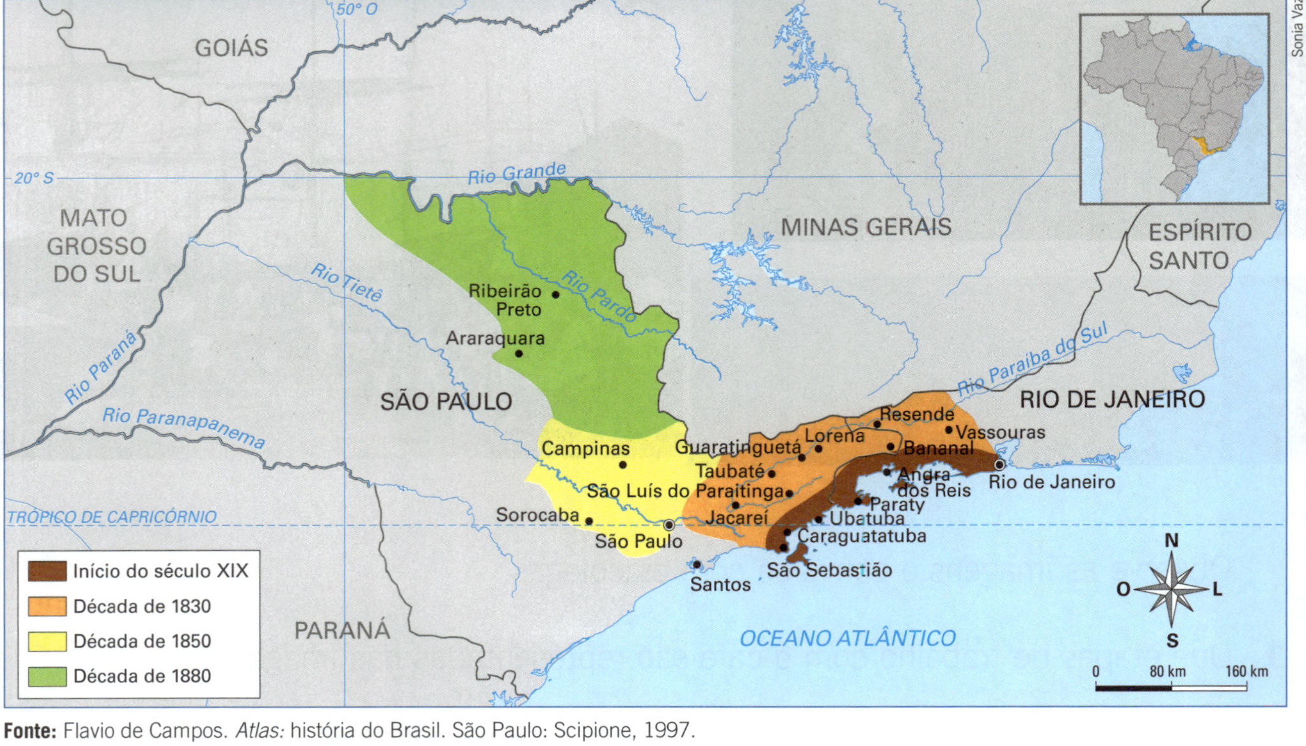


Sonia Vaz

**Fonte:** Flavio de Campos. *Atlas:* história do Brasil. São Paulo: Scipione, 1997.

A produção do café se difundiu do litoral fluminense para grande parte do estado de São Paulo, o sul de Minas e o Espírito Santo. No século XX, Paraná, Mato Grosso do Sul e Goiás também se tornaram produtores.

Na colheita, fase mais trabalhosa da produção do café, exigia-se muito dos escravos. Era comum oferecer benefícios para estimular o rendimento do trabalho, como roupas novas e dinheiro. Os castigos corporais continuavam sendo aplicados na rotina do trabalho escravo.

# Café e modernidade

Limpa-trilhos de locomotiva, Minas Gerais, 1880. Fotografia de Marc Ferrez. Acervo do Instituto Moreira Salles, Brasil. A riqueza gerada pelo café permitiu a construção das primeiras estradas de ferro do Brasil.

O dinheiro acumulado com a exportação de café permitiu que o Brasil desse os primeiros passos para a industrialização. Entre 1840 e 1860, produtos manufaturados – tais como chapéus, tecidos, calçados, velas, móveis, vidros, entre outros –, que antes eram importados, começaram a ser produzidos no Brasil.

A economia do café também levou à implantação das primeiras estradas de ferro. A primeira ferrovia, Estrada de Ferro Petrópolis, foi inaugurada em 1854 e tinha apenas 14 km de extensão, ligando o porto de Mauá, na Baía de Guanabara, à raiz da Serra da Estrela, atual Magé.

Em 1867, foi inaugurada a primeira ferrovia paulista, a Estrada de Ferro Santos-Jundiaí. Antes de sua construção, o café era transportado por tropas de mulas de maneira lenta e perigosa. A construção da ferrovia permitiu transportar o café do interior de São Paulo até o porto de Santos de modo rápido e eficiente.

**1.** Compare os gráficos e responda às questões no caderno.

**Exportação de mercadorias (século XIX)**

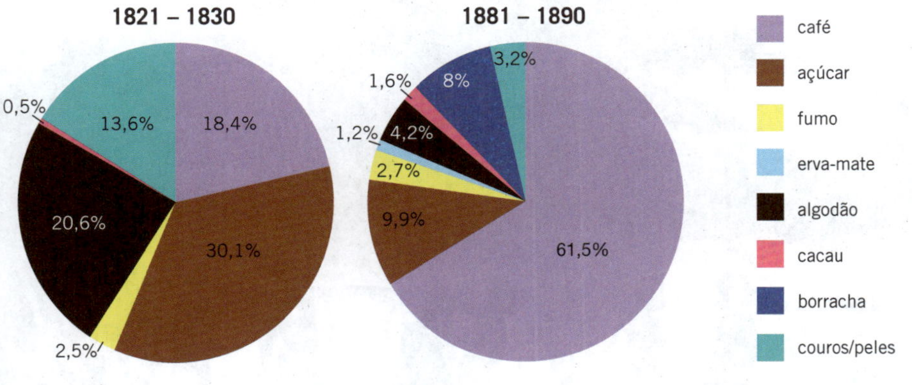


**Fonte:** Comércio Exterior do Brasil, n. 1, C.E. e n. 12-A do Serviço de Estatística Econômica e Financeira do Ministério da Fazenda. In: Hélio Schlitter Silva, "Tendências e Características Gerais do Comércio Exterior no Séc. XIX". *Revista de Economia Brasileira*, jun. 1953, p. 8.

**a)** Que produto teve maior crescimento e quais tiveram grande diminuição no volume de exportação de um período para outro?

**b)** Que produtos o Brasil começou a exportar na década de 1880?

**c)** Que conclusão pode ser tirada sobre a região Nordeste, que centralizava a produção de açúcar?

**2.** Escreva no caderno algumas mudanças que ocorreram no Brasil em decorrência da economia do café.

# O fim do tráfico de escravos

Durante mais de três séculos, a vinda de escravos da África sustentou a economia brasileira. Os negros escravizados faziam a maior parte do trabalho pesado nas fazendas, nas moradias e nas cidades. Além disso, o tráfico negreiro era uma grande fonte de lucros para negociantes portugueses e brasileiros.

Aumentava cada vez mais a indignação de parte da sociedade, fora e dentro do Brasil, contra as condições desumanas desse comércio de pessoas. O governo inglês fazia pressão para que o governo brasileiro aprovasse uma lei proibindo o tráfico de escravos entre a África e o Brasil. As autoridades brasileiras, no entanto, continuaram tolerando as embarcações que chegavam carregadas de escravos. Descontente com essa atitude, o governo inglês passou a aprisionar navios negreiros no mar, impedindo que chegassem ao Brasil.

Diante do impasse entre brasileiros e ingleses, o governo do Brasil aprovou a **Lei Eusébio de Queiros**, em 1850, que pôs fim ao tráfico intercontinental de negros escravizados. Contudo, as fazendas de café continuavam dependentes da mão de obra escrava, e o tráfico interno de escravos, que vinham principalmente das províncias do Nordeste para trabalhar nas plantações de café do Sudeste, continuou existindo.

Album/akg/North Wind Picture Archives/Latinstock

*Tráfico de escravos,* de C. P. Speke, sem data. As condições desumanas do tráfico de escravos geraram uma pressão cada vez maior sobre o governo brasileiro para que ele fosse extinto.

**1.** Observe a imagem, leia a legenda e responda.

The Bridgeman Library/Grupo Keystone

Ilustração de 1873. Coleção particular. Diante da aproximação de navios-patrulha britânicos, traficantes de africanos escravizados livram-se de sua "carga".

**a)** Como os traficantes procuravam se livrar de sua "carga"?

______________________________________________

**b)** Por que os navios-patrulha britânicos caçavam os navios negreiros?

______________________________________________

______________________________________________

**c)** Sublinhe no texto da página 68 o trecho que se refere à imagem acima.

**2.** Observe a tabela e responda.

| **Declínio da população escrava por região brasileira – 1872 a 1887** | | |
|---|---|---|
| **Regiões** | **1872** | **1887** |
| Norte | 102 397 | 43 981 |
| Nordeste | 405 470 | 171 797 |
| Sudeste | 891 306 | 482 327 |
| Centro-Oeste | 17 319 | 8 188 |
| Sul | 93 335 | 16 882 |
| **Brasil** | **1 509 827** | **723 175** |

**Adaptado de:** Francisco V. Luna e Herbert S. Klein. *Escravismo no Brasil.* São Paulo: Imprensa Oficial/ Edusp, 2000. p. 320.

**a)** Entre os anos de 1872 e 1887, o que aconteceu com o número de escravos no Brasil?

______________________________________________

**b)** Que região concentrava a maior quantidade de escravos? Por quê?

______________________________________________

______________________________________________

## Capítulo 2

# Os negros conquistam direitos

Na sua opinião, como a sociedade brasileira se mobilizou no século XIX para acabar com a escravidão? **ORAL**

Entre 1840 e 1889, o Brasil viveu sob o Segundo Reinado. Dom Pedro II se tornou imperador com apenas 14 anos, em uma época em que o país passava por várias rebeliões e se acreditava que a existência de um imperador podia garantir a paz e a estabilidade.

A proibição do tráfico de africanos foi o primeiro passo para a abolição da escravatura. Pessoalmente, o imperador dom Pedro II era favorável à abolição. Entretanto os grandes donos de terra consideravam a compra e venda de escravos um investimento. Por isso, recusavam-se a discutir o fim da escravidão sem que o governo os compensasse pelo investimento que seria perdido.

Enquanto o governo e os grandes donos de escravos discutiam, sem chegar a nenhum acordo, a sociedade e os próprios escravos começaram a agir. Os escravos resistiam à escravidão como podiam, principalmente com fugas, formação de **quilombos** e rebeliões.

A partir de 1860, setores cada vez mais amplos da população livre das cidades se mobilizaram em defesa da abolição. Surgiram clubes, associações e jornais que difundiam as ideias abolicionistas.

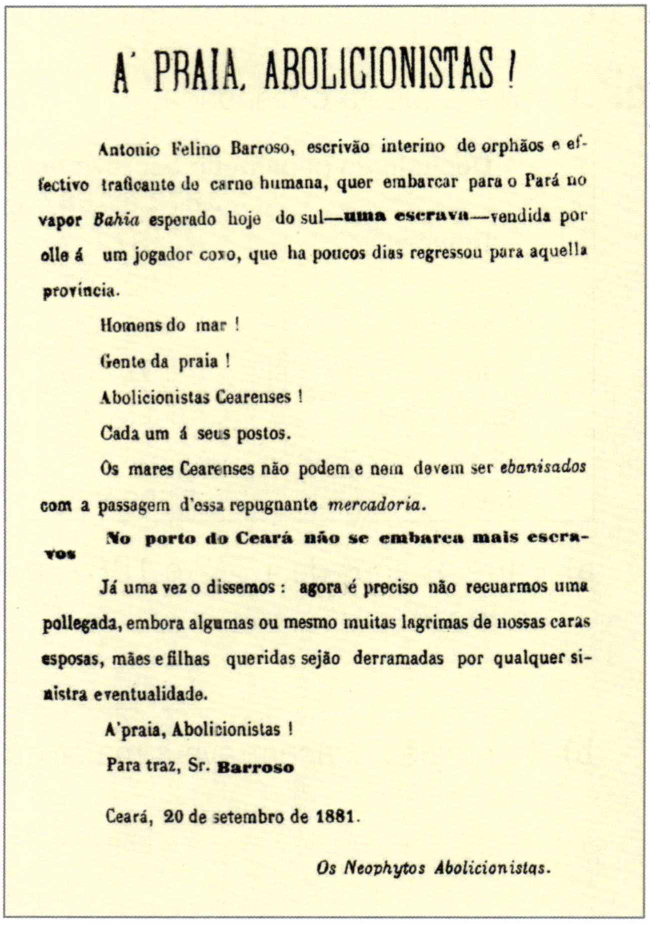

A' PRAIA, ABOLICIONISTAS!

Antonio Felino Barroso, escrivão interino de orphãos e effectivo traficante de carne humana, quer embarcar para o Pará no vapor *Bahia* esperado hoje do sul—**uma escrava**—vendida por elle á um jogador coxo, que ha poucos dias regressou para aquella provincia.

Homens do mar!

Gente da praia!

Abolicionistas Cearenses!

Cada um á seus postos.

Os mares Cearenses não podem e nem devem ser *ebanisados* com a passagem d'essa repugnante *mercadoria*.

**No porto do Ceará não se embarca mais escravos**

Já uma vez o dissemos: agora é preciso não recuarmos uma pollegada, embora algumas ou mesmo muitas lagrimas de nossas caras esposas, mães e filhas queridas sejão derramadas por qualquer sinistra eventualidade.

A'praia, Abolicionistas!

Para traz, Sr. **Barroso**

Ceará, 20 de setembro de 1881.

*Os Neophytos Abolicionistas.*

Acervo Iconographia

Jornal abolicionista *O libertador*, no Ceará, 1881, divulgava a campanha contra o embarque de escravos.

Clubes abolicionistas ajudavam a esconder escravos em fuga, reuniam dinheiro para pagar as alforrias e defendiam os fugitivos junto à justiça. Muitos desses fugitivos eram encaminhados aos quilombos, onde podiam viver e trabalhar livremente.

**Alforria:** liberdade concedida pelo senhor ao escravo, voluntariamente ou mediante pagamento.

**1.** Leia o texto e responda.

**Chiquinha Gonzaga – A mulher no processo de abolição da escravatura**

Compositora, instrumentista, regente. Rio de Janeiro, RJ, 17/10/1847- idem, 28/02/1935. Maior personalidade feminina da história da música popular brasileira e uma das expressões maiores da luta pelas liberdades no país [...] foi uma ativa participante do movimento pela abolição da escravatura, vendendo suas partituras de porta em porta a fim de angariar fundos para a Confederação Libertadora. Com o dinheiro arrecadado na venda de suas músicas comprou a alforria de José Flauta, um escravo músico.

Disponível em: <http://chiquinhagonzaga.com/wp/biografia/>. Acesso em: fevereiro de 2015.

**Angariar:** arrecadar, juntar colaboradores em forma de apoio, dinheiro, mantimentos etc.

Acervo Iconographia

Chiquinha Gonzaga, primeira maestrina brasileira, foi também ativa participante da campanha abolicionista, século XIX.

**a)** Qual o talento de Chiquinha Gonzaga?

______________________________

**b)** De que forma ela contribuiu para a causa abolicionista?

______________________________

______________________________

**2.** A abolição foi a primeira manifestação coletiva a mobilizar adeptos em todas as camadas sociais do Brasil.

- No texto da página 70, sublinhe um trecho que represente as manifestações do movimento abolicionista.

# As leis abolicionistas

Pressionado pela sociedade, o governo respondeu com medidas para extinguir gradualmente a escravidão. O Brasil foi o último país ocidental a libertar os escravos. A escravidão era o maior obstáculo para a conquista da cidadania, que de fato levaria algum tempo para se consolidar.

## 1850

### Lei Eusébio de Queirós

Proibia o tráfico de escravos.

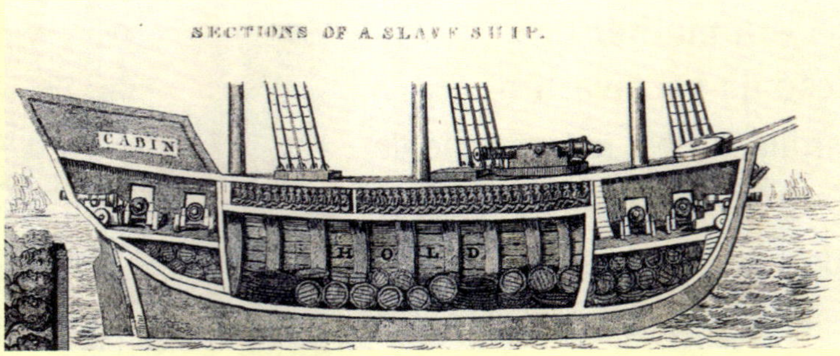


Robert Walsh (del.) e T. Kelly (lith.)

Na imagem, corte de um navio negreiro, litografia de T. Kelly que ilustra a obra de Robert Walsh, *Notices of Brazil in 1828 and 1829* (London: Westley & A. H. Davis, 1830).

## 1871

### Lei do Ventre Livre

Declarava livres os filhos de escravos nascidos a partir da data da lei.

Marc Ferrez

Os beneficiados por essa lei deveriam ser entregues para o governo criá-los ou tinham de prestar trabalho ao senhor até os 21 anos. Com isso ficava difícil desvincular-se do trabalho para os senhores e ter novas oportunidades. *Negra na Bahia*, fotografia de Marc Ferrez, cerca de 1884. Instituto Moreira Salles, Brasil.

## 1885

### Lei dos Sexagenários

Libertava os escravos com mais de 60 anos.

Marc Ferrez

Essa lei não beneficiou realmente os cativos, mas apenas os donos de escravos, que não teriam mais de sustentar os escravos velhos e improdutivos. *Negro cesteiro*, fotografia de Marc Ferrez, século XIX. Instituto Moreira Salles, Brasil.

## 1888

### Lei Áurea

Libertava os escravos sem compensações aos senhores.

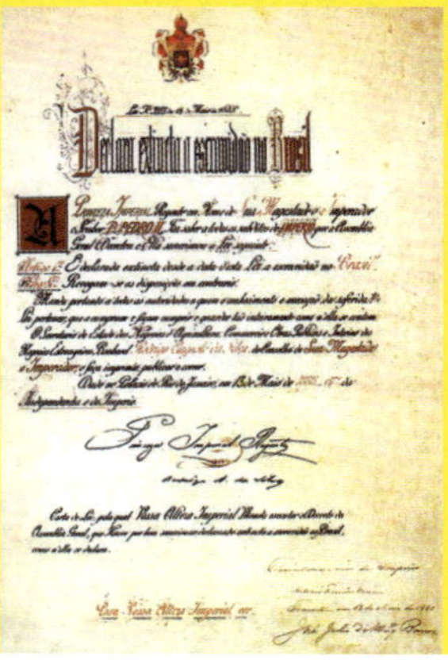

Reprodução

Assinada pela princesa Isabel, que governava o Brasil na ausência de seu pai, dom Pedro II, que estava na Europa para tratamento médico.

1. Quantos anos transcorreram entre a Lei Eusébio de Queirós e o fim da escravidão?

2. Observe a imagem e responda.

Victor Meirelles

*Abolição da Escravatura*, de Victor Meirelles, 1888. Óleo sobre tela. Coleção Brasiliana Itaú. Senadores e outras autoridades observam a princesa Isabel no momento da assinatura da Lei Áurea.

a) Que evento está representado nessa obra?

b) De que forma o artista retrata a importância desse acontecimento?

c) Na sua opinião, na representação do artista fica retratada a participação de diferentes setores da sociedade que lutaram por essa causa?

## Ampliando horizontes...

### CD

CD Caetano Veloso. *Noites do Norte*. Zumbi, de Jorge Ben. Universal Music, 2012.
O CD apresenta a música *Zumbi*, conhecida também como *África Brasil*, que trata de Zumbi dos Palmares, líder do Quilombo dos Palmares.

### revista

Revista *Ciência Hoje das Crianças*, nº 240. Do quilombo ao quilombola.
Este número da revista traz assuntos sobre quilombos e quilombolas do Brasil, abordando sua origem que remete à época em que o país era um Império e ainda tinha escravos.

# A vida difícil dos ex-escravos

Os escravos libertos não receberam assistência do governo para se integrar à sociedade após a abolição. Como não tinham acesso à terra nem à educação, os ex-escravos e suas famílias tiveram bastante dificuldade em se adaptar à nova situação.

[...] Os libertos, apelidados de "os 13 de maio", procuravam redefinir os rumos de suas vidas. Famílias negras inteiras abandonaram fazendas, migrando para outras regiões. Não poucos negociaram permanência e relações de trabalho com antigos proprietários, garantindo salários, parcerias e roças.

Flávio dos Santos Gomes. *Negros e política* (1888-1937). Rio de Janeiro: Zahar, 2005. p. 14.

Aqueles que foram libertos também tiveram que lidar com a discriminação e o preconceito da sociedade. Sem outra perspectiva, muitos vinham para as periferias das cidades, vivendo de "bicos", sem trabalho fixo. A abolição foi o começo de uma luta pela igualdade que segue até os dias de hoje.

**1.** Observe a pintura, leia a legenda e responda.

Modesto Brocos Y Gomes

*Engenho de mandioca*, de Modesto Brocos y Gomes, 1892. Óleo sobre tela. Museu Nacional de Belas Artes, Rio de Janeiro, Brasil.

- Escreva sobre o tipo de trabalho que as pessoas estão executando e o regime de trabalho, considerando o ano em que a obra foi feita.

_______________________________________________

_______________________________________________

**2.** Leia o texto, observe a imagem e responda.

Dia 20 de novembro, data da morte de Zumbi, um grande líder negro do Quilombo dos Palmares, celebra-se no Brasil o Dia da **Consciência Negra.** Esse dia é dedicado à reflexão sobre a importância dos afrodescendentes e à luta contra a desigualdade racial. Atualmente, passados mais de 100 anos da abolição, ainda há muito a ser feito em favor da igualdade de oportunidades e contra qualquer tipo de discriminação.

Fernando Bueno/Tyba

Quilombo dos Palmares, localizado no município de União dos Palmares, Alagoas, 2010.

Os primeiros escravos chegaram aos Palmares aproximadamente em 1580 e eram fugitivos de engenhos das capitanias de Pernambuco e da Bahia.

- Na sua opinião é importante ter uma data para se promover a igualdade? No lugar onde você vive é feriado nesse dia?

______________________________________________

**3.** Leia o texto "A Mulher quilombo" e responda.

[...]

As mulheres exerciam papéis fundamentais no quilombo, que eram os de cuidar de negros feridos em combates, além, é claro, de cuidar das famílias e dos afazeres domésticos. Eram também a principal força de trabalho do artesanato com palha de palmeiras, fazendo diversos artigos como chapéus, redes, bolsas femininas, entre outros, uma das principais fontes de rentabilidade da economia dos palmarinos.

Há registros históricos que mostram até a participação de mulheres em muitos combates dos negros contra a capitania [...].

Disponível em: <http://quilombo-dos-palmares.info/mos/view/A_Mulher_no_Quilombo/>. Acesso em: fevereiro de 2015.

- A situação das mulheres dentro da comunidade quilombola era melhor ou pior do que a das outras mulheres livres?

______________________________________________

______________________________________________

# A resistência no cotidiano

Os negros também lutavam no cotidiano para ter o direito de praticar sua cultura e sua religião. Escravos e negros livres praticavam danças como o lundu e o batuque, que se tornariam muito populares e deram origem, já no século XX, ao samba e a outras manifestações da música popular brasileira.

## A capoeira

Outra manifestação importante da cultura negra é a capoeira, considerada ao mesmo tempo um jogo, uma dança e uma luta. A capoeira se difundiu no Rio de Janeiro e Salvador durante o século XIX. Nessas cidades, as chamadas "maltas" (grupos de "capoeiras", formados por negros livres, escravos e até mesmo brancos) se encontravam para competir e demonstrar suas habilidades. Às vezes, esses encontros viravam brigas feias e geravam confusão, o que levou as autoridades a reprimir essa manifestação cultural.

A capoeira chegou a ser considerada um crime e ficou proibida por muito tempo, até ser finalmente aceita pelo governo, em 1937. Hoje, ela é apreciada e praticada em todo o Brasil e em vários países do mundo.

Johann Moritz Rugendas/Engelmann (lith.)

*Capoeira,* litografia de Engelmann a partir de desenho de Johann Moritz Rugendas, 1835. Coleção particular.

■ A capoeira, o ofício das baianas do acarajé, o samba de roda do recôncavo baiano e a Festa do Nosso Senhor do Bonfim são práticas culturais afro-brasileiras consideradas patrimônio imaterial. Reúna-se com os colegas e siga o roteiro.

- Escolham uma dessas práticas e façam uma pesquisa sobre ela.
- Organizem uma forma de apresentação dos dados coletados.
- Apresentem seu trabalho para os outros colegas da turma.

GRUPO

# Gente que faz!

## A fotografia brasileira no século XIX

Desde o seu surgimento, a fotografia é uma das fontes mais importantes para se estudar a história de um determinado período. A fotografia chegou ao Brasil em 1839, trazida por um francês chamado Hércules Florence, que inventou um processo próprio para tirar fotografias.

A partir de 1850, com a prosperidade trazida pelo café e o crescimento das cidades, essa nova forma de arte logo se popularizou e estúdios fotográficos apareceram nas principais cidades brasileiras. O francês Marc Ferrez (1843-1923) é considerado um dos fotógrafos mais importantes da época no Brasil.

Marc Ferrez

Mulheres no mercado, fotografia de Marc Ferrez, 1875. Instituto Moreira Salles, Brasil.

**1** Quando e por que razão a fotografia se popularizou no Brasil?

**2** Que aspecto do cotidiano das cidades é retratado na imagem?

**3** Reúna-se com os colegas e siga o roteiro.

GRUPO

- Escolham um bairro ou região do seu município e façam fotografias desse local.
- Pesquisem em arquivos públicos, bibliotecas, jornais ou na internet fotografias antigas dessa região ou bairro.
- Montem um painel com as imagens que vocês produziram ou pesquisaram.
- Apresentem e discutam o resultado com os outros grupos.

# Atividades

**1.** Leia o que diz o provérbio recitado pelos escravos nas lavouras de café.

No cafezal novo,
10 alqueires.
Cada alqueire que passar dos 10,
duzentos réis;
cada dúzia que faltar,
uma dúzia de couro.

**Alqueire:** antiga unidade de medida de capacidade, sobretudo para cereais, variável entre 12,5 e 13,8 litros. Tornou-se posteriormente uma medida de área.

Ana Luiza Martins. *História do café*. São Paulo: Contexto, 2012. p. 88.

**a)** Explique o conteúdo do provérbio.

---

---

**b)** É provável afirmar que esse provérbio era recitado antes de 1888? Explique por quê.

---

---

**2.** Observe a imagem e responda.

François Auguste Biard

*Fuga de escravos*, de François Auguste Biard, 1859. Óleo sobre tela. Coleção particular. A fuga era uma das formas de resistência utilizada pelos escravos.

- Na imagem, o que dá a ideia de que o grupo estava fugindo?

---

---

**3.** Complete o quadro sobre as leis abolicionistas.

| Principais leis abolicionistas | | | |
|---|---|---|---|
| **Ano** | **Nome da lei** | **O que determinava** | **Consequências** |
| 1850 | | Proibia o tráfico de escravos para o Brasil. | |
| | Lei do Ventre Livre | | A maioria permanecia com a família e prestava serviços aos senhores. |
| 1885 | | | Desobrigava os senhores de sustentar escravos que não tinham mais condições de trabalhar. |
| | | Abolia o regime de escravidão no Brasil. | Sem amparo do governo, enfrentaram dificuldades para se integrar à sociedade. |

**4.** O que mostra a imagem abaixo?

______________________________

______________________________

**5.** Escreva uma frase que destaque o contraste entre essa imagem e a real situação dos escravos libertos.

______________________________

______________________________

Cartaz de comemoração da Lei Áurea, 13 de maio de 1888.

**6.** Observe a vestimenta dos homens que aparecem na imagem. Elas indicam diferenças entre os dois? Explique.

______________________________

______________________________

# rede de ideias

## Consumo do café: passado e presente

O hábito de tomar café faz parte do cotidiano de quase todo brasileiro. No entanto, o café quentinho na xícara é resultado de um longo processo.

que há de haver o mar azul antes da xícara de café
e que há um navio longo antes do mar azul
E que antes do navio longo há uma terra do Sul;
e que antes da terra um porto, em contínuo vaivém,
Com guindastes roncando na boca do trem [...]
E antes do porto um trem madrugador
Sobe-desce da serra a gritar, sem parar, [...]
E antes da serra está o relógio da estação...
Tudo ofegante como um coração

Ilustrações: Nik Neves

**1** Leia o poema e observe a imagem.

**a)** Qual o tema do poema?

______________________________________________

**b)** Coloque em ordem as palavras relacionadas ao processo de produção do café no texto, numerando-as.

☐ navio ☐ porto ☐ trem ☐ estação

☐ cafezal ☐ lavrador ☐ plantação

**2** Faça uma entrevista com um familiar ou amigo sobre o consumo do café: Por que, onde, como e quando ele costuma consumir café?

- Compare o resultado com os colegas e organizem um quadro.

**3** O que podemos perceber sobre o consumo do café observando a imagem do cartaz? Discuta com os colegas. **ORAL**

Propaganda francesa do café brasileiro, início do século XX. Museu do Café, Santos, Brasil. A imagem revela que o hábito de beber café é bastante antigo.

> "Tomar um café ou cafezinho" está associado a algo prazeroso, como encontro com os amigos e familiares, pausa em uma atividade, celebração e até reunião de negócios hoje em dia. Para chegar até nossa mesa, o café passa por diferentes etapas que envolvem o trabalho de muitas pessoas.

[...]
E antes dessa estação se estende o cafezal,
e antes do cafezal está o homem, por fim,
que derrubou, sozinho a floresta bruta.
O homem sujo de terra, o lavrador
que dorme rico, a plantação branca em flor,
e acorda pobre no outro dia...(não faz mal)
com a geada negra que queimou o cafezal.

Cassiano Ricardo. Moça tomando café. Em: Ana Luiza Martins. *História do café*. São Paulo: Contexto, 2012. p. 195.

**4** Observe a tabela e responda.

| **BRASIL – Consumo interno de café em sacas** | |
|---|---|
| **Ano** | **Total (milhões de sacas)** |
| 1965 | 8,1 |
| 1985 | 6,4 |
| 1992 | 8,9 |
| 2007 | 17,1 |
| 2012 | 20,0 |

**Dados da tabela obtidos em:** <http://www.abic.com.br/publique/cgi/cgilua.exe/sys/start.htm?infoid=1910&sid=61&tpl=printerview>. Acesso em: abril de 2014.

- O consumo interno de café vem aumentando ao longo do tempo? Explique.

______________________________

______________________________

______________________________

______________________________

# QUAL É A PEGADA?

## preservação

### O café e a devastação da Mata Atlântica

A Mata Atlântica é uma das formações vegetais com maior biodiversidade do planeta. Nela vivem mais de 20 mil espécies de plantas e 2 mil de animais. Porém, toda essa riqueza está ameaçada por atividades como a agricultura predatória, a poluição urbana, a extração ilegal de madeira e indústrias poluentes.

No século XIX, os fazendeiros acreditavam que o café só podia ser plantado no solo de floresta virgem. Assim, faziam seus escravos derrubarem a mata, usando machados ou através de queimadas, para plantar os cafezais.

Com o tempo, os cafezais começavam a produzir menos. Um cafezal produtivo durava apenas cerca de 20 anos. Então, o fazendeiro abandonava o terreno e derrubava um novo trecho de mata virgem, repetindo todo o ciclo. Com isso, ao longo dos anos, uma grande parte da floresta foi destruída.

Rogério Reis/Pulsar Imagens

Atualmente ainda existem fazendas de café e parte da mata preservada. Na imagem, fazenda de café em meio à Mata Atlântica, em Sebastião Lacerda, Rio de Janeiro, 2011.

Da cobertura florestal original, hoje resta apenas cerca de 7,9%. A expansão do cultivo do café nos séculos XIX e XX agravou ainda mais essa situação.

Mapas: Studio Caparroz

**Fonte:** IBGE. <http://www.ibge.gov.br/home/>; SOS Mata Atlântica. <http://mapas.sosma.org.br>. Acesso em: março de 2015.

**1.** Na sua opinião, por que é importante preservar as florestas? **ORAL**

**2.** Observe o gráfico abaixo e responda no caderno.

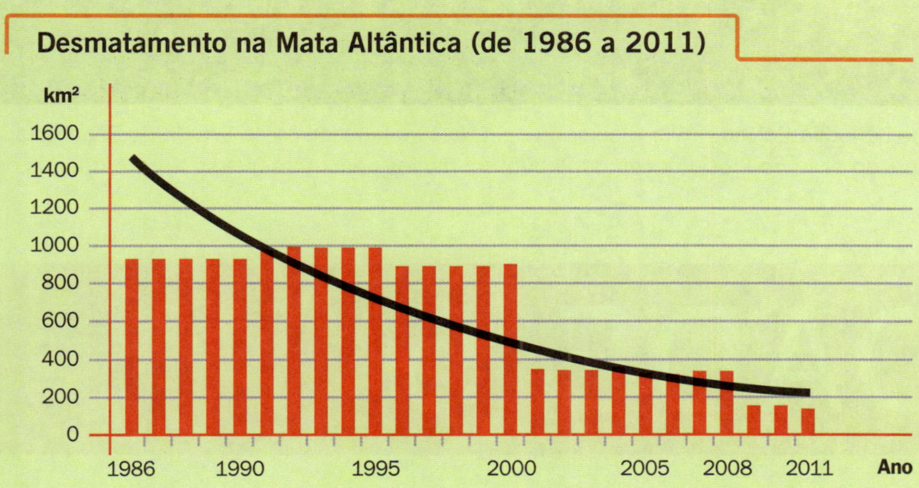


**Fonte:** SOS Mata Atlântica. Disponível em: <www.sosma.org.br/5697/sos-mata-atlantica-e-inpe-divulgam-dados-do-atlas-dos-remanescentes-florestais-da-mata-atlantica-no-periodo-de-2010-a-2011/>. Acesso em: março de 2015.

**a)** Entre 1986 e 2011, a devastação aumentou ou diminuiu?

**b)** A partir de que ano a devastação diminuiu?

**c)** Por que a devastação vem diminuindo ao longo do tempo?

**3.** Diversas ações têm sido implementadas para a prevenção e o controle do desmatamento da Mata Atlântica, como monitoramento e controle ambiental, atividades produtivas sustentáveis etc. Existe também a Lei da Mata Atlântica para garantir a proteção do bioma.

- Criem uma campanha sobre a preservação das florestas. **GRUPO**

*Proclamação da República*, de Benedito Calixto, 1893. Óleo sobre tela. Acervo Pinacoteca do Estado de São Paulo, Brasil. A população não teve participação ativa na Proclamação da República; muitos pensaram que se tratava apenas de uma parada militar.

# UNIDADE 5

# Brasil republicano

Guilherme Gaensly

Vista da Rua XV de Novembro, em direção ao Largo do Tesouro, São Paulo, década de 1910. Coleção particular. O governo republicano se preocupou com a modernização das cidades, introduzindo as novidades tecnológicas vindas da Europa e dos Estados Unidos na vida cotidiana das pessoas.

Observe as imagens e converse com os colegas.

1. Na visão de Benedito Calixto, a Proclamação da República contou com o apoio ativo de grande parcela da população? Justifique sua resposta.

2. Cite alguma mudança na história recente do Brasil que tenha ocorrido com a participação dos cidadãos.

3. Na sua opinião, a participação da população é importante na prática da cidadania e nas mudanças da sociedade?

Capítulo 1

# Proclamação da República

Você já sabe que o Brasil foi uma Monarquia, mas sabe quando e por que ele se tornou uma República? Converse com os colegas. ORAL

Atualmente o Brasil é uma República Federativa, formada pela união de estados, municípios e do Distrito Federal (Brasília), que é a capital do país. Ele é regido por uma Constituição, a lei máxima do país, que define os direitos e deveres dos cidadãos. Leia o que diz um dos primeiros artigos da nossa Constituição:

Art. 3º Constituem objetivos fundamentais da República Federativa do Brasil:

I - construir uma sociedade livre, justa e solidária;

II - garantir o desenvolvimento nacional;

III - erradicar a pobreza e a marginalização e reduzir as desigualdades sociais e regionais;

IV - promover o bem de todos, sem preconceitos de origem, raça, sexo, cor, idade e quaisquer outras formas de discriminação.

BRASIL. *Constituição da República Federativa do Brasil de 1988*. Disponível em: <www.planalto.gov.br/ccivil_03/Constituicao/Constituicao.htm>. Acesso em: março de 2015.

Esses são os principais objetivos da República, que devem ser cumpridos não somente pelo governo, mas também por cada cidadão do país. Mas quando o Brasil se tornou uma República?

**República:** sistema de governo no qual o chefe de Estado é eleito pelo povo ou por seus representantes por um tempo determinado.

Andre Dusek/AE

Formado pelo Senado Federal e pela Câmara dos Deputados, o Congresso Nacional é o local onde são discutidos e votados os decretos, as leis e outras medidas que envolvem toda a população brasileira. Na fotografia, sessão do Congresso, 2013.

# Da Monarquia à República

Até 1888, ainda existia escravidão no Brasil. Os escravos não eram considerados cidadãos e a maior parte da população era pobre, sem acesso à educação. A participação política era reduzida a uma minoria. O país era governado por um monarca, dom Pedro II, e não por um presidente, como atualmente.

Diversos setores da sociedade estavam descontentes com essa situação e passaram a defender a ideia de que o país poderia melhorar deixando de ser uma Monarquia e se tornando uma República. Um dos setores mais descontentes era o dos militares, que se sentiam desprestigiados pelo governo monárquico.

No dia 15 de novembro de 1889, no Rio de Janeiro, os militares tomaram o poder e proclamaram a República. Liderados pelos marechais Deodoro da Fonseca e Floriano Peixoto, deram 24 horas para que o imperador dom Pedro II e a família real saíssem do Brasil. A proclamação foi uma iniciativa dos próprios militares e não contou com a participação da população.

**1.** Observe a imagem e responda.

Albert Chapon

*A família imperial recebe a notícia de que deve deixar o Brasil*, de Albert Chapon, 1892. Museu Histórico da Cidade do Rio de Janeiro, Brasil. Dom Pedro II embarcou com sua família partindo rumo à Europa.

**a)** A que setor da sociedade pertence quem aparece entregando o comunicado ao imperador? O que o identifica?

**b)** Por que o imperador foi obrigado a deixar o país?

## Uma República para poucos

A Proclamação da República despertou muita esperança de mudanças e melhorias na vida da população. No início da República, cerca de 85% das pessoas eram analfabetas e 90% ainda viviam no campo, e não na cidade. Mas a República não conseguiu modificar a estrutura da sociedade brasileira nem garantir cidadania à população. O poder político e econômico continuou concentrado nas mãos dos grandes proprietários de terras, chamados na época de "coronéis".

Em 1891, no governo de marechal Deodoro da Fonseca, foi promulgada uma nova Constituição. Ela estabelecia que todo cidadão maior de 21 anos tinha direito a votar. Mas estavam excluídos do direito ao voto os analfabetos, as mulheres, os mendigos e os militares. Na prática, apenas cerca de 2% da população podia de fato exercer esse direito.

Os coronéis procuravam manipular as eleições para obrigar os votantes a elegerem os candidatos indicados por eles. Valia tudo para garantir o resultado de uma eleição: roubo de urnas, falsificação de atas eleitorais, troca de favores (como uma vaga no hospital ou um emprego) e até mesmo uso de violência para intimidar eleitores.

Storni

Charge de Storni publicada na *Revista Careta*, 1927. Fundação Biblioteca Nacional, Rio de Janeiro, Brasil. As eleições no início da República ficaram conhecidas como **eleições de cabresto**, pois os políticos tentavam manipular os eleitores para garantir o resultado.

**1.** Leia a frase e responda no caderno.

> Na prática, apenas 2% da população podia exercer o direito de voto.

**a)** O que significa a porcentagem 2% na frase?

**b)** Por que 98% da população não tinha direito ao voto?

**2.** Observe a charge da página anterior e faça as atividades no caderno.

**a)** Como o eleitor é representado nessa imagem?

**b)** Quem determinava o político que devia receber o voto do eleitor? Ele aparece na charge?

**c)** Em uma folha à parte, criem outra charge para representar uma situação do cotidiano que vocês gostariam de criticar. Sigam as orientações do professor.

**3.** Leia o texto e responda.

**Artigo 299 da Lei nº 4737 de 15 de julho de 1965**

Art. 299. Dar, oferecer, prometer, solicitar ou receber, para si ou para outrem, dinheiro, dádiva, ou qualquer outra vantagem, para obter ou dar voto e para conseguir ou prometer abstenção, ainda que a oferta não seja aceita:

Pena – reclusão de até quatro anos e pagamento de cinco a quinze dias-multa.

Fonte: <http://jusbrasil.com.br/jurisprudencia>. Acesso em: fevereiro de 2015.

**a)** Qual é o tema do artigo?

______________________________

**b)** Quando ela foi publicada?

______________________________

**c)** Essa lei poderia ser usada na situação das eleições do início da República?

Explique. ______________________________

______________________________

**d)** Depois que a lei foi publicada, não acontecem mais situações de fraude eleitoral como a compra de votos?

______________________________

______________________________

## Capítulo 2

# O Brasil no início da República

Converse com os colegas: Com a República, o que aconteceu no Brasil? O país continuou o mesmo ou passou por mudanças? Que tipo de mudança você acha que ocorreu? **ORAL**

No início da República, o Brasil ainda era um país predominantemente rural. A maioria da população vivia e trabalhava no campo. Havia poucas indústrias e as cidades estavam começando a se desenvolver. Observe o gráfico, baseado no censo de 1920, que representa a proporção de pessoas ocupadas na agricultura, na indústria e nos serviços.

Pessoas em atividade: 9,1 milhões.

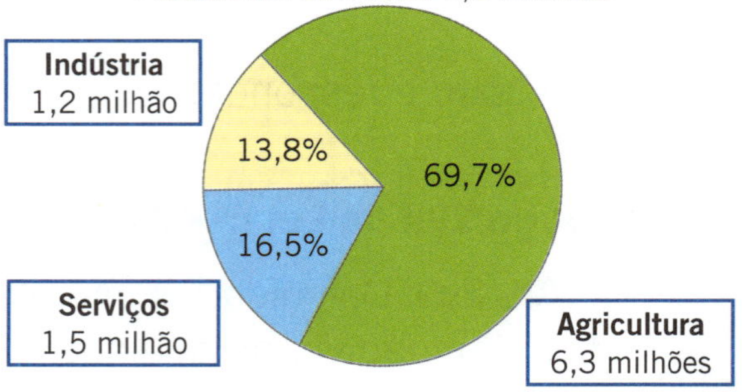


**Fonte:** SCHWARCZ, Lilia M. (Coord.). *História do Brasil Nação: 1808-2010*. Volume 3: A abertura para o mundo. Rio de Janeiro: Objetiva/Fundación Mapfre, 2012. p. 43.

## A chegada dos imigrantes

O fim do trabalho escravo no Brasil acarretou a falta de trabalhadores para a lavoura, principalmente para as grandes fazendas de café, na época a principal riqueza do país. A solução foi a vinda, em grande quantidade, de imigrantes da Europa e da Ásia. A partir de 1887, o governo passou a financiar o transporte e a instalação desses imigrantes nas grandes propriedades rurais.

Guilherme Gaensly

Grupo de imigrantes europeus recém-chegados à Hospedaria dos Imigrantes, em São Paulo, cerca de 1890. Museu da Imigração do Estado de São Paulo, Brasil.

Entre os anos de 1887 e 1914, chegaram ao Brasil cerca de 2,74 milhões de estrangeiros. A maioria era formada por italianos, portugueses e espanhóis. Mas vieram também imigrantes de outras partes do mundo, como os japoneses.

## A dura vida dos imigrantes

A maior parte desses imigrantes vinha para trabalhar nas fazendas de café, no estado de São Paulo, recebendo baixos salários e enfrentando condições de vida duras e precárias.

> Nos primeiros anos da imigração em massa, os imigrantes foram submetidos a uma dura existência, resultante das condições gerais de tratamento dos trabalhadores no país, onde eles quase equivaliam aos escravos.
>
> Boris Fausto. *História concisa do Brasil*. São Paulo: Edusp, 2012. p. 158.

Descontentes com essa situação, muitos imigrantes abandonavam as fazendas e iam para as cidades, onde passavam a trabalhar como artesãos, como operários nas fábricas ou abriam pequenos negócios. Na cidade, eram maiores as expectativas de uma vida melhor ou até mesmo de se tornarem ricos.

**1.** Leia a frase: "Na virada para o século XX, o Brasil mantinha sua tradição de produtor agrícola".

- Justifique, no caderno, essa afirmativa a partir dos dados do gráfico da página anterior.

**2.** Analise o quadro e depois complete-o.

| Causa | Fato | Solução |
|---|---|---|
| | Falta de mão de obra no setor agrícola no final do século XIX. | |
| | Os imigrantes mostraram-se descontentes com a situação no campo. | |

# A transformação das cidades

Apesar de não ter conseguido garantir cidadania à maioria da população, o governo republicano se preocupava em passar uma imagem de progresso e modernidade. Essa intenção se reflete até mesmo no lema inscrito na nova bandeira nacional: "Ordem e Progresso". Uma das iniciativas do governo da República foi a transformação das cidades, que deveriam se tornar mais modernas, belas e higiênicas.

Cidades como São Paulo, Rio de Janeiro, Belo Horizonte e Porto Alegre foram totalmente remodeladas. Construções antigas, habitações precárias e ruelas estreitas foram demolidas para dar lugar a vistosos prédios públicos, belos casarões e largas avenidas.

Com as reformas, a população mais pobre, que vivia de forma precária nos cortiços, foi expulsa do centro das cidades e acabou tendo que morar nos bairros da periferia. Esse processo levaria mais tarde à formação das favelas e de outras formas de habitação precária que ainda fazem parte da paisagem das cidades brasileiras.

**Cortiço:** habitação coletiva da população pobre.

Marc Ferrez

Avenida Central, Rio de Janeiro, em 1904. Diante do crescimento desordenado do Rio de Janeiro e com o sonho das autoridades de tornar a capital semelhante às cidades europeias, foi iniciado um plano de reforma urbana que desalojou a população mais pobre, expulsando-a para a periferia.

## Rebelião na cidade

Nessa época, os habitantes das grandes cidades sofriam com as constantes epidemias de doenças, como a febre amarela, a varíola, o tifo e a malária. Para prevenir essas epidemias, o governo tomou várias medidas para higienizar as cidades. Uma dessas medidas foi a pesquisa de vacinas que combatessem essas doenças.

Em outubro de 1904, para combater a varíola no Rio de Janeiro, o governo determinou a vacinação obrigatória da população. Embora a medida fosse positiva e necessária, ela foi aplicada de maneira invasiva e autoritária. Os funcionários vacinavam as pessoas a força, sem que elas compreendessem para que servia a vacina.

Revoltadas com essa atitude do poder público, as pessoas tomaram as ruas da cidade e, durante várias semanas, protestaram contra o governo. Esse acontecimento ficou conhecido como **Revolta da Vacina**. No meio do tumulto, lampiões eram quebrados; bondes, queimados; lojas e edifícios públicos, depredados. Por fim, o governo sufocou os protestos, mas muitas pessoas foram presas e houve mortes e feridos.

Leonidas

Charge sobre a revolta da vacina, de Leônidas de Freire. Fundação Biblioteca Nacional, Rio de Janeiro, Brasil. Durante várias semanas, a população do Rio de Janeiro se confrontou com a polícia em protesto contra a vacinação obrigatória.

**1.** Com base na leitura da charge acima, responda.

a) Quem são os grupos que estão se confrontando?

_______________________________________________

b) Que elementos da imagem indicam que está havendo um confronto?

_______________________________________________

_______________________________________________

c) Converse com os colegas: Por que as campanhas de vacinação lançadas atualmente pelo governo são bem aceitas?

_______________________________________________

_______________________________________________

_______________________________________________

# Gente que faz!

## Cidadania em ação: projeto de lei

Na convivência em comunidade há necessidade de regras ou leis de interesse coletivo em setores como: educação, saúde, transporte, segurança, lazer, descarte de lixo, entre outros. Mas quem elabora e aprova essas leis?

As leis são elaboradas no Poder Legislativo, que no âmbito federal é representado pela Câmara dos Deputados e pelo Senado Federal, que formam o Congresso Nacional, localizado em Brasília, a capital do nosso país.

Antes de ser aprovada pelo Congresso Nacional, a lei leva outro nome: é um projeto – ou seja, uma ideia que pode ou não, dependendo de sua aceitação pelos representantes do povo, ser transformada em lei no futuro. Todos os projetos de lei apresentados precisam estar de acordo com a Constituição Federal, a lei máxima do país. Qualquer cidadão pode propor um projeto de lei.

Rubens Chaves/Pulsar Imagens

Congresso Nacional, Brasília, Distrito Federal, 2013. A Câmara dos Deputados e o Senado Federal fazem parte do Congresso Nacional, que tem a função de propor e de acompanhar os projetos de lei durante todo o processo de tramitação, que pode ou não resultar em uma nova lei para o país.

Veja no esquema a seguir o caminho que percorre um projeto até ser aprovado e transformado em lei, no Brasil.

**Tramitação de um projeto de lei**

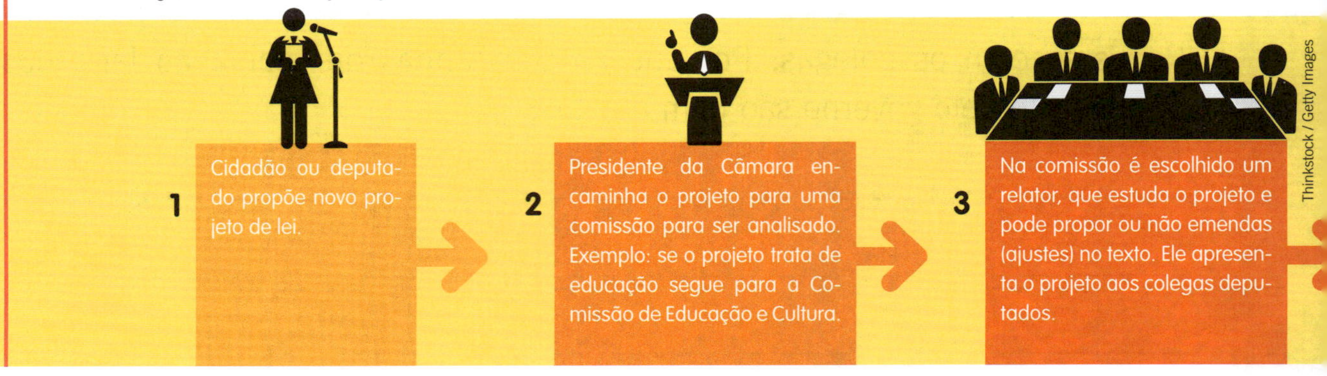

**1** Leia o texto sobre Richard Santos Oliveira, de 12 anos.

> A lição de casa era inventar uma proposta de lei contra o desperdício de água. Richard gostou tanto da ideia que levou seu projeto à Câmara Federal. Seu projeto de lei, votado como um dos melhores de 2009, diz que é obrigatório o reaproveitamento de água em todas as construções de edifícios públicos brasileiros.
>
> Estacinho. *O Estado de São Paulo*, 22/04/2012, ano 26, edição 1284, p. 5.

Responda no caderno.

a) Qual era o tema do projeto apresentado?

b) O projeto de lei foi aprovado? Explique.

c) Discuta com os colegas: Qual o impacto do projeto de Richard para a melhoria da vida das pessoas que vivem em comunidade?

**2** Organizem uma encenação das etapas de tramitação de um projeto de lei. **GRUPO**

- Escolham quem fará o papel de cada representante.
- Escrevam os diálogos de cada um e ensaiem.
- Convidem colegas de outras turmas para prestigiar a apresentação.

**3** Usem uma folha à parte para redigir o projeto de lei. **GRUPO**

a) Escolham um tema de interesse da sua escola ou cidade e organizem um projeto de lei propondo medidas para melhoria do assunto abordado.

b) Escolham um relator do projeto, que será responsável por apresentar aos colegas, e coloquem o projeto em votação. Sigam o roteiro abaixo.

c) Ao final, revisem com o professor e encaminhem para a Câmara Municipal da sua cidade.

**4** O presidente da Câmara determina se o projeto deve passar ou não pelo plenário, onde será discutido e votado por todos os deputados que representam os brasileiros.

**5** Se não for aprovado, o projeto de lei é arquivado. Se é aprovado, o projeto vai para o Senado, a outra casa do legislativo, e segue um caminho semelhante.

**6** Se aprovado também no Senado, o projeto de lei segue para a sanção do presidente da República, que pode aprovar a lei com ou sem emendas (ajustes).

**7** Por fim, a nova lei é publicada no Diário Oficial para que todos fiquem sabendo que a partir daquela data a lei entrou em vigor.

# As inovações tecnológicas

Nas primeiras décadas de República, com as transformações urbanas e a chegada dos imigrantes, a população das cidades brasileiras crescia cada vez mais. Aos poucos, a iluminação elétrica substituiu a luz dos lampiões, passaram a circular os bondes movidos a eletricidade e os primeiros carros movidos a gasolina. Também apareceram as primeiras linhas telefônicas.

Para atender às necessidades da população que se concentrava nas cidades, o governo criou sistemas de esgoto e de água potável, modernizou os portos e ferrovias, fez as primeiras rodovias para os automóveis rodarem.

Acostumada à vida simples e pacata do interior, a população que chegava às cidades recebia com espanto e entusiasmo todas essas novidades. A máquina de escrever permitia redigir textos sem usar pena e tinta. O fonógrafo possibilitava que as pessoas ouvissem música sem sair de casa e sem possuir um instrumento musical. Outro exemplo é o cinematógrafo, um aparelho que reproduzia imagens em movimento e daria origem à indústria do cinema.

AE

Viaduto do Chá, visto a partir de prédio localizado na esquina da Rua Líbero Badaró, em direção à Rua Barão de Itapetininga, São Paulo, 1918. Uma das novidades que ajudaram a modificar o cotidiano da população foi o bonde elétrico. Antes movido por tração animal, o bonde elétrico permitia viagens mais rápidas e um serviço mais eficiente.

**1.** Releia o texto e assinale exemplos de novidades da tecnologia que surgiram nas grandes cidades no início do século XX.

☐ 
Shutterstock

☐ 
Shutterstock

☐ 
Shutterstock

☐ 
Shutterstock

☐ 
alex Silva/Conteúdo Estadão

☐ 
Shutterstock

**2.** Observe a imagem e responda no caderno.

João Carlos Mazzella/JCM/FotoArena

A favela Iguaçu, na Grande São Paulo, é um exemplo da precariedade do saneamento em várias regiões do país.

- O que se pode afirmar sobre as iniciativas do governo republicano após mais de 100 anos?

## *Ampliando horizontes...*

### *filme*

***Século XX: primeiros tempos***, direção de Fernando Severo. Brasil, 1993. Curta metragem. Instituto Cultural Itaú. Trecho disponível em: <http://www.youtube.com/watch?v=RKlGUQOKP7g>. Acesso em: março de 2015.
Apresenta, por meio de narrativa, imagem e música, um panorama histórico brasileiro no século XX, abordando a urbanização, a política, as mudanças nas cidades e os costumes da população.

# Rede do conhecimento: tecnologia

## América portuguesa: o Brasil Colônia

**Século XVI — Encontro entre duas culturas: americana e europeia**
O desenvolvimento de caravelas e naus e o uso de instrumentos de navegação (como o astrolábio e a bússola) permitiram que navegadores europeus chegassem ao continente americano.

The Art Archive/Alcazar Seville/Gianni Dagli Orti/AFP

As caravelas se destacaram nas expedições pela versatilidade e agilidade ideais para a navegação costeira. Eram navios pequenos; comportavam entre 40 e 50 tripulantes.

**Século XVII — Invasões estrangeiras no Brasil**
**Em 1630**, os holandeses invadiram Pernambuco e durante 24 anos controlaram a região litorânea de Pernambuco ao Ceará.
As cidades de Olinda e Recife passaram por intenso processo de urbanização.

Frans Post

*Vista da cidade Maurícia e do Recife*, de Frans Post, 1653. Coleção particular.

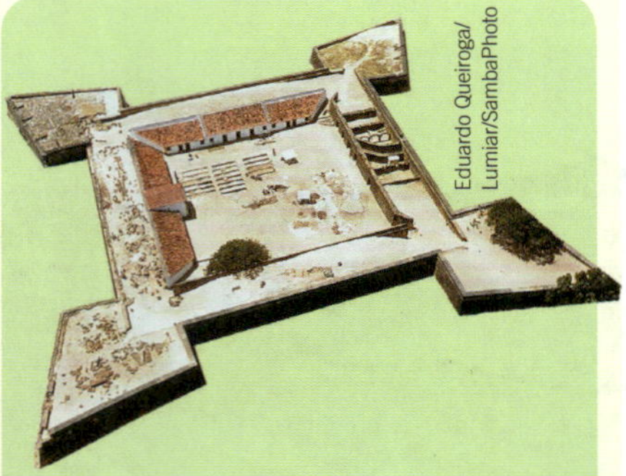
Eduardo Queiroga/Lumiar/SambaPhoto

Construído pelos holandeses em 1631, o forte era uma tecnologia estratégica, nesse período, para defender o porto e proteger o embarque e o desembarque de navios holandeses.

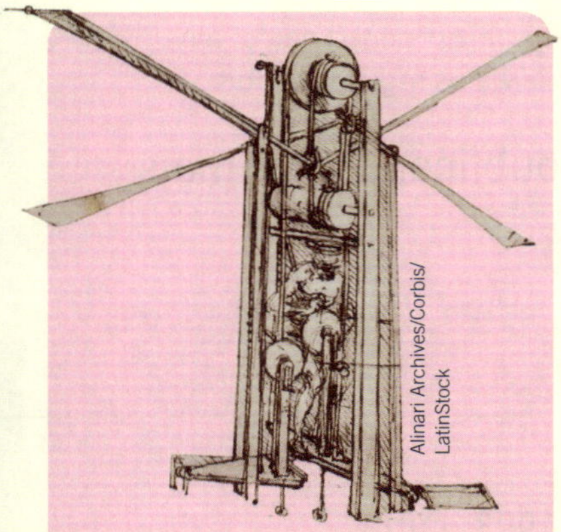
Alinari Archives/Corbis/LatinStock

**Século XVIII — O balão e a tecnologia dos transportes aéreos**
No século XV, o italiano Leonardo da Vinci desenhou projetos de máquinas voadoras.

**1709**
Bartolomeu de Gusmão foi responsável pelo primeiro voo tripulado e bem-sucedido de um balão de ar quente (aeróstato). O invento foi demonstrado à Corte de Portugal.

Reprodução

**1783**
O balão de ar quente só foi difundido a partir dessa data com as pesquisas dos irmãos Mortgolfier na França. Os balões permitiram o aprofundamento do estudo sobre altitude e atmosfera e impulsionaram o desenvolvimento das futuras aeronaves. Mais tarde, o balonismo se tornou comum em toda a Europa.

## Brasil independente

**1854 – O império do café**
A primeira modernização dos transportes brasileiros facilitou também as comunicações.

Alamy/Diomedia

**1867 – Inauguração da ferrovia**

A. Ribeiro/A.C. da Costa Ribeiro - Rio de Janeiro

A ferrovia chegou ao Brasil revolucionando o sistema de transporte. O preço do transporte do café por estrada de ferro era cerca de 6 vezes menor que o modelo anterior, feito por mulas.

**O universo da comunicação**
**1844 –** O telégrafo revolucionou as comunicações, pois foi o primeiro aparelho a permitir a comunicação a distância por meio de fios e da eletricidade.

**1874 – Cabo submarino**
Permitiu a transmissão telegráfica para troca de informação entre lugares e maior segurança nos transportes.
**Imprensa**
Notícias nacionais e internacionais passaram a ser transmitidas pela primeira vez em tempo real.
**Estações ferroviárias**
O telégrafo comunicava às estações os trechos livres para o trem trafegar com segurança.

Roger Viollet/AFP

**Século XIX**
Outra máquina mais leve que o ar foi inventada: o dirigível, que passou a ser um meio de transporte e uma tecnologia de guerra.

A história da tecnologia caminha com a história da humanidade. A tecnologia revela a maneira como os seres humanos adquiriram conhecimento ao longo do tempo para superar dificuldades do cotidiano.

# Brasil República

**Início do século XX**
O Rio de Janeiro (capital federal da República na época) teve prioridade nas reformas urbana e sanitária. Destacam-se a reforma do porto e a abertura da Avenida Central (atual Rio Branco), tendo como modelo a cidade de Paris.

Augusto Malta

Cortiços foram demolicos para ampliar a circulação do ar e a rede de água e esgoto.

Augusto Malta/Coleção George Ermakoff, Rio de Janeiro

A eletricidade, cuja produção atendia especialmente serviços de iluminação pública e particular, bondes e fábricas, contribuiu para a modernização do Rio de Janeiro.

**1904**
Revolta da Vacina na cidade do Rio de Janeiro contra a obrigatoriedade da vacinação imposta pelo Diretor-Geral da Saúde Pública, Oswaldo Cruz.

**1906**
Marechal Cândido Rondon é nomeado chefe da Comissão Construtora de Linhas Telegráficas, cujo desafio era estender serviço de comunicação até o Amazonas e o Acre.

Diomedia

**1922**
Inaugurou-se a primeira transmissão de rádio nas comemorações do centenário da Independência.
A "era de ouro" do rádio durou até a década de 1950.

Album/akg-images/Latinstock

**Década de 1950**
A TV no Brasil se difundiu e se tornou presente no cotidiano das pessoas. A tecnologia de transmissão por ondas eletromagnéticas (radiotransmissão) possibilitou as transmissões de voz (rádio), de imagens (TV) e de dados (computador).

ullstein bild - Imagno

**1906**
O brasileiro Alberto Santos Dumont construiu um dos primeiros modelos de avião e foi um dos principais responsáveis pelo desenvolvimento da aviação.
O primeiro voo do 14-Bis (1906) foi em Paris e pode ser considerado o primeiro voo bem-sucedido de um objeto mais pesado que o ar.

Roger-Viollet/AFP

**A revolução das comunicações**
**1977** – Primeiro computador completo.
**1981** – Primeiro computador pessoal.
**1992** – Primeiro livro em CD-ROM (a Bíblia).
**1993** – Criação da internet e do celular.
A internet abriu novas possibilidades de informação, interatividade, relações pessoais, notícias, compras, entre outros.

Getty Images/Dorling Kindersley

**Século XX – Corrida espacial e armamentista**
**Década de 1960**
Brasil: lançamento de satélites de comunicação e pesquisa e de foguetes de sondagem.

**1993** – Lançado o primeiro satélite brasileiro na órbita da Terra para fornecer serviços de telefonia, televisão, radiodifusão e transmissão de dados.
**Atualmente** – o Sistema de Coleta de Dados é composto de diferentes satélites; suas informações são distribuídas a diversas instituições no Brasil e no exterior.

NASA/Bryan Allen/Corbis/Latinstock

**Em 2006**, aconteceu a Primeira Missão Científica Espacial brasileira e o tenente-coronel Marcos Pontes tornou-se o primeiro brasileiro a viajar ao espaço.

AFP

Thinkstock/Getty Images

O desenvolvimento da tecnologia dos computadores pessoais (PC) revolucionou as comunicações, gerando impacto nas relações políticas, sociais e econômicas.

## Identificar

1. O desenvolvimento de que equipamentos possibilitou aos europeus alcançar novos continentes?

______________________________

2. De que forma a tecnologia contribuiu para a defesa de pontos estratégicos do litoral brasileiro?

______________________________

______________________________

3. Qual foi e quando surgiu o primeiro aparelho que possibilitava a comunicação a distância por meio de fios e da eletricidade?

______________________________

4. Explique a relação entre a chegada do rádio no Brasil e a Proclamação da Independência.

______________________________

______________________________

## Refletir

5. Escolha as três tecnologias que, na sua opinião, mais contribuíram para aproximar as pessoas. Justifique suas escolhas. **ORAL**

## Ampliar

6. A invenção da eletricidade foi fundamental para a modernização da vida nas cidades no início do século XX.
   - Em seu caderno, escreva uma lista de aparelhos que dependem da eletricidade para funcionar usados por você e seus familiares.

7. Agora, faça uma experiência! Registre sua vivência e relate para os colegas.
   - Tente não usar nenhum aparelho ou sistema eletrônico durante um dia.
   - Em uma folha à parte, escreva como foi esse dia e que estratégias usou para se comunicar, obter informações etc.
   - Discuta o resultado dessa vivência com os colegas.

# Atividades

**1.** Preencha a ficha sobre a Proclamação da República.

| | |
|---|---|
| **Regime que foi derrubado** | |
| Quando ocorreu | |
| Líder do movimento | |
| Grupo social envolvido no golpe | |

**2.** Quem eram e qual o papel dos "coronéis" no início do período republicano?

______________________________________________

______________________________________________

**3.** Leia a notícia.

> "Tiros, gritaria, engarrafamento de trânsito, comércio fechado, transporte público assaltado e queimado, lampiões quebrados às pedradas, destruição de fachadas dos edifícios públicos e privados, árvores derrubadas: o povo do Rio de Janeiro se revolta contra o projeto de vacinação obrigatório proposto pelo sanitarista Oswaldo Cruz."
>
> *Gazeta de Notícias*. 14 de novembro de 1904. Edição 319, ano 1904. Disponível na hemeroteca digital da Biblioteca Nacional: <http://memoria.bn.br/DocReader/docreader.aspx?bib=103730_04&pasta=ano%20190&pesq=>. Acesso em: março de 2015.

**a)** Como ficou conhecido o movimento a que se refere a notícia?

______________________________________________

**b)** A revolta contra a obrigatoriedade de aplicação da vacina aconteceu por falta de cultura, como declarava a elite da época?

______________________________________________

**c)** Que outras medidas foram tomadas na época para modernizar e higienizar as cidades brasileiras?

______________________________________________

______________________________________________

# rede de ideias

## Dos filmes mudos ao cinema 3D

Acervo Iconographia

O italiano Affonso Segretto, um dos pioneiros do cinema no Brasil, aparece junto aos primeiros projetores da empresa.

Nos últimos anos do século XIX, foi inventado o cinematógrafo, criado pelos irmãos Lumière, na França, e que chegou ao Brasil por volta de 1896. Considerado por muitos como "a maior arte", o cinema mostrou-se uma fonte de entretenimento e divulgação cultural no mundo.

Faça as atividades.

**1** Leia o texto sobre o papel da música em sessões de cinema.

> A seleção musical era feita pelos músicos responsáveis pelas salas de exibição. Em salas mais modestas, um único músico, normalmente um pianista ou um organista. Em salas mais abastadas, uma orquestra completa. Esses músicos executavam o seu repertório sem maiores preocupações.
>
> Disponível em: <http://www.seer.ufu.br/index.php/ouvirouver/article/viewFile/24/38>. Acesso: junho de 2014.

- Esse texto refere-se a sessões de cinema atuais ou antigas? Justifique.

___

___

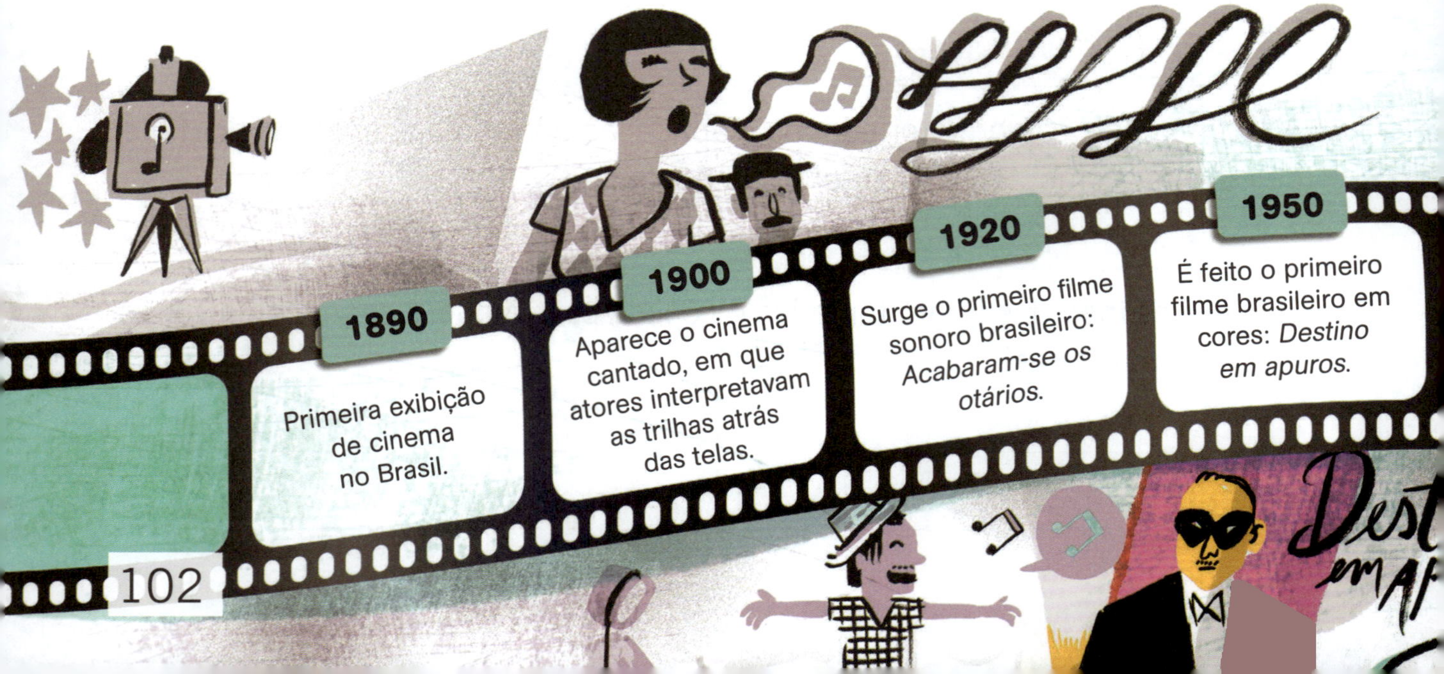

**2** Pesquise e registre no caderno: Como funcionava o cinema mudo?

**3** Há quanto tempo foi realizada a primeira exibição de cinema no Brasil?

______________________________________________

**4** Circule na linha do tempo abaixo a novidade tecnológica que chegou ao Brasil 100 anos depois da primeira exibição de cinema em nosso país.

**5** Você sabe como os filmes em 3D funcionam?

No fundo da sala de cinema, dois projetores enviam imagens que ficam sobrepostas na tela. Cada imagem é produzida para ser vista por apenas um dos olhos e são os óculos 3D que direcionam a imagem certa para o olho certo, enganando nosso cérebro e dando a sensação de que a imagem possui profundidade. Se durante o filme, você der uma espiada na tela sem os óculos, vai ver que a imagem fica toda borrada.

Revista *Ciência Hoje das Crianças*. Disponível em: <http://chc.cienciahoje.uol.com.br/cinema-3d-sem-oculos/>. Acesso em: fevereiro de 2015.

Imagem de filme em 3D. Sem os óculos, a imagem em 3D fica borrada.

■ Qual a função dos óculos usados no cinema 3D?

______________________________________________

______________________________________________

**Fonte:** Informações da linha do tempo obtidas em: <http://www.telabr.com.br/timeline/brasil>. Acesso em: março de 2015.

1

Tarsila do Amaral

*Operários*, de Tarsila do Amaral, 1933. Óleo sobre tela. Acervo Artístico-Cultural do Palácio do Governo do Estado de São Paulo, Brasil.

# UNIDADE 6

# O Brasil dos trabalhadores

*Café*, de Candido Portinari, 1935. Óleo sobre tela. Museu Nacional de Belas Artes, Rio de Janeiro, Brasil.

**1.** Ligue a coluna da esquerda com a da direita.

Tarsila do Amaral

Candido Portinari

- trabalhadores, ambiente urbano
- trabalhadores, ambiente rural
- fábrica
- colheita de café

**2.** Na sua opinião, qual a intenção de Tarsila do Amaral ao retratar rostos com traços tão diversos e com expressões de tristeza e cansaço? ORAL

**3.** De qual dessas imagens você gostou mais? Justifique.

Capítulo 1

# A luta dos trabalhadores

Como você imagina o cotidiano dos trabalhadores no início do século XX? Como eles lutavam por seus direitos?

ORAL

Hoje, os trabalhadores brasileiros têm direitos garantidos pela Constituição e outras leis federais. Esses direitos são conhecidos como **direitos sociais**, tais como direito a um trabalho digno, a um salário justo, a férias e descanso remunerados, entre outros.

Embora nem sempre esses direitos sejam inteiramente cumpridos na prática, é importante que haja leis às quais os trabalhadores possam recorrer caso sofram injustiças. Os trabalhadores também podem se organizar para lutar por seus direitos, por melhores condições de vida e de trabalho.

## A dura rotina nas fábricas

No início do século XX, quando a indústria começava a se desenvolver no Brasil, não havia leis para garantir os direitos dos trabalhadores. O trabalho nas fábricas era bastante duro. A jornada de trabalho chegava a 16 horas por dia, os salários eram baixos, os acidentes, muito frequentes e as condições de trabalho, péssimas.

Autor desconhecido

Operários de fábrica de tecelagem, em Salto, São Paulo, cerca de 1920. Imagem do acervo do Museu da Imigração, São Paulo, Brasil. Eram em torno de 1 300 operários, a maioria mulheres e crianças. Muitas indústrias davam preferência à contratação de imigrantes que, às vezes, já tinham alguma noção do processo industrial.

Mulheres e crianças também trabalhavam nas fábricas, ganhando muito menos do que os homens adultos. Por trabalharem muitas horas, as mulheres operárias tinham dificuldade para cuidar dos filhos e as crianças operárias, muitas vezes, não tinham a oportunidade de ir à escola. Quando as empresas enfrentavam algum problema econômico, muitos trabalhadores eram demitidos sem nenhum tipo de compensação e os que ficavam podiam ter seus salários reduzidos.

**1.** Converse com os colegas: Quem determinava a jornada de trabalho dos operários nas primeiras décadas do século XX? **ORAL**

**2.** Leia o texto e responda.

> [...]
>
> O ambiente daquelas fábricas, movidas a vapor, era completamente nocivo à saúde. Insalubre. Umidade, fumaça de carvão, vapor vazando e uma alimentação de miséria eram o caldo ideal para a tuberculose e outras doenças infecciosas, como o tifo e a cólera. Em 1910, nas fábricas de São Paulo, a idade média de vida do trabalhador chegava a 19 anos. [...]
>
> Vito Giannotti. *História das lutas dos trabalhadores no Brasil*. Rio de Janeiro: Mauad X, 2007. p. 53.

- Qual o tema do texto? Quais as consequências sofridas pelos operários?

______________________________________________

______________________________________________

**3.** Em uma folha quadriculada, represente as porcentagens indicadas na tabela usando cores diferentes para cada tipo de indústria.

**Brasil – indústrias em 1920 e sua participação no valor da produção**

| Tipo de indústria | Participação no valor da produção (valores aproximados) |
|---|---|
| Alimentação | 40% |
| Têxtil | 28% |
| Vestuário e objetos de toucador | 8% |
| Indústria química e análogos | 8% |
| Outros grupos | 16% |

**Fonte**: Heitor Ferreira Lima. *História política-econômica e industrial do Brasil*. São Paulo: Companhia Editora Nacional, 1970. p. 331.

- Em 1920, dois tipos de indústria participavam com mais de 60% no valor da produção industrial do Brasil. Quais eram elas? **ORAL**

# Os trabalhadores se organizam

Em razão das condições de trabalho precárias e da exploração diária a que eram submetidos, os operários criaram organizações para lutar por seus direitos. Suas principais reivindicações eram: jornada diária de oito horas, direito a férias e descanso semanal remunerados, proibição do trabalho de crianças e do trabalho noturno de mulheres, seguro contra acidentes de trabalho e aposentadoria.

## A grande greve de 1917

Uma das formas de pressionar os patrões e o governo a melhorar as condições de trabalho era a realização de greves. Em 1917, os trabalhadores decidiram fazer uma greve geral, que praticamente parou o país, para reivindicar seus direitos. Ela começou na cidade de São Paulo e se alastrou por diversas outras cidades.

A mando do governo, os trabalhadores foram violentamente reprimidos pela polícia. Houve mortes, muitos foram presos e trabalhadores estrangeiros expulsos do país. A greve de 1917 foi a primeira de uma série. Essas manifestações foram muito importantes, pois revelaram a força da classe trabalhadora e denunciaram o caráter autoritário do governo republicano.

Arquivo Edgard Leuenroth/Unicamp

Na greve geral de 1917, os trabalhadores protestavam contra as péssimas condições de trabalho nas fábricas, a carestia e o autoritarismo do governo, que não se importava com suas reivindicações.

**Carestia:** falta de bens essenciais à sobrevivência ou escassez de um produto específico.

**1.** Leia a matéria publicada no jornal gaúcho *Correio do Povo*.

> Pelotas – No dia 13 do corrente, declararam-se em gréve os operarios da fabrica Fiação e Tecidos Pelotense. Os operarios que procuravam entrar na fabrica foram impedidos nisso, bem como as operarias, pelos grêvistas. A fabrica teve de fechar por esse motivo. Deu origem á parede o facto de haverem sido despedidos os operarios Venancio Pons, José Paladino e Manoel Borba, pelo director da secção de tecelagem Luiz Mazzuchelli. Os operarios da Fiação solicitaram, então, do director-gerente que fosse Luiz despedido e reintegrados aquelles tres companheiros nos seus logares. Não sendo attendidos neste pedido, resolveram declarar-se em gréve.
>
> *Correio do Povo*. Porto Alegre, 18 de março de 2011, ano 116, nº 169. Seção Há um século no Correio do Povo. Disponível em: <www.correiodopovo.com.br/Impresso/?Ano=116&Numero=169&Caderno=0&Noticia=269543>. Acesso em: março de 2015.

- Qual o tema da reportagem?

______________________________________________

______________________________________________

______________________________________________

**2.** Leia a tirinha e responda no caderno.

Disponível em: <http://omeninomaluquinho.educacional.com.br/PaginaTirinha/PaginaAnterior.asp?da=01042013>. Acesso em: junho de 2014.

**a)** Qual a proposta de Carolina para os colegas?

**b)** O que a turma pretende conseguir com o movimento?

**c)** Procure no dicionário e escreva o significado da palavra **greve**.

**3.** Discuta com os colegas e escolham uma causa pela qual vocês gostariam de lutar. O que vocês fariam para defender essa causa?

ORAL

# Direitos para as mulheres

No início do século XX, com o desenvolvimento da indústria, as mulheres começaram a entrar no mercado de trabalho, atuando principalmente como operárias nas fábricas. Porém, era comum as mulheres trabalharem com salários mais baixos que os homens, por jornadas de trabalho que chegavam a 16 horas por dia, além de ainda terem de cuidar da casa e dos filhos.

Acervo Iconographia

Mulheres operárias em indústria de tecelagem. São Paulo, 1920.

Essa situação precisava mudar, mas para isso as mulheres precisavam ter participação política. Para defender os direitos da mulher, em particular o direito ao voto, foi fundada em 1922 a Federação Brasileira para o Progresso Feminino (FBPF). Entre os principais objetivos dessa organização, estava:

> [...] assegurar à mulher os direitos políticos que a nossa Constituição lhe confere e prepará-la para o exercício inteligente desses direitos.
>
> Maria Lygia Quartim de Moraes. Cidadania no feminino. Em: Jaime Pinsky e Carla Bassanezi Pinsky (Orgs.). *História da cidadania*. São Paulo: Contexto, 2003. p. 508.

Library of Congress Prints and Photographs Division Washington, D.C.

Por todo o país, as mulheres se organizavam na campanha pelo direito ao voto. Por fim, o governo aprovou uma lei em 1932, dando às mulheres o direito a participar das eleições como eleitoras ou candidatas.

No início do século XX, a cientista Bertha Lutz se destacou na defesa dos direitos das mulheres. Sua atuação foi muito importante na campanha pelo voto feminino.

1. Assinale a frase correta.

- [ ] As mulheres podiam escolher e exercer qualquer profissão.
- [ ] As mulheres sempre ingressavam no ensino superior existente no Brasil.
- [ ] As mulheres deviam cuidar dos afazeres domésticos e da criação dos filhos.
- [ ] As mulheres só trabalhavam em ocupações especializadas.

2. Escreva as vantagens que os empregadores tinham quando contratavam mulheres em vez de homens.

_______________________________________________

3. Por que era importante para as mulheres ter participação política no Brasil?

_______________________________________________

4. Converse com os colegas: De que forma as pessoas se tornam mais bem preparadas para o exercício da cidadania? **ORAL**

5. Entreviste uma mulher da sua família. Siga o roteiro.

- Você tem alguma ocupação remunerada? Qual?
- Você conhece os direitos das mulheres? Quais deles são garantidos a você?
- Esses direitos sempre foram garantidos? Explique.
- Na sua opinião, o trabalho feminino é importante? Por quê?
- Como você e as pessoas da sua família contribuem nas tarefas domésticas?

a) Em uma folha à parte, apresente o resultado de sua entrevista para a turma.

b) Coletivamente, elaborem um texto com o título: "O trabalho feminino na atualidade".

### Você sabia?

Dia 8 de março é comemorado o **Dia Internacional da Mulher**. Esse dia foi escolhido porque em 1857, em Nova York, 129 operárias morreram queimadas depois de terem sido trancadas em uma fábrica de tecidos. Elas participavam de uma manifestação pedindo a diminuição da jornada de trabalho para 10 horas e o direito à licença-maternidade.

Xinhua/Photoshot/Latinstock

Mulheres em comemoração ao Dia Internacional da Mulher em Nova York, Estados Unidos, 2011.

## Capítulo 2

# Os trabalhadores conquistam direitos

Os trabalhadores conquistaram seus direitos ao longo do século XX. Que direitos do trabalhador você conhece? Converse sobre algum direito das mulheres no trabalho. Na sua opinião, por que esses direitos são importantes? **ORAL**

Desde a grande greve de 1917 até a atualidade, os trabalhadores conquistaram direitos importantes. Essas conquistas foram resultado da sua luta cotidiana por melhores condições de trabalho. Porém, o processo de conquista de direitos é uma luta contínua, que faz parte da cidadania.

Veja alguns dos principais direitos conquistados pelos trabalhadores no Brasil.

**1927** Proibição do trabalho de crianças de até 14 anos.

Marc Ferrez

*Meninos vendedores de jornais*, Rio de Janeiro, 1899. Instituto Moreira Salles, Brasil.

**1932** Jornada de 8 horas para os trabalhadores do comércio e da indústria; proibição do trabalho noturno para mulheres; criação da carteira de trabalho.

Reprodução/www.sintepav.org.br

Imagem da nova carteira de trabalho, 82 anos após sua criação.

## 1963

Trabalhadores rurais ganham os mesmos direitos que os trabalhadores urbanos.

Cesar Diniz/Pulsar Imagens

Apicultores em Santa Catarina, 2011.

## 1943

Consolidação das Leis do Trabalho (CLT), código de leis que assegura os direitos dos trabalhadores.

## 1940

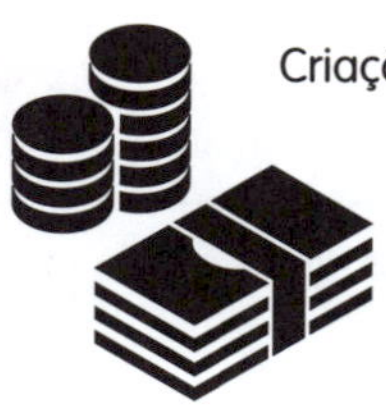

Criação do salário mínimo.

## 934

Direito a férias para todos os trabalhadores do comércio e da indústria.

Ilustrações: Thinkstock/Getty Images

## 1986

Criação do seguro-desemprego.

## 1988

Garantia do direito de greve.

Ormuzd Alves/AE

Greve geral em São Paulo, março de 1989.

## 2013

Trabalhadores domésticos ganham direitos definidos na CLT.

G. Evangelista/Opção Brasil Imagens

Trabalhadora doméstica no Rio de Janeiro, 2013.

**1.** Observe a imagem e responda.

Marcelo Camargo/ABr

Comerciários paulistas protestam contra o alto índice de pessoas contratadas para trabalhar sem carteira assinada. Fotografia de 2013.

**a)** O que reivindicam os trabalhadores nesse movimento?

______________________________

______________________________

**b)** Converse com os colegas e registre a conclusão do grupo:

- Por que é importante que os empregadores façam o registro de seus empregados na carteira de trabalho? **ORAL**

**2.** Encontre no diagrama uma importante conquista dos trabalhadores. Consulte a linha do tempo das páginas 112 e 113.

| | | | | | | | | | | | | |
|---|---|---|---|---|---|---|---|---|---|---|---|---|
| S | A | X | O | J | Q | O | K | S | P | J | B | Q |
| Q | A | W | W | S | S | J | A | R | S | K | S | W |
| Y | A | R | M | N | Q | G | I | Y | V | U | P | H |
| S | A | L | A | R | I | O | M | I | N | I | M | O |
| E | G | G | J | P | P | S | U | T | P | Y | O | S |

**3.** Faça uma pesquisa sobre salário mínimo e registre no caderno.

**a)** O que é salário mínimo?

**b)** Qual é o valor atual do salário mínimo?

**c)** Na sua opinião, o salário mínimo garante melhores condições de vida ao trabalhador?

**4.** A conquista do seguro-desemprego tem impacto somente na vida do trabalhador? Explique. **ORAL**

**5.** Leia a notícia publicada em 14 de novembro de 2012 na seção "Esquecidas da Abolição", do jornal *Correio Braziliense*.

PEC que pretende igualar direitos das domésticas provoca polêmica

**Empregadores acreditam em desemprego em massa no caso de regulamentação**

Apesar da aprovação unânime em comissão especial da Câmara dos Deputados na última semana, a Proposta de Emenda à Constituição 478/2010, que pretende igualar os direitos dos empregados domésticos aos dos demais trabalhadores no país, ainda provoca muita polêmica. O projeto será encaminhado nos próximos dias ao plenário da Casa — onde terá de passar por duas votações e então seguir ao Senado. Ao empregador interessa saber, exatamente, quanto custará ter uma pessoa que cuide de sua casa, filhos, plantas e animais, caso o texto seja aprovado sem modificações. Cálculos feitos por especialistas a pedido do Correio mostram que o impacto no bolso de quem contrata pode chegar a quase 50% sobre o valor do salário pago atualmente — excluindo gastos variáveis, como vale-transporte e eventuais horas-extras.

Matéria de Renata Mariz. Disponível em: <http://www.correiobraziliense.com.br/app/noticia/especiais/as-esquecidas-da-abolicao/2012/11/14/interna_AsEsquecidasDaAbolicao,333654/pec-que-pretende-igualar-direitos-das-domesticas-provoca-polemica.shtml>. Acesso em: junho de 2014.

**a)** Copie e complete a ficha no caderno.

- Qual o tema da notícia?
- Quando ela foi publicada?
- Onde foi publicada?

**b)** Por que o projeto causou polêmica?

**c)** Observe novamente a linha do tempo das páginas 112 e 113 e responda: Quem venceu essa polêmica?

**d)** Discuta com os colegas: Qual a relação entre esse projeto de lei e o título da seção "Esquecidas da Abolição"?

# O direito ao lazer

O direito ao lazer é reconhecido pela Constituição Federal como um dos direitos mais importantes do indivíduo. Momentos de interrupção do trabalho, de descontração por meio de atividades prazerosas são fundamentais para uma vida digna e saudável.

Nas décadas de 1930 e 1940, os trabalhadores conquistaram benefícios importantes, como a redução da jornada de trabalho, direito a férias remuneradas e o salário mínimo. Essas conquistas permitiram que muitos trabalhadores e suas famílias tivessem mais tempo de lazer. Esse tempo livre era ocupado com atividades que se tornaram muito populares, como ver campeonatos de futebol, ir ao cinema e ouvir programas de rádio.

Veja a seguir algumas das manifestações culturais mais populares que os trabalhadores brasileiros apreciavam nas décadas de 1930 e 1940, quando conquistaram direitos trabalhistas. Ainda hoje essas manifestações culturais são marcas da identidade brasileira.

## Futebol

É o esporte mais popular do Brasil. A partir da década de 1930, deixou de ser uma atividade amadora e times profissionais foram organizados para disputar campeonatos dentro e fora do país.

Alberto Sartini/Gazeta Press

Conhecido como "diamante negro", Leônidas da Silva foi um dos primeiros atletas negros a se destacar no futebol brasileiro. Leônidas é considerado o inventor do famoso "gol de bicicleta", mostrado na fotografia de 1948.

## Cinema

Ainda é um dos meios de comunicação mais importantes do Brasil. Na década de 1930, chegou ao país o cinema falado. Foram fundadas companhias cinematográficas como a Cinelândia e a Atlântida para produzir filmes populares com temática nacional.

Reprodução/Atlântida Cinematográfica

Atores como Oscarito e Grande Otelo se destacaram atuando em comédias populares, as "chanchadas". Na fotografia, cena de *Aviso aos Navegantes,* 1950.

## Carnaval

É a festa de rua mais popular do Brasil. Na década de 1930, passou a receber apoio do Estado para a organização das escolas de samba e dos grandes desfiles em cidades como Rio de Janeiro, Salvador e Olinda.

Bobby Fabisak / JC Imagem / Folhapress

O Carnaval de Olinda é um dos mais populares do Brasil, com o tradicional desfile de bonecos gigantes. Fotografia de 2014.

## Rádio

O rádio se popularizou no Brasil a partir da década de 1930. As famílias se reuniam para ouvir seus cantores e cantoras prediletos, para acompanhar as notícias, discursos do presidente da República e radionovelas.

Arquivo O Cruzeiro/EM/D.A Press

Antes da chegada da televisão, o rádio era o principal meio de divulgação da música popular brasileira. Na fotografia, a cantora mais popular da época, Carmen Miranda.

## Congada

O Brasil apresenta diferentes manifestações culturais. Na região Norte, temos a festa do Congo ou Congada, que é uma manifestação cultural de origem africana. Ela acontece durante o Natal e nas festividades de Nossa Senhora do Rosário e São Benedito.

Nilton Cardin/Sigmapress/Getty Images

A congada é a representação da coroação do rei e da rainha eleitos pelos escravos e da chegada da embaixada, que motiva a luta entre o partido do rei e o do embaixador. Vence o rei, perdoa-se o embaixador. Termina com o batizado dos infiéis. São Luiz do Paraitinga, 2012.

- E na sua região, existem manifestações culturais parecidas com essa? Faça uma entrevista com um familiar ou com um amigo mais velho.

**1.** Faça uma pesquisa sobre as atividades de lazer da classe.

**a)** Na tabela abaixo, liste as atividades de lazer das famílias de 10 colegas da classe. Classifique-as conforme o espaço no qual são realizadas.

| Espaço público | Espaço privado |
|---|---|
| | |
| | |
| | |
| | |
| | |
| | |
| | |
| | |
| | |
| | |

**b)** Escreva em uma folha à parte um texto com a conclusão sobre essas atividades de lazer.

**2.** Nas primeiras décadas do século XX, uma das estratégias utilizadas pelas associações e pelos sindicatos de operários para arrecadar fundos ou divulgar suas propostas era a realização de festivais. Leia o anúncio de festa operária no início do século XX e responda às questões.

Grande Festival Proletario

a realizar-se no dia ~~22~~ 5 do corrente, ás 20 horas no Salão Celso Garcia, sito a Rua do Carmo n. 25

Este Festival tem um fim altamente nobre; pois trata-se de instalar em nossa séde social comodas cadeiras, afim de acomodar o mais confortavel possivel os que acorrerem aos nossos chamados de assembleas e conferencias. Certos que contribuira com sua presença a este ato, antecipadamente agradecemos.

PROGRAMA

1.o - Ouverture pela Orquestra.
2.o - Conferencia instrutiva pela Professora D. Luiza Peçanha de Camargo Branco.
3.o - Drama Social.
4.o - Grande ato de Variedades donde tomarão parte diversos artistas e amadores.

Nenhum operario que sé interesse pela verdadeira causa que lhe afeta, não devera faltar.

PELA COMISSÃO ORGANIZADORA:

SINDICATO DOS MANIPULADORES DE PÃO.
LIGA OPERARIA DA CONSTRUCÇÃO CIVIL.
UNIÃO DOS OPERARIOS METALURGICOS.
UNIÃO DOS ARTIFICES EM CALÇADOS.

OS CONVITES PODERÃO SER PROCURADOS NA SEDE SOCIAL A' RUA QUINTINO BOCAYUVA N. 80, OU NA REDACÇÃO DA "PLEBE" A' LADEIRA DO CARMO N. 7.



**Fonte**: Francisco Foot Hardman. *Nem pátria, nem patrão! Memória operária, cultura e literatura no Brasil.* São Paulo: Unesp, 2002.

a) Qual foi o objetivo do evento?

______________________________________________

______________________________________________

______________________________________________

b) Que frase apela para a presença dos trabalhadores?

______________________________________________

______________________________________________

______________________________________________

3. Cite o nome de alguns dos artistas que você observou nas páginas 116 e 117.

______________________________________________

______________________________________________

- Escolha um deles e faça uma pesquisa. Destaque a página 11 do **Material Complementar** e escreva uma biografia desse artista.

4. Escolha um artista que você considera importante hoje.

a) Reúna materiais que tragam informações e imagens sobre esse artista e seu trabalho.

b) Apresente-o para os colegas e explique por que você o admira. ORAL

5. Faça uma entrevista com um familiar ou amigo mais velho.

a) Destaque a ficha da página 9 do **Material Complementar**.

b) Combine local, dia e hora para a entrevista.

c) Apresente a ficha ao seu entrevistado.

d) Faça as perguntas uma por vez e anote todas as respostas dadas.

## *Ampliando horizontes...*

**livro**

***O sonho do Abaporu***, de Marcelo Cipis, Caramelo.

Neste livro, o Abaporu, de Tarsila do Amaral, ganha vida fora da moldura e conduz o leitor a um passeio pelo universo da arte contemporânea.

# Gente que faz!

## A era de ouro do rádio no Brasil

O período entre as décadas de 1930 e 1950 é conhecido como a **Era de Ouro** do rádio no Brasil. O rádio se tornou um importante meio de comunicação de massa, pois era popular e atingia um grande número de pessoas.

O rádio estava muito presente no cotidiano das famílias. Era por meio dele que as pessoas se informavam sobre o Brasil e o mundo. Também se divertiam com as radionovelas, o radioteatro, os programas musicais e de humor, além do futebol. As pessoas costumavam se reunir com a família e os amigos para ouvirem seu programa favorito.

Acervo Iconographia

Família ouve, pelo rádio, o discurso de Ano-Novo de Getúlio Vargas. Rio de Janeiro, 1942.

■ Leia o depoimento de Bethina Fróes, de 70 anos.

> Eu e os meus irmãos mais velhos (que tinham entre 7 e 10 anos na década de 1950) ouvíamos a radionovela "Lírios que nascem no lodo". Ficávamos acocorados bem pertinho, ouvindo atentos para não perder nenhum minuto. Eu me lembro de me sentir arrebatada pela história da mocinha e do mocinho, que não é muito diferente das novelas de hoje em dia, só que eram bem mais curtas. Quando ficávamos de castigo, meu pai proibia de ouvir a novela. Era um sofrimento...
>
> Depoimento colhido especialmente para esta obra.

**a)** Quem está narrando essa história?

______________________________________________

**b)** Organizem um programa de rádio! GRUPO

- Selecionem notícias, propagandas, piadas, músicas, leitura dramática para o formato de radiodifusão. Montem um roteiro com a ajuda do professor.
- Usem a criatividade e selecionem músicas ou criem sons com objetos do cotidiano para ambientar a apresentação.

# Atividades

**1.** Observe a imagem e faça as atividades.

Interior da seção de malharia de uma grande indústria em 1920.

**a)** Quais eram as condições de trabalho das operárias nessa época?

______________________________________________

______________________________________________

**b)** De que forma as mulheres começaram a lutar por melhores condições de trabalho?

______________________________________________

______________________________________________

**c)** Escreva alguns direitos que atualmente são garantidos a todos os trabalhadores brasileiros.

______________________________________________

______________________________________________

**2.** Destaque a tabela da página 7 do **Material Complementar** e preencha com informações sobre o maior movimento operário ocorrido no início do século XX.

**3.** Pinte as atividades que faziam parte do lazer dos operários na primeira metade do século XX.

| Jogos de futebol. | Jogar *video game*. | Ir ao cinema. |
| Brincar o carnaval. | Passear no *shopping*. | |

# rede de ideias

## A Semana de Arte Moderna

Tarsila do Amaral

Nas primeiras décadas do século XX, o Brasil passou por grandes transformações. A imigração, o processo de industrialização, a urbanização das cidades, as novidades tecnológicas e os movimentos sociais trouxeram diversas mudanças para o país. Nesse clima de entusiasmo e inovação, alguns intelectuais e artistas mobilizaram-se para criar formas estéticas mais atualizadas e representativas da realidade brasileira. Em 1922 um grupo formado por escritores, poetas, pintores, escultores, músicos e arquitetos se reuniu no Teatro Municipal de São Paulo para um evento que revolucionou as artes e agitou o cotidiano da cidade.

*Abaporu*, de Tarsila do Amaral, 1928. Óleo sobre tela. Museu de Arte Latino-Americana de Buenos Aires, Argentina. *Abaporu* tornou-se o símbolo do Movimento Modernista. Apesar de não ter participado da Semana de Arte Moderna, a artista foi uma das principais representantes do Movimento Modernista.

**1** Leia o comentário da professora Marília Cardoso.

> O objetivo dos artistas da Semana era introduzir um conceito renovador de arte, tanto para os autores quanto para o público, convidando as pessoas a apreciarem uma literatura que desobedece a gramática, uma pintura que não imita a natureza, uma música que rompe com a harmonia e assim por diante.
>
> *Ciência Hoje das Crianças*. Disponível em: <http://chc.cienciahoje.uol.com.br/um-ano-moderno/>. Acesso em: março de 2015.

- Na sua opinião, a obra *Abaporu* se enquadra nas características do Movimento Modernista? ORAL

A **Semana de Arte Moderna** mudou a maneira de fazer arte e marcou o surgimento do modernismo brasileiro.

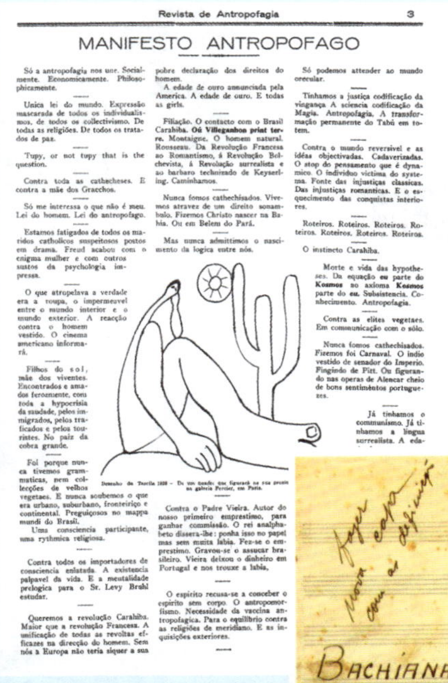

Revista de Antropofagia 3

# MANIFESTO ANTROPOFAGO

Só a antropofagia nos une. Socialmente. Economicamente. Philosophicamente.

Unica lei do mundo. Expressão mascarada de todos os individualismos, de todos os collectivismo. De todas as religiões. De todos os tratados de paz.

Tupy, or not tupy that is the question.

Contra toda as cathecheses. E contra a mãe dos Gracchos.

Só me interessa o que não é meu. Lei do homem. Lei do antropofago.

Estamos fatigados de todos os maridos catholicos suspeitosos postos em drama. Freud acabou com o enigma mulher e com outros sustos da psychologia impressa.

O que atropelava a verdade era a roupa, o impermeavel entre o mundo interior e o mundo exterior. A reacção contra o homem vestido. O cinema americano informará.

Filhos do sol, mãe dos viventes. Encontrados e amados ferozmente, com toda a hypocrisia da saudade, pelos immigrados, pelos traficados e pelos touristes. No paiz da cobra grande.

Foi porque nunca tivemos grammaticas, nem collecções de velhos vegetaes. E nunca soubemos o que era urbano, suburbano, fronteiriço e continental. Preguiçosos no mappa mundi do Brasil.

Uma consciencia participante, uma rythmica religiosa.

Contra todos os importadores de consciencia enlatada. A existencia palpavel da vida. E a mentalidade prelogica para o Sr. Levy Bruhl estudar.

Queremos a revolução Carahiba. Maior que a revolução Franceza. A unificação de todas as revoltas efficazes na direcção do homem. Sem nós a Europa não teria siquer a sua pobre declaração dos direitos do homem.

A edade de ouro annunciada pela America. A edade de ouro. E todas as girls.

Filiação. O contacto com o Brasil Carahiba. **Oú Villeganhon print terre.** Montaigne. O homem natural. Rousseau. Da Revolução Franceza ao Romantismo, á Revolução Bolchevista, á Revolução surrealista e ao barbaro technizado de Keyserling. Caminhamos.

Nunca fomos cathechisados. Vivemos atravez de um direito sonambulo. Fizemos Christo nascer na Bahia. Ou em Belem do Pará.

Mas nunca admittimos o nascimento da logica entre nós.

Contra o Padre Vieira. Autor do nosso primeiro emprestimo, para ganhar commissão. O rei analphabeto dissera-lhe: ponha isso no papel mas sem muita labia. Fez-se o emprestimo. Gravou-se o assucar brasileiro. Vieira deixou o dinheiro em Portugal e nos trouxe a labia.

O espirito recusa-se a conceber o espirito sem corpo. O antropomorfismo. Necessidade da vaccina antropofagica. Para o equilibrio contra as religiões de meridiano. E as inquisições exteriores.

Só podemos attender ao mundo orecular.

Tinhamos a justiça codificação da vingança A sciencia codificação da Magia. Antropofagia. A transformação permanente do Tabú em totem.

Contra o mundo reversivel e as idéas objectivadas. Cadaverizadas. O stop do pensamento que é dynamico. O individuo victima do systema. Fonte das injustiças classicas. Das injustiças romanticas. E o esquecimento das conquistas interiores.

Roteiros. Roteiros. Roteiros. Roteiros. Roteiros. Roteiros. Roteiros.

O instincto Carahiba.

Morte e vida das hypotheses. Da equação **eu** parte do **Kosmos** ao axioma **Kosmos** parte do **eu**. Subsistencia. Conhecimento. Antropofagia.

Contra as elites vegetaes. Em communicação com o sólo.

Nunca fomos cathechisados. Fizemos foi Carnaval. O indio vestido de senador do Imperio. Fingindo de Pitt. Ou figurando nas operas de Alencar cheio de bons sentimentos portuguezes.

Já tinhamos o communismo. Já tinhamos a lingua surrealista. A eda-

Página da *Revista de Antropofagia*, Ano I, maio de 1928.

Revisata de Antropofagia. Anno I - Maio - 1928.

Partitura de Heitor Villa-Lobos, do período modernista.

Heitor Villa-Lobos/Acervo do IEB, USP, São Paulo

Di Cavalcanti

*Samba*, de Emiliano Di Cavalcanti, 1928. Óleo sobre tela. Coleção Hecilda e Sérgio Fadel, Rio de Janeiro, Brasil. A obra tem um tema bem brasileiro e mostra o rompimento com a representação tradicional da realidade.

**2** A obra do artista Di Cavalcanti aborda uma temática brasileira? **ORAL**

**3** Assinale a frase que melhor descreve a obra *Samba*.

- [ ] Cena do cotidiano com tipos brasileiros retratados com detalhes exagerados.
- [ ] O estilo da obra é bastante realista nos traços e no uso de cores claras.

**4** A arte tem várias categorias: música, dança, pintura, escultura, teatro, literatura, cinema e fotografia. **GRUPO**

**a)** Imaginem que vocês são os protagonistas de uma Semana de Arte de 2022. Escolham uma das categorias e criem uma obra de acordo com ela.

**b)** Combinem uma data para a apresentação dos trabalhos.

# QUAL É A PEGADA?

## consumo

# e-lixo

Sponhozl

Charge de Sponholz sobre o lixo tecnológico.

Ilustrações: Biry Sarkis

Lixo eletrônico ou e-lixo é todo resíduo proveniente de equipamentos eletroeletrônicos, como celulares, computadores e máquinas digitais. São considerados também lixos eletrônicos artigos elétricos domésticos, como geladeira e micro-ondas.

Os equipamentos consomem grande quantidade de recursos naturais em sua produção.

Atualmente o brasileiro considera ouvir músicas, assistir à televisão, fotografar e jogar *games* como atividades de lazer. E em todas as atividades fazem uso de aparelhos eletrônicos!

Segundo o programa das Nações Unidas para o Meio Ambiente, o Brasil é um país que descarta muito lixo eletrônico no mundo.

Você sabia que há leis que regulamentam o descarte de lixo? Em 2010 foi aprovada a Política Nacional de Resíduos Sólidos, que torna obrigatória a destinação adequada do lixo eletrônico no Brasil.

O e-lixo contém elementos tóxicos, que exigem tratamento adequado no seu descarte.

A vida útil dos aparelhos é muito curta: um computador em torno de três anos e um celular, dois anos, por exemplo.

O descarte correto do lixo eletrônico minimiza os danos ambientais. Para isso é preciso: descartar lixo em centros de coleta, de onde serão encaminhados ao destino correto; doar aparelhos que estão em bom uso; utilizar o máximo possível um aparelho se ele estiver em boas condições, entre outros.

Faça as atividades no caderno.

**1.** Observe a charge da página anterior e responda:

**a)** O que o ratinho esperava encontrar no lixo?

**b)** Por que ele se decepciona e foge?

**2.** Leia a definição de lixo eletrônico e responda:

**a)** De acordo com a definição, o lixo encontrado pelo ratinho na charge pode ser considerado lixo eletrônico?

**b)** Qual a relação entre lixo eletrônico e as atividades de lazer dos brasileiros na atualidade? ORAL

**c)** Que equipamento eletrônico você utiliza em momentos de lazer?

**3.** Sua família ou você já descartaram aparelhos eletrônicos? Onde foi feito o descarte?

**4.** Façam uma pesquisa de postos de coleta de lixo eletrônico existentes na região onde vocês vivem. GRUPO

- Organizem uma campanha para conscientizar pessoas da comunidade escolar sobre os cuidados necessários com o descarte de materiais eletrônicos e divulgar os locais dos postos de coleta.

1

Cartazes elaborados pelo artista suíço Jean-Pierre Chabloz no intuito de atrair trabalhadores para a indústria da borracha na Amazônia. Museu de Arte da Universidade Federal do Ceará, Brasil.

2

# UNIDADE 7

# O Brasil se moderniza

3

Anúncio do Carro DKW-Vemag, 1958.

4

Anúncio da TV Standard Electric na revista *Manchete*, 1958.

**1.** Durante a década de 1960, Brasília foi construída para ser a capital do Brasil. Qual a diferença em relação à sua localização, se comparada a Salvador e ao Rio de Janeiro?

______________________________________________

______________________________________________

**2.** No Brasil ocorreram diversos movimentos de migração, em diferentes momentos da História. Na sua opinião, que motivos levam as pessoas a se mudar da localidade onde nasceram? ORAL

Capítulo 1

# Cidades e indústrias

Converse com os colegas: Na sua opinião, como o Brasil se tornou um país industrializado e urbano? ORAL

Hoje, o Brasil é um país industrializado, que atua em vários setores econômicos importantes e é considerado a sétima maior economia do mundo. Em 2010, a população do país chegou a mais de 191 milhões de habitantes. A maioria desses habitantes (84%) vive em cidades.

Mas nem sempre foi assim. Até a década de 1960, a maior parte da população brasileira vivia no meio rural, a agricultura ainda era o setor econômico mais importante e as grandes cidades começavam a se desenvolver.

## Do campo para a cidade

Havia muitos contrastes entre a cidade e o campo, assim como entre diversas regiões do país. A maioria da população rural vivia em habitações precárias e não contava com nenhuma assistência do Estado. Devido à pobreza no campo, todo ano milhares de pessoas se deslocavam do meio rural para grandes cidades, como São Paulo e Rio de Janeiro, em busca de uma vida melhor. Entre 1930 e 1960, cerca de 20 milhões de pessoas migraram do campo para a cidade.

Marcel Gautherot

Palafitas em Manaus, Amazonas, cerca de 1945. Acervo do Instituto Moreira Salles, Brasil. Esse tipo de habitação, construída sobre estacas de madeira, continua a existir especialmente nas regiões Norte e Nordeste do Brasil.

O que atraía essas pessoas para as cidades?

No ambiente urbano, elas tinham a perspectiva de empregos melhores, de habitar em moradias com água encanada e luz elétrica, de escolas para os filhos, entre outras vantagens. Nem sempre esse sonho se tornava realidade, pois nas cidades brasileiras havia condições precárias e injustiças. Mas o desejo de melhorar de vida, de um futuro melhor para os filhos, justificava a migração para a cidade.

■ No Carnaval de 2011, a escola de samba paulista Acadêmicos do Tucuruvi homenageou a migração nordestina para São Paulo.

Sou cabra da peste, vim lá do nordeste
São Paulo é minha capital
Levando alegria, eu vou por aí
Eu sou valente, sou Tucuruvi

Vou embarcar nessa aventura
Em busca de um lugar ao sol
Trago no peito desafio e esperança
Na bagagem a lembrança,
Sonho ou realidade.
Vou construindo ilusão,
Erguendo os pilares da cidade,
Deixando marcas da minha tradição [...]

Fabio Braga/Folhapress

Alegoria da escola de samba Acadêmicos do Tucuruvi no desfile do Carnaval 2011.

Samba-enredo 2011: *Oxente, o que seria da gente sem essa gente? São Paulo, a capital do Nordeste!* G.R.C.S.E.S Acadêmicos do Tucuruvi. Disponível em: <http://www.academicosdotucuruvi.com.br/carnaval2011.html>. Acesso em: março de 2015.

**a)** Sublinhe os versos em que o autor se refere à busca por uma vida melhor.

**b)** Pinte as condições que levaram moradores de meios rurais a se aventurar para as cidades.

Pobreza. | Moradias precárias. | Chuvas constantes.

Falta de assistência do Estado. | Transporte inexistente.

**c)** Leia a frase: "Trago no peito desafio e esperança".

■ Quais as esperanças dos migrantes ao se mudar para uma cidade?

______________________________________________

______________________________________________

# Novas indústrias

A produção industrial no Brasil cresceu significativamente a partir dos anos 1930. O governo passou a investir na produção de minérios como ferro e aço, na construção de estradas e ferrovias, na extração de petróleo, entre outros setores. Na década de 1960, o presidente da República, Juscelino Kubitschek (JK), lançou o chamado **Plano de Metas**, que visava acelerar esse processo de industrialização e modernização do país.

Surgiram novas indústrias que fabricavam bens de consumo imediato, como roupas e sapatos, e de consumo durável, como automóveis e eletrodomésticos. A produção desses bens exigia elevados investimentos, tecnologia, equipamentos modernos e trabalhadores qualificados.

## A indústria da borracha na Amazônia

Parte dos trabalhadores que deixavam o campo acabou migrando para trabalhar na extração de borracha na região da Amazônia. O látex extraído das seringueiras servia de matéria-prima para a fabricação de pneus e outros acessórios de borracha utilizados nos automóveis.

As condições de trabalho e habitação nos seringais eram duras e precárias. Muitos trabalhadores morriam de doenças da floresta, como a malária e a febre amarela.

- Observe o cartaz que ilustra as porcentagens de ganho prometidas aos trabalhadores da borracha. Depois, faça as atividades no caderno.

  **a)** Escreva os ganhos prometidos aos trabalhadores da borracha.

  **b)** As possibilidades de ganho prometidas eram atraentes? Por quê?

  **c)** As condições encontradas pelos trabalhadores foram vantajosas?

Cartaz elaborado pelo artista suíço Jean-Pierre Chabloz, 1943, para a campanha do Serviço Especial de Mobilização de Trabalhadores para a Amazônia. Acervo Jean Pierre Chabloz – Museu de Arte da Universidade Federal do Ceará, Brasil.

# A construção de Brasília

Em 1955, o governo começou a construção da nova capital do país: Brasília. A transferência da capital da República do Rio de Janeiro para o planalto central já estava prevista desde a primeira Constituição da República, mas a ideia foi esquecida e só retomada na Constituição de 1946.

Brasília foi construída para ser o símbolo da modernização do Brasil, contribuir com o desenvolvimento do interior do território e integrar as regiões. Com isso, pretendia-se gerar novos empregos e deslocar parte da população para o interior, ainda pouco povoado.

Thomas Farkas/Acervo Instituto Moreira Salles

Brasília foi construída em apenas cinco anos, entre 1955 e 1960. Na fotografia, a população caminha pela laje do Congresso Nacional no dia da inauguração de Brasília, em 1960. Pode-se observar também alguns dos trabalhadores que ajudaram a construir a nova capital: os **candangos**.

**1.** Leia o depoimento de Gustavo Alberto de Bouchardet da Fonseca, nascido em 1956.

[...]

Nasci em Belo Horizonte, e logo minha família se mudou para uma cidade que não tinha nascido ainda: Brasília. Meu pai foi trabalhar no hospital da Cidade Livre, e eu cresci nos acampamentos dos construtores da nova capital: virei brasiliense!

[...]

Eu me lembro também que a gente comprava querosene para colocar nos lampiões e lamparinas. Pois é, Brasília não tinha luz elétrica ligada às casas, nem dos "candangos" nem dos doutores. E todo mundo morava meio junto, uma mistura de gente do Brasil inteiro!

[...]

José dos Santos. *Crianças do Brasil* – Suas histórias, seus brinquedos e seus sonhos. São Paulo: Peirópolis/Museu da Pessoa, 2008. p. 61.

- Por que Gustavo se refere a Brasília como a cidade que ainda não tinha nascido? **ORAL**

# Gente que faz!

## Brasília: cidade planejada

Você sabe o que significa cidade planejada?

Nos anos 1950, o Brasil buscava superar o passado de país colonial e se modernizar investindo no futuro. A mudança da capital do Brasil para o planalto central e a construção da nova capital federal, Brasília, expressava esse desejo do moderno e do novo.

A cidade de Brasília foi construída durante o governo JK por obra dos arquitetos Lúcio Costa e Oscar Niemeyer em menos de cinco anos. Ela foi inaugurada em 21 de abril de 1960. Nesse dia, Brasília tornou-se oficialmente a terceira capital do Brasil, depois das cidades de Salvador e do Rio de Janeiro.

Hoje, a cidade é admirada internacionalmente, considerada moderna e arrojada em função de seu projeto arquitetônico. A cidade é reconhecida como patrimônio mundial pela Unesco. Contudo, a capital enfrenta problemas semelhantes aos de outras grandes cidades do Brasil.

Rubens Chaves/Pulsar Imagens

Vista aérea da cidade de Brasília, 2013.

[...] do papel à realidade, muita coisa mudou. [...] a cidade foi pensada para reunir, no máximo, 600 mil habitantes [...]. O grande número de migrantes, atraídos pela promessa de muitas ofertas de empregos e uma vida melhor, provocou um movimento de exclusão socioespacial, que acabou por marcar Brasília, tal como ocorre em outros espaços urbanos. [...]

Os efeitos provocados por 2,5 milhões de pessoas que residem em Brasília atualmente também precisam ser enfocados [...]. Definitivamente, a cidade escapou do modelo de urbanismo inicial e o que se vê num passeio pelas ruas é a repetição de alguns dos problemas que afligem outras localidades: centro lotado, trânsito pesado etc.

Disponível em: <http://revistaescola.abril.com.br/historia/pratica-pedagogica/projeto-brasilia-cidade-planejada-528737.shtml>. Acesso em: março de 2015.

**1.** Observe as imagens e responda no caderno.

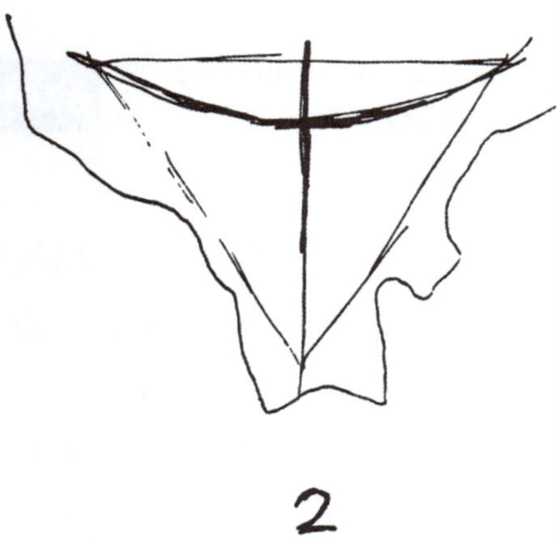

Acervo APDF (Arquivo Público do Distrito Federal)

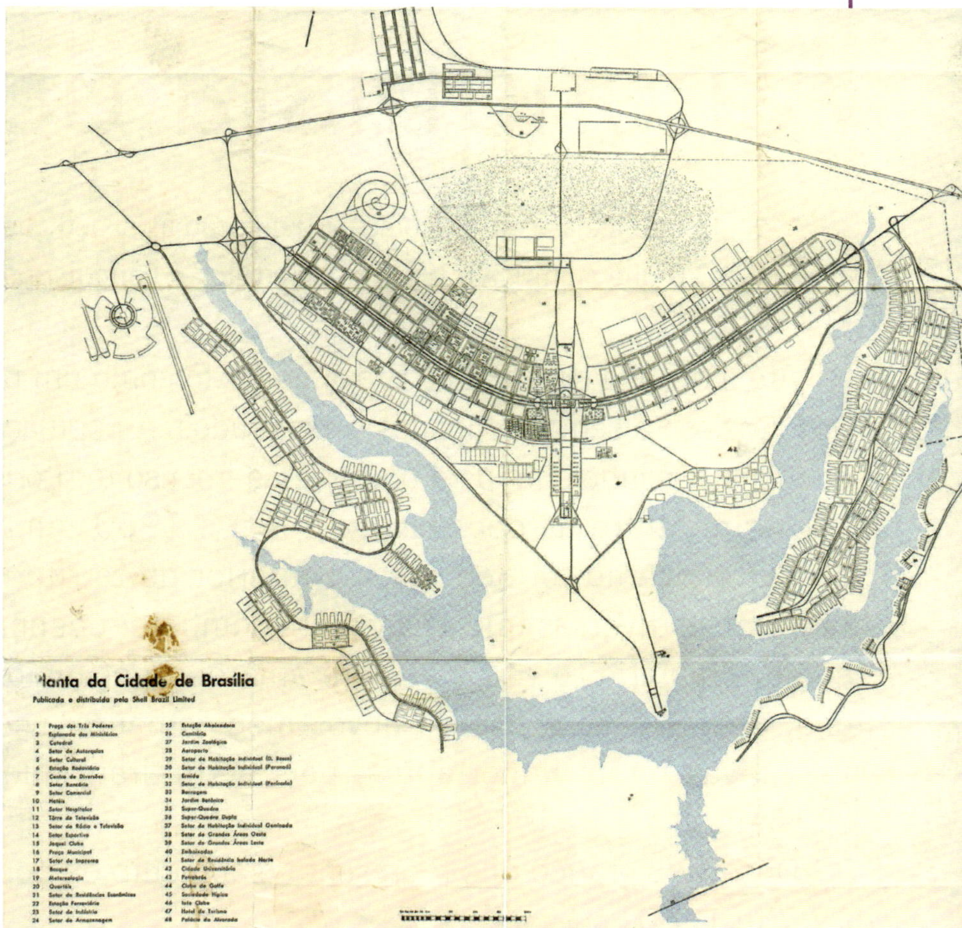


Casa Lúcio Costa

Imagens do croqui e da planta do Plano Piloto da cidade de Brasília, que foi planejada pelo urbanista e arquiteto Lúcio Costa. O famoso arquiteto Oscar Niemeyer também teve papel de destaque na construção da nova capital do Brasil, pois criou os principais edifícios públicos de Brasília.

- Observando o plano de construção da cidade de Brasília, com o que ela se parece?

______________________________________________

______________________________________________

**2.** De acordo com o texto, ao citar que a cidade de Brasília é planejada, podemos dizer que ela obedece rigorosamente ao plano original? Explique. **ORAL**

**3.** Imagine que você é um arquiteto e foi escolhido para planejar uma cidade do futuro. Como você faria?

**a)** Destaque o quadro da página 5 do **Material Complementar**, escolha uma forma para o seu Plano Piloto e organize a sua cidade.

**b)** Ao final, monte uma maquete ou faça um desenho expressando o seu projeto final.

## Capítulo 2

# A conquista do sertão

Troque ideias com os colegas: O que são as expedições e quais são seus objetivos? O que significa o título do capítulo "A conquista do sertão"? **ORAL**

Até a década de 1930, o Brasil era visto como um país rural, com muitos territórios "vazios" a serem ocupados e explorados. A população brasileira era considerada pequena e insuficiente para povoar esse imenso território.

Assim, entre as décadas de 1930 e 1960, uma das principais preocupações do governo foi desbravar o interior do território brasileiro, chamado **sertão**. Houve diversas iniciativas para combater doenças que provocavam mortes, como a malária, o tifo e a febre amarela, por meio de campanhas de vacinação, dedetização e uso de novos medicamentos, como os antibióticos. Essas iniciativas foram importantes, pois permitiram que a população brasileira se expandisse.

Observe o gráfico que representa o aumento da população entre as décadas de 1920 e 1960.

**BRASIL – Crescimento populacional (1920-1960) – valores aproximados**

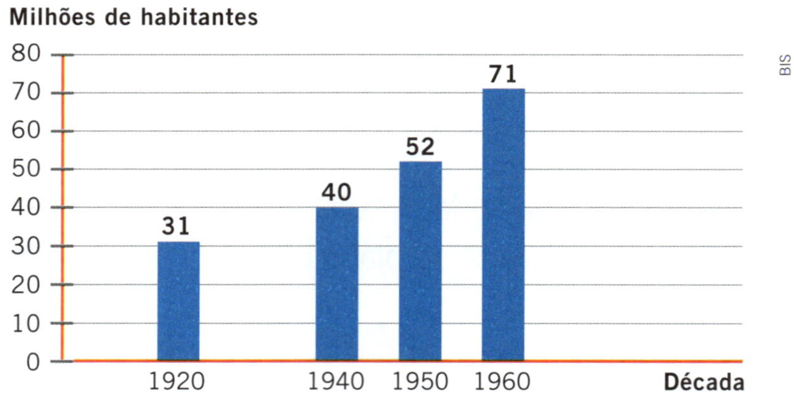


**Fonte:** Dados do Instituto Brasileiro de Geografia e Estatística (IBGE). Disponível em: <http://vamoscontar.ibge.gov.br/atividades/ensino-fundamental-6-ao-9/45-a-populacao-cresce>. Acesso em: março de 2015.

- Analise o gráfico acima e responda no caderno.

**a)** O que ocorreu com a população brasileira entre 1920 e 1960?

**b)** Que medidas tomadas pelas autoridades brasileiras favoreceram esse crescimento?

# A expedição Roncador-Xingu

Na década de 1940, o governo federal iniciou um programa denominado **Marcha para o Oeste** a fim de ocupar e colonizar a região Centro-Oeste do Brasil e a Amazônia, até então pouco conhecidas e praticamente inexploradas. Nelas viviam muitos povos indígenas que não haviam feito contato com os não indígenas.

Em 1943, iniciou-se a expedição Roncador--Xingu, que visava abrir estradas, cidades, campos de pouso para aviões e incentivar a vinda de colonos para povoar e explorar economicamente essas regiões. Até 1960, a expedição foi chefiada pelos irmãos Cláudio, Orlando e Leonardo Villas Bôas, três **sertanistas** que defenderam os direitos e territórios dos indígenas.

**Fonte:** Elaborado pelos autores com base em: IBGE. *Atlas geográfico escolar*. Rio de Janeiro: IBGE, 2007.

No total, a expedição Roncador-Xingu abriu 1 500 km de picadas na mata, fundou 43 vilas e cidades, construiu 19 campos de pouso e estabeleceu contato pacífico com 5 mil indígenas.

Irmãos Villas Bôas em congresso de caciques no Parque Nacional do Xingu, Mato Grosso, 1974. Esses sertanistas tiveram papel muito importante na proteção à vida e à cultura dos indígenas.

■ Complete abaixo com as informações da expedição Roncador-Xingu:

**a)** Objetivos.

______________________________________________

______________________________________________

**b)** Resultados.

______________________________________________

______________________________________________

# A criação do Parque Indígena do Xingu

A Marcha para o Oeste e as atividades econômicas que se desenvolviam na região – como extração de borracha, agricultura e garimpo – ameaçavam o modo de vida dos indígenas. Para preservar a cultura indígena, seus costumes e tradições, foi criado o Parque Indígena do Xingu em 1961. Na criação do parque, destacaram-se os irmãos Villas Bôas, que militavam em favor dos direitos dos indígenas e os defendiam contra os ataques dos grandes proprietários de terras.

Atualmente, o Parque Indígena do Xingu é cercado por pastos e cultura de soja, há tentativas de invasão da área por parte de garimpeiros e madeireiros e intensificou-se o contato dos povos indígenas que ali vivem com a cultura dos não indígenas.

Rogério Reis/Pulsar Imagens

Indígenas da aldeia Yawalapiti, Mato Grosso, 2012. O Kuarup é um ritual em homenagem aos mortos e aos antepassados ilustres feito pelos povos indígenas do Xingu.

- Leia o que diz Awajatu Aweti, do povo Aweti, que vive no Parque Indígena do Xingu. Depois responda.

> Desde 1996, ensinamos nossas crianças no tronco tupi e o português para que saibam entender e lidar com o "mundo de fora". [...]
>
> [...] Para evitar a influência ocidental e da tecnologia, estamos mantendo nossos traços culturais, dialogando em tupi e praticando as nossas danças. A hora de assistir à televisão é controlada. Usamos aparelhos de DVD, por exemplo, mas para mostrar vídeos sobre a nossa tradição.
>
> Disponível em: <www.revistafilosofia.com.br/eslh/edicoes/19/imprime134622.asp>. Acesso em: maio de 2014.

- De que forma o povo procura preservar sua cultura?

_______________________________________________

_______________________________________________

## Ampliando horizontes...

### livro

***Histórias do Xingu***, de Orlando Villas Bôas e Cláudio Villas Bôas. Companhia das Letrinhas, 2013.

A obra apresenta contos que tratam do imaginário, dos costumes e das crenças dos indígenas do Xingu transmitidos aos autores.

# Atividades

**1.** Observe o mapa e assinale a frase que mostra o resultado desses movimentos migratórios na distribuição da população brasileira.

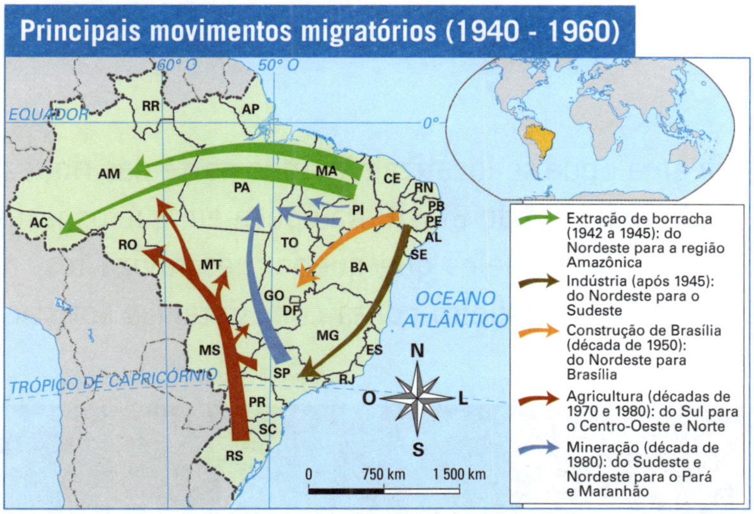


**Fonte:** *Almanaque Abril*. São Paulo: Abril, 1996. p. 587.

☐ Na década de 1960 a população rural superou a população urbana.

☐ Na década de 1960 a população urbana superou a população rural.

**2)** Associe a coluna da direita com a da esquerda.

**a)** Plano de Metas

**b)** Marcha para o Oeste

**c)** Expedição Roncador-Xingu

**d)** Parque Indígena do Xingu

☐ Lançada na década de 1940, buscava ocupar e colonizar a região Centro-Oeste e a Amazônia.

☐ Lançado em 1960, visava acelerar o processo de industrialização e modernização do país.

☐ É uma reserva demarcada que abriga diferentes etnias indígenas.

☐ Missão organizada em 1943 para abrir estradas, cidades, campos de pouso e fazer contato com povos indígenas da região.

**3.** Façam uma pesquisa sobre o modo de vida dos povos indígenas que vivem no Xingu. Cada grupo escolhe uma etnia e, ao final, todos organizam um grande painel coletivo com as informações coletadas. Use os **Adesivos** para ilustrar o seu painel. GRUPO

# rede de ideias

## Amazônia

A Amazônia é uma área onde se localizam grande parte das riquezas naturais e mais da metade da população indígena do Brasil. Na época em que os jesuítas catequizavam os indígenas e os defendiam daqueles que queriam escravizá-los, não havia recursos tecnológicos. Hoje o governo brasileiro conta com sistemas sofisticados para vigiar e controlar o território amazônico.

André Dib/Pulsar Imagens

**1** Leia o texto, observe a imagem e responda.

**a)** Qual é a função do sistema Sivam/Sipam?

______________________________________________

______________________________________________

**b)** Veja no mapa e assinale os Estados brasileiros que fazem parte da chamada Amazônia Legal.

☐ AC ☐ AM ☐ MS ☐ PA

☐ RO ☐ MG ☐ TO ☐ RR

☐ RS ☐ MA ☐ PI ☐ BA

O Sistema de Vigilância da Amazônia (Sivam) é destinado a monitorar o espaço aéreo amazônico. Já o Sistema de Proteção da Amazônia (Sipam) visa controlar o desmatamento, proteger parques nacionais e reservas indígenas, garantir a defesa dos recursos naturais da região e dar assistência às populações locais. O sistema Sivam/Sipam foi inaugurado em 2002 e integra informações provenientes de satélites, sensores, radares e aviões para melhor fiscalizar e controlar a área conhecida como "Amazônia Legal", que constitui cerca de 61% do território brasileiro.

**BRASIL – Sistema de vigilância da Amazônia Legal**

**Fonte:** Elaborado com base nas informações disponíveis em: <http://www.sipam.gov.br/noticias/censipam-divulga-informacoes-de-1-3-milhao-de-km2-de-areas-especiais-na-amazonia-legal>. Acesso em: junho de 2014.

**2** Imagine que você vai participar de uma expedição para estudar os hábitos de um povo indígena que vive na Floresta Amazônica, às margens do rio Negro. Destaque a página 3 do **Material Complementar** e siga o roteiro:

**a)** Faça uma lista dos itens indispensáveis na sua bagagem.

**b)** Escolha os caminhos que vocês irão percorrer.

**c)** Pense nas dificuldades que você achará em sua jornada.

**d)** Relate em seu caderno de campo como foi essa expedição e o encontro com os indígenas.

O trabalhador rural chamado de **boia-fria** sofre com condições extremamente duras de trabalho, com jornadas que chegam a 12 horas diárias, poucos direitos e baixos salários. Cortador de cana-de-açúcar, em Pitangueiras, São Paulo, 1996.

Cleo Velleda/Folhapress

Antonello Veneri/Coofiav/Folhapress

Depósito de lixo próximo à cidade de Iguatu, no Ceará, 2014, que está causando danos ao meio ambiente e às pessoas. No Brasil atual ainda há muitas famílias que sobrevivem como catadores em lixões a céu aberto.

# UNIDADE 8

# Cidadania, uma luta de todos

3

Salomon Cytrynowicz/Tyba

A prática da cidadania exige que os grupos sociais se organizem para reivindicar seus direitos e participem das decisões do Estado. Na imagem, indígenas assistem a uma das sessões que definiram a Constituição de 1988.

4

Fábio Motta/AE

Manifestação contra aumento da passagem de ônibus, Rio de Janeiro, 2014.
A população brasileira tem se organizado cada vez mais para protestar contra injustiças sociais e corrupção por parte dos governos.

**1.** Pinte de vermelho para trabalhadores que não têm direitos garantidos e de azul para os grupos sociais que estão em processo de luta.

- [ ] Boias-frias.
- [ ] Catadores em lixões.
- [ ] Grupos indígenas.
- [ ] Manifestantes.

**2.** Atualmente crianças e adolescentes e outros grupos sociais como idosos, afrodescendentes e pessoas com deficiência têm leis específicas que garantem seus direitos. Você conhece alguns direitos desses grupos? Quais?

## Capítulo 1

# Uma luta de todos

Converse com os colegas: Por que a cidadania é um processo que depende da participação de todos? **ORAL**

O Brasil ainda é um país marcado por grandes desigualdades sociais. No campo, a divisão desigual da terra e o desrespeito aos direitos dos trabalhadores rurais continuam sendo um sério problema. Nas cidades, as precárias condições nas periferias, a falta de empregos, de moradias de qualidade e de segurança são os maiores problemas.

Muito tem sido feito para mudar essa situação. Iniciativas dos governos, dos movimentos sociais e das organizações não governamentais (ONGs) ajudaram a melhorar a vida dos mais necessitados e garantir cidadania a uma parcela importante da população. Uma das formas principais de luta é a reivindicação de direitos por meio da reformulação e do aperfeiçoamento das leis que regem o país.

Davi Ribeiro/Folhapress

As ONGs trabalham em parceria com os governos em busca de soluções para problemas sociais. Crianças em atividade de informática e ciências em ONG de São Paulo que visa garantir que crianças carentes possam frequentar a escola e não sejam obrigadas a trabalhar para ajudar no sustento de suas famílias. Fotografia de 2012.

**1.** Pesquise o significado da palavra **cidadão** e explique a frase no caderno.

> A luta pela cidadania é uma luta cotidiana de todos, e de cada um, por um país e um mundo mais justos e solidários.

# O Brasil governado pelos militares

O Brasil de hoje é um país democrático, regido por uma Constituição que garante direitos civis, políticos e sociais aos seus cidadãos. Por exemplo, o direito de votar e ser votado e a liberdade de expressão.

Mas nem sempre foi assim. No período entre 1964 e 1985, o país foi governado por uma junta militar que instituiu uma ditadura. O regime militar suspendeu parte dos direitos democráticos dos cidadãos. O Congresso Nacional foi fechado, a liberdade das pessoas foi reduzida e as tentativas de oposição, reprimidas com violência. Esse período da história do Brasil ficou conhecido como "anos de chumbo".

Os movimentos de resistência, protesto e reivindicação da sociedade civil, apesar de duramente reprimidos, continuaram existindo e foram decisivos para que houvesse uma mudança de regime. A transição da ditadura para democracia foi um processo lento e gradual.

**Ditadura:** regime antidemocrático no qual todos os poderes do Estado estão concentrados no governante, grupo ou partido.

Tropas da Polícia Militar combatem passeata de estudantes. Rio de Janeiro, 1968.

# A Constituição cidadã

A Constituição Federal de 1988, que ficou conhecida como **Constituição cidadã**, foi um grande avanço. Desde a Independência, em 1822, até a atualidade, o Brasil já teve oito Constituições. De todas elas, a Constituição cidadã é considerada a mais democrática de nossa história.

Leia os benefícios trazidos pela nova Constituição:

> **Democrático:** que permite maior igualdade política e social ao povo, aos cidadãos.

- Reconheceu os direitos das minorias e de grupos discriminados, como os indígenas e os quilombolas.
- Garantiu os direitos das mulheres, a proteção das crianças e dos jovens.
- Proibiu qualquer forma de preconceito social, racial ou religioso entre as pessoas.
- Estabeleceu o direito de todos os trabalhadores a salário, moradia e condições de vida adequadas.

**1.** Por que a Constituição de 1988 ficou conhecida como **Constituição cidadã**? ORAL

**2.** Analise o gráfico e responda.

**BRASIL – Taxa de analfabetismo em 2012 (indivíduos com 15 anos ou mais, por região, em %)**

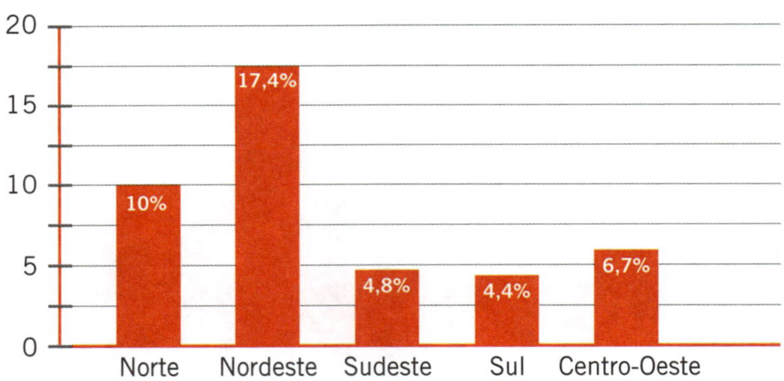


BIS

**Fonte:** Dados do Instituto Brasileiro de Geografia e Estatística (IBGE) e do Pesquisa Nacional por Amostra em Domicílio, 2012. Disponível em: <http://www1.fazenda.gov.br/spe/publicacoes/conjuntura/informativo_economico/2013/2013_09/emprego_renda/IE%202013%2009%2027%20-%20PNAD%202012.pdf>. Acesso em: maio de 2014.

**a)** Qual a porcentagem de analfabetos na região onde você vive?

______________________________

**b)** Considerando que 8,7% da população do Brasil é analfabeta, que regiões têm um índice superior a esse?

______________________________

**c)** É possível perceber, pelos dados do gráfico, desigualdades entre as diferentes regiões do país? ORAL

# Os direitos das crianças e dos adolescentes

Por muito tempo, em nossa história, as crianças e os adolescentes não tinham direitos próprios, sofriam severas punições físicas e morais nas famílias e até mesmo nas escolas. Alguma coisa precisava ser feita para mudar essa condição.

Em 1990, foi criado um conjunto de leis que visam proteger e garantir os direitos das crianças e dos adolescentes: o *Estatuto da Criança e do Adolescente* (ECA). Segundo o ECA, são consideradas crianças toda pessoa de até 12 anos de idade e adolescentes toda pessoa com idade entre 12 e 18 anos.

Fernando Favoretto/Criar Imagem

Crianças em momento de lazer. Brincar e divertir-se é um direito de crianças e adolescentes brasileiros. Região Sul, 2013.

Veja alguns dos direitos garantidos pelo ECA:

- Garantia de todas as condições para que as crianças tenham um nascimento e um desenvolvimento saudáveis.
- Direito a brincar, participar de esportes e de se divertir.
- Direito a frequentar a escola pública sem ser obrigada a trabalhar antes dos 16 anos.
- Proteção contra qualquer forma de exploração, violência, discriminação ou crueldade.
- Atendimento especializado para crianças e adolescentes portadores de deficiência.
- Direito a ter suas opiniões e seu pensamento respeitados por pais e professores.

Hagaquezart estúdio

# Gente que faz!

## Acessibilidade urbana

Você sabe explicar o que é acessibilidade?

Dados do IBGE de 2010 informam que no Brasil existem cerca de 45 milhões de pessoas que apresentam pelo menos uma deficiência. Desse universo, a maioria vive em áreas urbanas. A preocupação em assegurar direitos às pessoas com deficiência vem crescendo nos últimos anos. Há ações públicas e da comunidade nos espaços urbanos para garantir dignidade, segurança e autonomia para esses cidadãos. Leia um trecho do Decreto Federal nº 5.296 sobre a acessibilidade.

> [...] condição para utilização, com segurança e autonomia, total ou assistida, dos espaços, mobiliários e equipamentos urbanos, das edificações, dos serviços de transporte e dos dispositivos, sistemas e meios de comunicação e informação, por pessoa portadora de deficiência ou com mobilidade reduzida [...].
>
> BRASIL. Decreto n. 5296, de 2 de dezembro de 2009. Disponível em: <www.planalto.gov.br/ccivil_03/_ato2004-2006/2004/decreto/d5296.htm>. Acesso em: março de 2015.

O espaço escolar é um bom exemplo dessa mudança de atitude em relação às pessoas com deficiência. Nesse sentido, foi criado o Programa Nacional de Acessibilidade nas escolas públicas para promover a adequação dos prédios, a oferta de transporte acessível, disponibilizar material didático e recursos de tecnologia, bem como oferecer educação bilíngue em Língua Portuguesa e Língua Brasileira de Sinais (Libras).

**1** Assinale a imagem que mostra a lei de acessibilidade sendo cumprida.

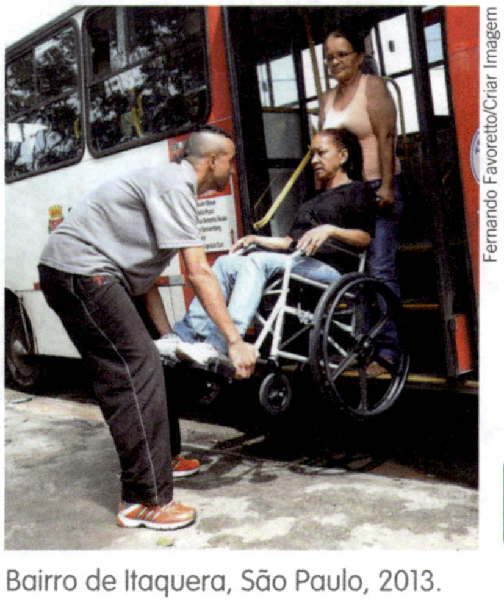

Fernando Favoretto/Criar Imagem

Bairro de Itaquera, São Paulo, 2013. ☐

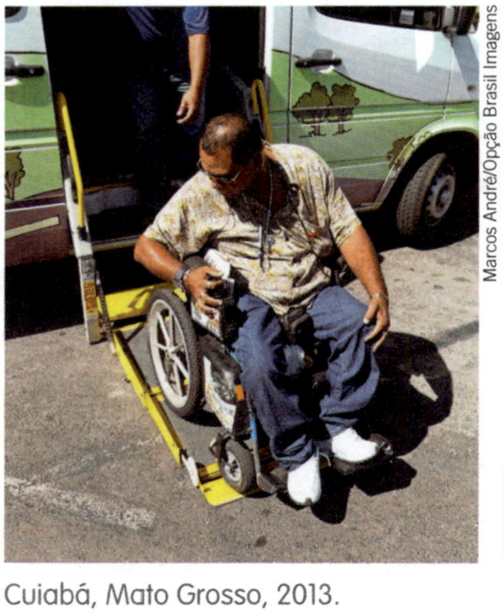

Marcos André/Opção Brasil Imagens

Cuiabá, Mato Grosso, 2013. ☐

■ Na cidade onde você vive os transportes coletivos são adaptados para cadeirantes? Reflita e relate outros exemplos de acessibilidade que você conhece. ORAL

**2** Por que é importante que o ambiente em que vivemos seja adaptado para atender às necessidades de todos?

---

---

**3** Observe a imagem, leia o depoimento e responda no caderno.

Eu tenho 25 anos de lesão e, desde então, nunca mais entrei no mar. É muito legal, a emoção. Puxar a cadeira nessa areia é muito difícil, as pessoas tinham que vir para me ajudar e eu acabava desistindo. Tomava banho de balde. Me sinto uma criança de 10 anos de idade, vibrava Carlos Simon, de 49 anos.

Depoimento disponível em: <www.jb.com.br/rio/noticias/2010/01/24/projeto-ajuda-portadores-de-necessidades-especiais-a-curtirem-a-praia/>. Acesso em: maio de 2014.

Divulgação Adaptsurf

Cadeira de rodas anfíbia criada por ONG no Rio de Janeiro para permitir banhos de mar a cadeirantes. A ideia faz parte do projeto **Praia inclusiva**, difundido e replicado pelo litoral do Brasil. Fotografia de 2010.

a) Qual o tema da imagem e do depoimento?

b) O que mais chamou a sua atenção no projeto **Praia inclusiva**?

**4** Criem uma campanha para promover a inclusão das pessoas com deficiência. GRUPO

a) Escolham o tema e a forma de divulgação.

b) Coletem informações e depoimentos necessários para a campanha.

c) Criem mensagens e façam ilustrações adequadas ao tema.

d) Com o professor, organizem a forma de divulgação da campanha.

Capítulo 2

# O direito de ser igual e diferente

O que significa discriminação e preconceito? Que iniciativas a sociedade brasileira tem tomado para assegurar cidadania para grupos sociais discriminados?

ORAL

O Brasil é um país formado por uma **pluralidade de culturas**. Os indígenas e outros povos (europeus, africanos e asiáticos) que se estabeleceram no país contribuíram com seus hábitos, costumes e tradições, o que ajudou na formação da sociedade brasileira.

Apesar de muitos direitos serem garantidos aos cidadãos, como respeito às suas diferenças de crenças, costumes e hábitos, o nosso país ainda apresenta desigualdade, injustiça e exclusão social.

## Direitos das mulheres

Atualmente, as mulheres contribuem com a sociedade exercendo as mais diversas ocupações e profissões. Contudo, ainda enfrentam dificuldades, como salários menores que os dos homens para as mesmas ocupações, além de ter que conciliar o trabalho fora de casa e a responsabilidade de cuidar dos filhos.

Para garantir a melhoria da situação da mulher na nossa sociedade, foram aprovadas leis que a protegem antes e depois do parto, que proíbem a discriminação e os abusos no ambiente de trabalho e que a defendem de situações de violência.

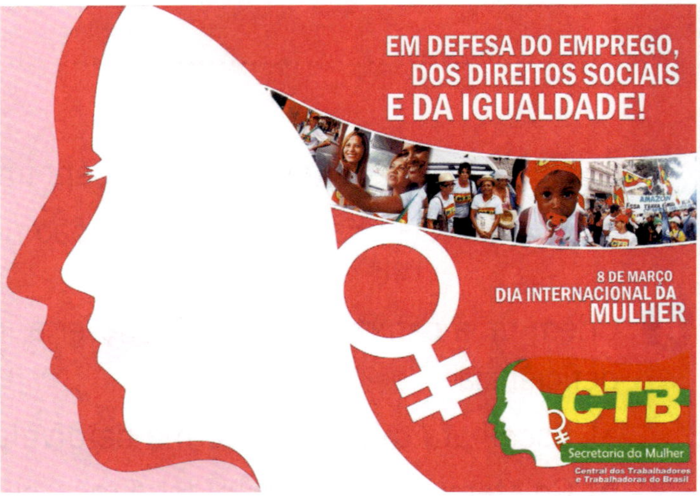


Central dos Trabalhadores e Trabalhadoras do Brasil

Apesar dessas conquistas, muito ainda deve ser feito para garantir o direito à cidadania das mulheres de todas as esferas sociais.

# Direitos dos afro-brasileiros

O afro-brasileiro Milton Santos foi um dos maiores geógrafos e intelectuais do Brasil, tendo lecionado em diversos países do mundo, como França, Canadá, EUA e Inglaterra.

A escravidão no Brasil excluiu os negros africanos e seus descendentes brasileiros durante muito tempo da cidadania. Mesmo com essa desvantagem, os afro-brasileiros se destacaram em diversas áreas: música, arte, esportes, literatura, ciências, entre outras.

Para garantir a cidadania plena aos afro-brasileiros, foram criadas leis como o **Estatuto da Igualdade Racial**, de 2010, que visa combater a discriminação e diminuir a desigualdade social e racial.

> [...] toda distinção, exclusão, restrição ou preferência baseada em raça, cor, descendência ou origem nacional ou étnica que tenha por objeto anular ou restringir [...] o exercício, em igualdade de condições, de direitos humanos e liberdades fundamentais nos campos político, econômico, social, cultural ou em qualquer outro campo da vida pública ou privada [...]
>
> BRASIL. *Estatuto da Igualdade Racial.* Lei n. 12288, de 20 de julho de 2010. Disponível em: <www.planalto.gov.br/ccivil_03/_Ato2007-2010/2010/Lei/L12288.htm>. Acesso em: março de 2015.

**1.** Na sua opinião, se todos são iguais perante a lei, por que o Brasil é marcado por desigualdades, exclusão e injustiças sociais?

______________________________________________

______________________________________________

**2.** Leia o depoimento.

> Antes o pessoal dizia: ah! Quilombo Patioba? Olha a neguinha do quilombo! E a gente achava ruim, mesmo sabendo que éramos negros, que somos negros. Achávamos ruim de ser chamada de neguinha do quilombo. Hoje em dia não. É um orgulho para gente ser chamada de neguinha do quilombo. Somos negras sim e somos de um quilombo.
>
> Depoimento de Guilhermina S., moradora do povoado Patioba, município Jarapatuba, Sergipe. Disponível em: <www.cpisp.org.br/comunidades/html/mulheres/materia/patioba/patioba_intro.html>. Acesso em: março de 2015.

**a)** Sublinhe o trecho que mostra que Guilhermina passou a valorizar sua identidade.

**b)** Na sua opinião a mudança de atitude de Guilhermina foi importante?

# Direitos dos idosos

Hoje há mais de 20 milhões de idosos (pessoas maiores de 60 anos) no Brasil. A melhoria do sistema de saúde, assim como o maior acesso a medicamentos, tratamentos e alimentação de qualidade permitiram que as pessoas vivessem mais tempo, aumentando a quantidade de idosos na população brasileira.

**BRASIL – Pirâmide etária de idosos (censo 2010)**

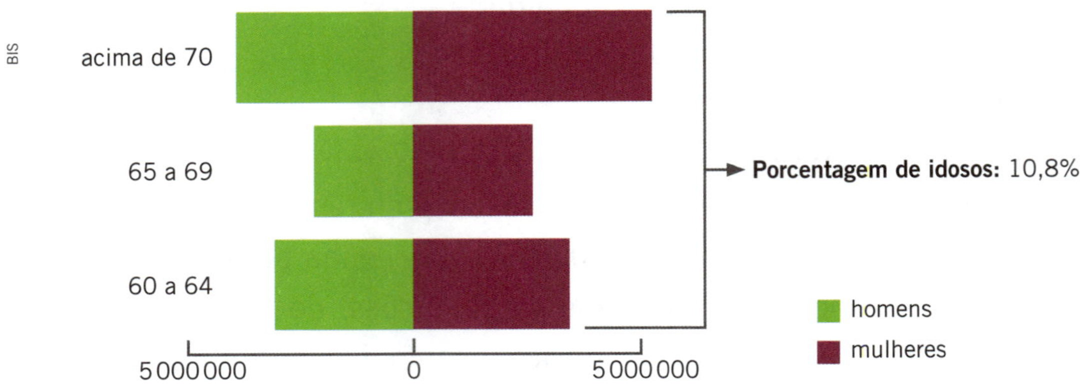


**População total:** 190 755 799

**Total de idosos:** 20 590 599

**Fonte:** Dados do Instituto de Geografia e Estatística – IBGE. Disponível em: <www.ibge.gov.br/home/>. Acesso em: março de 2015.

Os idosos representam mais de 10% da população brasileira. Calcula-se que, nas próximas décadas, essa proporção aumente mais ainda. Daí a importância de aprovar leis que favoreçam essa categoria da população, pois os jovens de hoje também se tornarão idosos um dia.

Contudo, nem sempre os idosos têm seus direitos respeitados. Para garantir esses direitos, foi instituído o **Estatuto do Idoso**, em 2003. Essa lei visa assegurar aos maiores de 60 anos os direitos fundamentais a uma vida digna, à saúde, à educação, à cultura, ao esporte e ao lazer. Dentre os direitos específicos dos idosos estão: gratuidade e reserva de assentos no transporte público; desconto de 50% em atividades de cultura, esporte e lazer e proteção contra negligência, discriminação e maus-tratos.

**1.** Quem é considerado idoso no Brasil?

______________________________

**2.** Que direitos específicos estão garantidos pelo Estatuto do Idoso?

______________________________

______________________________

**3.** Na sua família há idosos? Como eles são tratados? ORAL

# Direitos da pessoa com deficiência

Todas as famílias têm, conhecem ou ouviram falar de alguma pessoa com deficiência ou doença grave. Problemas sérios de saúde podem acometer pessoas de qualquer idade e classe social. Cerca de 24% dos brasileiros apresentam algum tipo de deficiência, leve ou grave.

A maior parte das pessoas com deficiência pode trabalhar, estudar e realizar outras atividades sociais. Por isso devem receber os cuidados necessários para seu pleno desenvolvimento e autonomia, sem sofrer qualquer tipo de discriminação e preconceito.

Nos últimos anos, foram criadas leis e programas públicos que visam assegurar às pessoas com deficiência qualidade de vida e independência, com benefícios como descontos em impostos, adaptação de locais públicos e meios de transporte adaptados para trânsito de deficientes físicos, escolas especiais, entre outros. Dessa forma, pretende-se garantir a cidadania a essas pessoas.

**1.** Leia a reportagem e responda.

**Teatro adaptado para deficientes em comunidades cariocas**

Entre os dias 30 de agosto e 13 de setembro, moradores da Favela do Fumacê, Caçapava, Cidade de Deus, Complexo do Alemão e Caju poderão conferir a peça "Ninguém mais vai ser bonzinho – Em Esquetes". O espetáculo conta com intérprete de Libras, legenda eletrônica, audiodescrição das cenas, programas em braile, visita guiada ao cenário, atendimento prioritário para pessoas com deficiência e reserva de assentos para pessoas com deficiência e/ou mobilidade reduzida.

**Esquete:** cena rápida.

Disponível em: <http://catracalivre.com.br/rio/agenda/indicacao/teatro-adaptado-para-deficientes-em-comunidades-cariocas/>. Acesso em: março de 2015.

- Na sua opinião, de que forma iniciativas como essa contribuem para o exercício da cidadania? ORAL

## *Ampliando horizontes...*

***livro***

*Nossa Terra – Como os jovens estão salvando o planeta*, de Janet Wilson, Melhoramentos.

Obra traz histórias verdadeiras de jovens de todo o mundo que exerceram a cidadania ao criar maneiras para ajudar pessoas, cultivar plantas, preservar florestas e animais e, dessa forma, mudar o mundo.

# Rede do conhecimento: cidadania

## Brasil Independente

### 1824 – Organiza-se o Brasil independente

- Primeira Constituição do Brasil.
- Estabelecia o direito de votar e ser votado.
- Apesar da conquista dos direitos políticos, a permanência da escravidão significou a limitação dos direitos civis.

Reprodução

Capa da Primeira Constituição do Brasil, de 1824. Fundação Biblioteca Nacional, RJ.

Angelo Agostini

### Abolição da escravatura

Os negros conquistam direitos

- 1850 – Lei Eusébio de Queirós
- 1885 – Lei dos Sexagenários
- 1871 – Lei do Ventre Livre
- 1888 – Lei Áurea

Capa da *Revista Illustrada* de 1888, comemora a declaração da extinção da escravidão (lei Áurea). Fundação Biblioteca Nacional, RJ.

### Negros livres e libertos

Tiveram papel fundamental na luta pela libertação dos escravos: Luís Gama, Antonio Bento e André Rebouças.

Autoria desconhecida

André Rebouças (1838-1898), baiano, engenheiro e abolicionista.

Acervo Iconographia

Luís Gama (1838-1898), baiano, advogado, jornalista e abolicionista.

## Brasil Republicano

### 1891 – Primeira Constituição da República

- Reforma da educação – reconheceu o princípio da escola laica, livre e gratuita, que orienta a educação pública até hoje.

Arquivo do Estado de São Paulo

Fachada da escola Caetano de Campos, São Paulo, em 1908.

- No contexto do novo regime político e com a abolição da escravatura, a educação passou a ser valorizada como o melhor caminho para se construir a cidadania.

### Século XX (1910) – Política indigenista – a formação da nação

Busca pela conquista da cidadania por meio do reconhecimento do direito à terra.

### Parque Nacional do Xingu (criado em 1953)

Destaque na política de demarcação e defesa das terras indígenas, referendada nas Constituições de 1946, 1967 e 1988.

Renato Soares/Pulsar Imagens

Aldeia Kalapalo no Parque Indígena do Xingu, Mato Grosso, 2009.

### 1930 – Posse do presidente Getúlio Vargas

- Criação do Ministério do Trabalho, Indústria e Comércio.
- A partir de 1932, regulamentação da jornada de trabalho de 8 horas, do trabalho feminino, do direito a férias e do salário mínimo.
- Em 1943, a Consolidação das Leis do Trabalho (CLT).

Reprodução

Autoria desconhecida

Trabalhadores durante implantação da linha de bonde na rua Sebastião Pereira, cidade de São Paulo, em 1932. Fundação do Patrimônio Histórico da Energia e do Saneamento.

### Século XX (1933) – As mulheres conquistam direitos políticos

Há uma nova Constituinte:

- Conquista do voto secreto e criação da justiça eleitoral.
- As mulheres conquistaram o direito ao voto.

Carlota Pereira Queiroz foi a primeira mulher a participar da Assembleia Constituinte entre 1933 e 1934. Além de votar, as mulheres também podem ser eleitas.

A cidadania é o exercício dos direitos civis, sociais e políticos e o cumprimento dos deveres do cidadão. É uma área em constante construção, da qual as pessoas participam como integrantes de uma coletividade: "ser **cidadão** é respeitar e participar das decisões da **sociedade** para melhorar suas vidas e a de outras pessoas". (José Murilo de Carvalho)

# Brasil Republicano

### 1937 – Getúlio Vargas

Estabeleceu o Estado Novo, fundamentado em bases autoritárias e na centralização do poder nas mãos do governante (ditadura).

### 1964 – Ditadura militar

Período marcado pelo regime ditatorial e pela restrição dos direitos civis e políticos por meio da repressão.

AE

Ao final da passeata contra o Golpe de 64, milhares de manifestantes segurando faixas e cartazes concentram-se em frente ao Teatro Municipal de São Paulo, em 1968.

### 1985 – Tancredo Neves

Foi eleito presidente pelo voto indireto, porém morreu antes de tomar posse. Em seu lugar assumiu o vice-presidente, José Sarney.

Andre Dusek/AE

### 1946 – Nova Constituição

Retorna a liberdade de imprensa e de organização política. O voto foi estendido a todos os brasileiros alfabetizados com mais de 18 anos (exceto soldados).

Delfim Martins/Pulsar Imagens

Cidadã exercendo o direito de voto em uma urna eletrônica.

Houve avanços na conquista de direitos dos trabalhadores rurais e universalização da previdência social num contexto de forte intervenção estatal na economia.

Juca Martins/Pulsar Imagens

Manifestação pelas eleições diretas para presidente da República, na Campanha Diretas Já. Belo Horizonte, Minas Gerais, 1984.

### 1984 – Campanha pelas eleições diretas

Maior e mais importante mobilização popular da história do Brasil.

### Constituição de 1988

Ainda em vigor, é considerada a mais democrática da história do Brasil. Organiza-se em torno dos direitos do cidadão, tais como:

- voto facultativo aos analfabetos e jovens entre 16 e 18 anos;
- acesso à educação fundamental;
- liberdade de expressão e de imprensa.

Reprodução

### Novas conquistas sociais

- 1990 – Estatuto da Criança e do Adolescente (ECA).
- 2003 – Estatuto do Idoso.

### Alfabetização, política e cidadania – 1950 e 2010

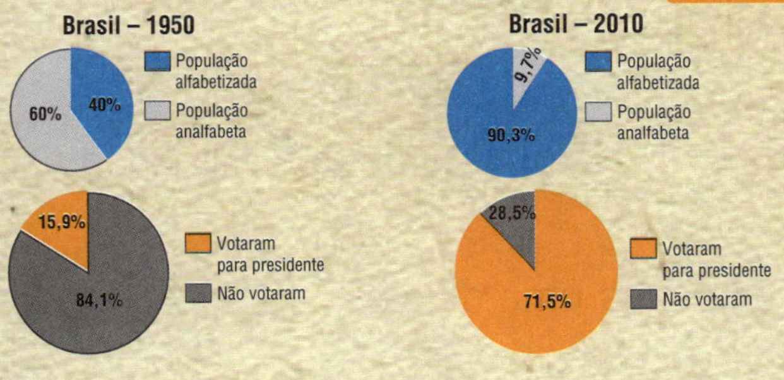

Evaristo Sá/AFP

Em 2010, Dilma Rousseff foi eleita pelo voto popular a primeira mulher presidente da República do Brasil. Foi reeleita em 2014.

## Identificar

**1.** Associe a coluna da esquerda com a da direita.

| | | |
|---|---|---|
| a) Primeira Constituição do Brasil | ☐ | 1933 e 1934 |
| b) Atual Constituição Cidadã | ☐ | 1824 |
| c) Mobilização pelas eleições diretas | ☐ | 1988 |
| d) Primeira participação feminina em Assembleia Constituinte | ☐ | 1984 |

## Refletir

**2.** A Constituição de 1988 tornou facultativo o voto aos jovens entre 16 e 18 anos. Leia as declarações feitas por dois jovens.

> "Não tirei o título porque não tenho maturidade para escolher quem vai governar o meu estado." (Ricardo Alves, 16 anos)

> "Tirei o título porque votar é ser cidadão. Estou pronta para escolher quem acho que deve ser eleito." (Daniela Saraíba, 17 anos)

a) Dividam-se em dois grupos para um debate.

- Um grupo deve reunir argumentos em favor da posição assumida por Ricardo.
- O outro grupo deve reunir argumentos que defendam a posição de Daniela.

b) Ao final do debate, escreva um texto defendendo a sua posição em relação ao assunto.

## Ampliar

**3.** Além das eleições, outras formas de participação direta da população, garantidas na Constituição de 1988, são:

plebiscito | referendo | projeto de iniciativa popular

- Pesquise e escreva como funciona cada uma delas.

# Atividades

**1.** Leia a letra da música.

Uma gata, o que é que é?
— Esperta
E o jumento, o que é que é?
— Paciente
Não é grande coisa realmente
Prum bichinho se assanhar
E o cachorro, o que é que é?
— Leal
E a galinha, o que é que é?
— Teimosa
Não parece mesmo grande coisa
Vamos ver no que é que dá

Esperteza, Paciência
Lealdade, Teimosia
E mais dia menos dia
A lei da selva vai mudar
Todos juntos somos fortes
Somos flecha e somos arco
Todos nós no mesmo barco
Não há nada pra temer
— Ao meu lado há um amigo
Que é preciso proteger
Todos juntos somos fortes
Não há nada pra temer

[...]

*Todos juntos*. Enriquez, Bardotti e Chico Buarque. Philips, 1977.

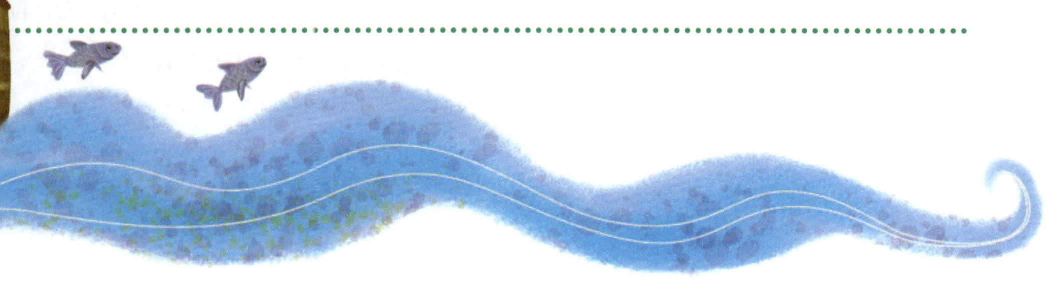

**a)** Qual o tema da música?

**b)** Na sua opinião, há alguma relação entre essa música e o exercício da cidadania? ORAL

# rede de ideias

## Todos os seres humanos têm direitos

**1** Observe as imagens e responda.

Ziraldo

Ziraldo

**a)** Na imagem 1, como as crianças foram retratadas? Explique.

______________________________________________

______________________________________________

______________________________________________

**b)** Compare as imagens e responda à pergunta do Menino Maluquinho: "Então, é para ser igual ou para ser diferente?"

______________________________________________

______________________________________________

______________________________________________

**2** Leia o texto e responda à pergunta final. **ORAL**

> Os direitos humanos são os direitos e as liberdades básicos de todos os seres humanos. Eles foram reconhecidos coletivamente em 1948 pela Declaração Universal dos Direitos Humanos. Mas como nasceu esse documento?

**3** Leia o texto e responda.

Um dia, uma porção de pessoas se reuniram.

Elas vinham de lugares diferentes e eram, elas mesmas, diferentes entre si.

Havia homens e mulheres; suas peles, seus cabelos e seus olhos tinham cores diferentes, assim como diferentes eram o formato de seus corpos e de seus rostos.

Vinham de países ricos e pobres, de lugares quentes ou frios. Vinham de reinados e de repúblicas. Falavam muitas línguas. Acreditavam em diferentes deuses.

Alguns dos países que elas representavam tinham acabado de sair de uma guerra terrível, [...] muita gente sem lar e sem família.

Muitas pessoas tinham sido maltratadas e mortas por causa de sua religião, de sua raça e de suas opiniões políticas.

O que reunia aquelas pessoas era o desejo de que nunca mais houvesse uma guerra, de que nunca mais ninguém fosse maltratado e que não se perseguissem mais pessoas que não tinham feito mal a ninguém.

Então elas escreveram um papel. Neste documento elas fizeram um resumo dos direitos que todos os seres humanos têm e que devem ser respeitados por todos os povos.

Este documento é chamado Declaração Universal dos Direitos Humanos [...].

Ruth Rocha e Otavio Roth (adaptação). *Declaração Universal dos Direitos Humanos*. São Paulo: Quinteto, 1986. Não paginado.

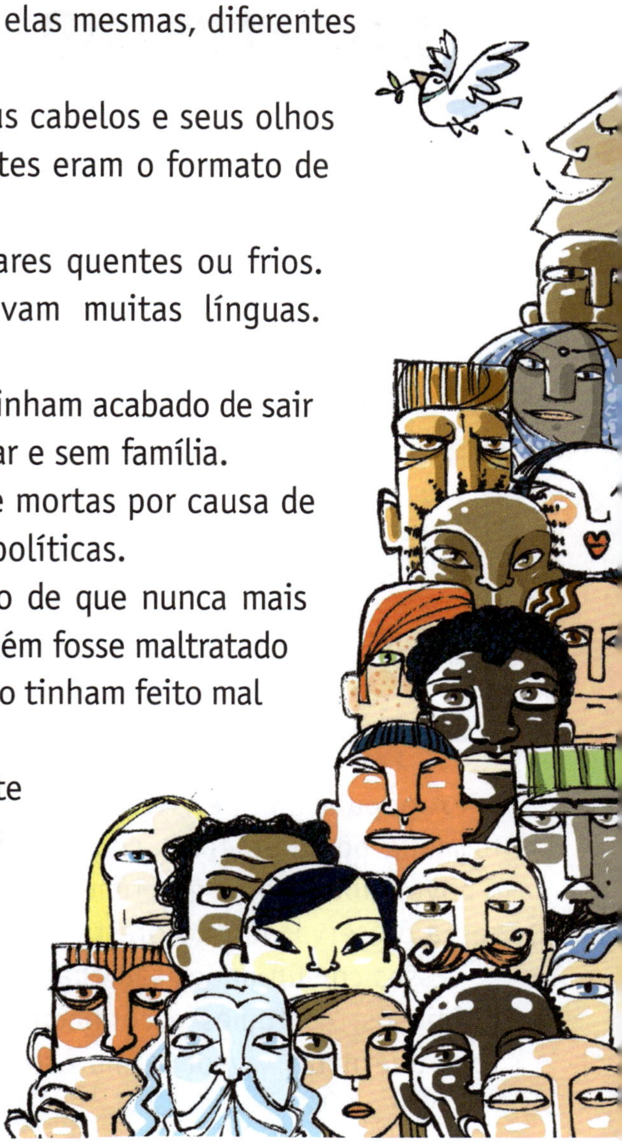

Biry Sarkis

- A partir do que você percebe em seu cotidiano, podemos dizer que esses direitos são cumpridos? Explique. **ORAL**

**4** Elaborem um livreto sobre os direitos humanos e divulguem o resultado na escola. Sigam o roteiro: **GRUPO**

- Selecionem os artigos que fazem parte da Declaração Universal.
- Ilustrem cada artigo com desenhos, pinturas ou colagens.
- Não se esqueçam dos dados técnicos da publicação: nome da escola, do professor, dos alunos, data, local etc.
- Convidem a comunidade escolar para divulgar o livreto.

# QUAL É A PEGADA?

## preservação

Biry Sarkis

Ribeirinhos em comemoração religiosa, Iguape, São Paulo, 2013.

## Comunidades tradicionais

A população que vive da Floresta Amazônica é formada por indígenas, comunidades **quilombolas** e povos ribeirinhos, que têm um papel muito importante na preservação da floresta e seus recursos.

Essas comunidades são chamadas **comunidades tradicionais**, pois preservam rituais religiosos, costumes e conhecimentos que passaram de geração em geração. As pessoas que nelas vivem fazem uso dos recursos da floresta e muitas trabalham no setor extrativista, como castanheiros, seringueiros etc.

**Ribeirinho:** população que vive à margem dos rios.

Quilombolas em festa de São Sebastião, 2014.

1. Cole as imagens de acordo com as legendas. Use os **Adesivos**.

Essas comunidades tradicionais têm um modo de vida que não agride o meio ambiente, conhecem a floresta e seus recursos, têm contato com uma variedade de plantas e ervas, das quais é possível extrair remédios e cosméticos. Além disso, conhecem técnicas de uso sustentável da pesca e da agricultura, como o uso de fertilizantes naturais.

Renato Soares

Homem indígena ensinando seu filho a pescar. Aldeia Waurá Xingu, 2013.

Renato Soares

Extração de essências da flora amazônica.

Contudo, o crescimento das cidades, a construção de usinas e estradas e a exploração da floresta por grandes empresas têm ameaçado a existência e o modo de vida dessas populações. Há grupos econômicos que recorrem à biopirataria para lucrar com os saberes das comunidades tradicionais sem lhes trazer nenhum benefício. A valorização dos povos da floresta e a preservação de suas tradições e de seu modo de vida é uma questão de cidadania e um dever de todos os brasileiros.

**Biopirataria:** neste contexto, apropriação ilegal dos conhecimentos tradicionais dos povos da floresta por grupos privados (como indústrias farmacêuticas e de cosméticos) que visam obter lucro com esses saberes.

2. O que são comunidades tradicionais?

3. Como as comunidades tradicionais ajudam a conhecer e preservar a floresta?

4. Que fatores ameaçam o modo de vida das comunidades tradicionais?

5. Pesquisem sobre as propriedades científicas e medicinais de alguns destes produtos da Floresta Amazônica. Cada grupo ficará responsável por um dos produtos. GRUPO

Açaí | Andiroba | Copaíba | Espinheira-santa | Jaborandi

- Registrem aqui as informações. Depois, leiam para a classe o resultado de suas descobertas.

# Ligados.com

História

5

Alexandre Alves
Letícia Fagundes de Oliveira
Regina Nogueira Borella

# Material Complementar

Editora Saraiva

## Unidade 7 – página 139 – atividade 2

## Unidade 7 – página 133 – atividade 3

# Unidade 6 – página 121 – atividade 2

| | |
|---|---|
| Nome do movimento | |
| Quem participou | |
| Onde iniciou | |
| Principais reivindicações | |
| Resposta dos governantes | |
| Resultados do movimento | |

# Unidade 6 – página 119 – atividade 5

- O que você entende por manifestações culturais?

- Dessas opções de manifestações culturais apresentadas, de qual você mais gosta? Por quê?

- Qual é a importância do lazer em sua vida?

- Com quem você compartilha os momentos de lazer?

- Relate uma experiência, relacionada ao lazer, que foi importante para você.

## Unidade 6 – página 119 – atividade 3

## Unidade 3 – página 55 – atividade 3

Georgina de Albuquerque

*Sessão do Conselho de Estado*, de Georgina de Albuquerque, 1922. Óleo sobre tela. Museu Histórico Nacional, Rio de Janeiro, Brasil. O quadro retrata um momento decisivo no processo de Independência do Brasil. A personagem em pé, à direita, com o braço estendido, é José Bonifácio, expondo à dona Leopoldina os motivos de separar o Brasil de Portugal.

## Unidade 1 – página 25 – atividade 6

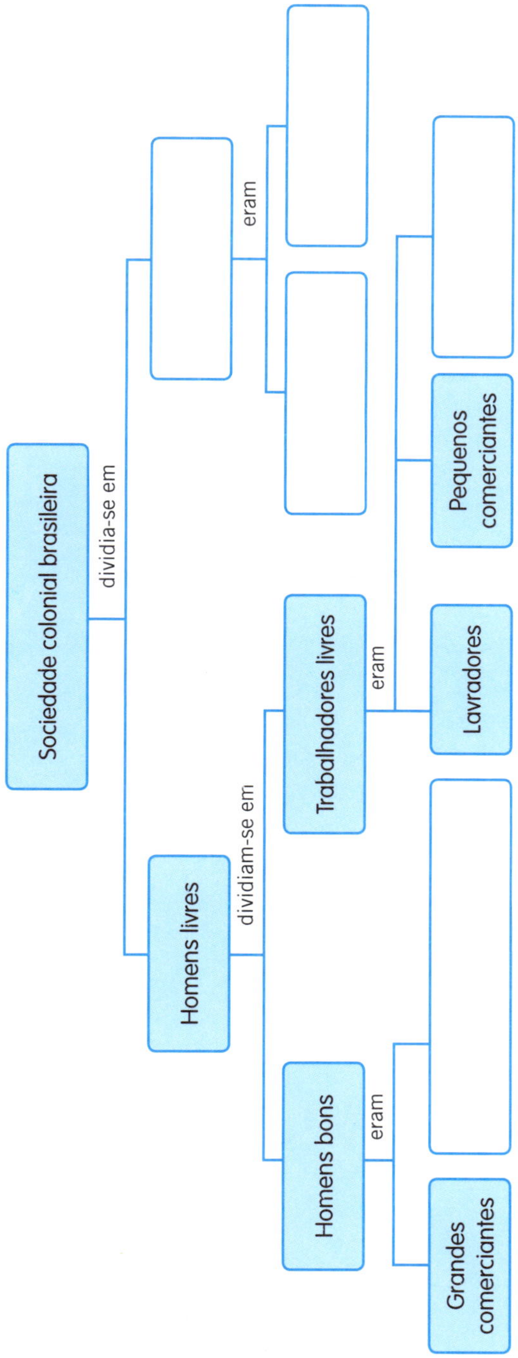

# Adesivos

## Unidade 1 – página 18 – atividade 3

Sertão

Entrada

Bandeirante

## Unidade 3 – páginas 62 e 63

1

Jean-Baptiste Debret

2

Jean-Baptiste Debret

## Unidade 8 – página 158

Cesar Diniz/Pulsar Imagens

Cesar Diniz/Pulsar Imagens

## Unidade 1 – página 25 – atividade 6

Indígenas

Escravos

Artesãos

Senhores de engenho

Africanos

# ■ Unidade 7 – página 137 – atividade 3

Delfim Martins / Tyba

Renato Soares/Pulsar Imagens

Delfim Martins/Tyba